日本安全保障戦略研究所 編著

小川清史／髙井 晋／冨田 稔／
樋口譲次／矢野義明

日本人のための

核大事典

核兵器　核軍縮・不拡散
核政策・戦略など
核に関する疑問に応える

国書刊行会

日本人のための

「核」大事典

── 核兵器　核軍縮・不拡散
　核政策・戦略など核に関
　する疑問に応える

はじめに

はじめに

核兵器とは

　核兵器は、極めて面妖な兵器である。ある国が核兵器を保有していること
を表明するだけで、周辺国は安全保障上の困難な問題に直面する。核兵器の
脅威に対しては、通常兵器で太刀打ちできないことが明白であるため、自国
で核兵器を開発するか、あるいは核保有国の拡大抑止（「核の傘」）に依存せ
ざるを得ないからである。核兵器は、通常兵器とは比較にならないほど強力
な破壊力をもつ特殊な兵器なのである。核戦略論の専門家によると、一度核
兵器を手中にした国家が核を廃棄した例はなく、たとえ廃棄したとしても、
核開発のノウハウ（知識や技術）や再開発の意思まで葬り去ることはできな
いのである。

　現に、2018年6月12日に行われた初の米朝首脳会談で「朝鮮半島の完全な
非核化」を盛り込んだ共同声明が出されが、期待された北朝鮮の具体的な
核・ミサイル廃棄のプロセスは明らかにされなかった。その後の交渉におい
ても、北朝鮮は、米国の核の脅威があり続ける限り、自分たちも核開発を放
棄しないとの従来の主張を変えていない。さらに、北朝鮮が核ミサイルの廃
棄を進展させたとしても、「完全な非核化」の検証が技術的に極めて困難で
あることは、これまでの核兵器開発の歴史が証明している。

　また、2018年8月7〜9日、イランを訪問した北朝鮮の李容浩外相がテヘ
ランでラリジャニ国会議長と会談した際、「我々は非核化を進めているが、
米国が敵意を捨てないことはわかっているので、核の知識は保持する」と発
言したと伝えられていることからも明らかである。

3

唯一の戦争被爆国日本

　米国は、1943年のマンハッタン計画に基づいてロスアラモス研究所を設立し、1945年7月、人類史上初めて、濃縮ウラン型の原子爆弾リトル・ボーイ、プルトニウム爆縮型の原子力爆弾トリニティ／ガジェットおよびファット・マンの3つの原子爆弾を完成させた。トリニティ／ガジェットはアラモゴード砂漠で世界初の核実験に供され、リトル・ボーイは同年8月6日に広島に、さらにファット・マンは8月9日に長崎に相次いで投下された。人類史上初めて米軍が実戦で使用した核兵器は、広島と長崎を一瞬のうちに破壊し、数十万人の非戦闘員を無差別に殺害した。通常兵器とは桁違いの破壊効果が判明するとともに、世界は核兵器の破壊力の凄まじさに慄然とした。

　世界で唯一の戦争被爆国でもある日本が、そのような惨禍が二度と繰り返されてはならないとの信念に基づいて、「核兵器のない世界」の実現を世界に訴える使命と責任を有しているのは当然のことである。しかし、北朝鮮の核ミサイルによる「重大かつ差し迫った脅威」や核大国の中国とロシアによる「核の脅威」という現実が存在している。それにも拘わらず、悲惨な被爆体験による核アレルギーとそれに根差した歴代政権の厳格な核政策によって、一般国民のみならず日本の安全保障・防衛に責任をもつ政府・与党の間にも、「核兵器のない世界」の訴えにとどまるだけで、核政策や核抑止に関する具体的な動きは鈍い。

　今日、核兵器のもつ恐ろしい破壊力は周知されているが、核保有国が核兵器開発を決心した理由、そして核戦略を追求するに至った経緯は、それぞれ異なった根拠に基づいている。例えば、北朝鮮のように、核兵器を保有することにより国際的な発言力を増し、自国の体制維持や国威発揚を目的として核兵器開発に邁進する国もある。他方、インドやパキスタンは、相互に潜在敵国の脅威に対抗するため、それぞれの戦略観に基づいて核兵器を保有した。このように、国際安全保障環境の変化や各国の地政学的特性によって、核脅

威の性格や核兵器開発も異なることに注意しなければならない。

　したがって、通常兵器と比べて核兵器のもつ別格の脅威に鑑みると、核の問題を安全保障との関連で理解すること、すなわち中国やロシア、そして北朝鮮の核ミサイル脅威に直面している日本にとって、自らの意思に立脚して安全保障政策上の核兵器の位置づけを明確にしておくことが喫緊の課題である。本書を上梓しようと決意したのは、長い間、核論議をタブー視してきた政府と国民が、わが国を取り巻く核の危機を直視する勇気をなくし、日本が置かれた核戦略環境や安全保障問題に対する現実認識を欠いているのではないか、との問題意識が頭をもたげてきたからである。

わが国に核政策はあるのだろうか

　安全保障の基本的な考え方として、核兵器の脅威に対抗し、それを抑止する手段としては核兵器の保有が原則であり、事実、多くの核保有国は、個別安全保障の問題として核政策・戦略の構築に取り組んでいる。非核保有国は、核保有国からの核の脅威に対抗するために、核保有国の拡大抑止に依存する他はない。日本は後者にも拘わらず、政府内や国会で米国の拡大抑止の実効性・信頼性について議論が一向に高まらないのは、不思議な現象である。

　日本は、世界で唯一の戦争被爆国として、「核兵器を持たず、作らず、持ち込ませず」という「非核三原則」を掲げ、核兵器による脅しや攻撃に対しては、アメリカの拡大抑止力に依存することを安全保障政策の重要な柱としてきた。一方、このような核政策に対して、米国が現実に核抑止力を行使するか否かは米国の自由意志に任されているという不安を指摘する国民が存在するのも事実である。わが国は、自国の安全保障を他国の自由意志に任せてきたのである。しかし、核論議を行わず、このような核政策を維持している限り、主権国家の安全保障政策として無責任のそしりを免れないのである。

　2018年6月12日にシンガポールで行われた米朝首脳会談により、世界中の多くの人々が北朝鮮の完全非核化に向けての動きが始まるかのような印象を

受けたが、その一方で、完全非核化の検証には限界がある現実を認めざるを
得ず、国際社会では核容認論が台頭してきているのも事実である。世界の目
を欺いて核ミサイル開発を続けてきた北朝鮮が「朝鮮半島の完全非核化」に
合意したとしても、この後北朝鮮がこの合意を遵守しているかの検証をどの
程度受け入れるかは全く不明であり、合意の成就は、偏に北朝鮮の意志次第
であると言って過言ではない。

　もし万一、国際社会が北朝鮮への核の拡散を認めた場合、これまでかろう
じて維持されてきた「核兵器の不拡散」体制は、一瞬にしてもろくも崩れ、
核兵器の拡散は止まるところを知らないことになる。

　日本は、核論議を行わず、現状の核政策を維持している限り、隣国の核大
国である中国とロシアに加え北朝鮮からの核脅威にさらされ続ける一方、北
東アジアの安全保障環境の変化次第では、アメリカの拡大抑止が期待できな
くなる可能性も生じうることを覚悟する必要がある。

　2017年のノーベル平和賞は、核兵器廃絶へ向けた努力と核兵器禁止条約
（2017年）の採択に貢献したという理由で、「核兵器廃絶国際キャンペーン
（ICAN）」が受賞した。核兵器保有国が参加していない同条約は、その実効
性がないことは目に見えている。日本は、核兵器禁止条約が核兵器国と非核
兵器国の隔たりを深めることになり、核兵器のない世界の実現をかえって遠
ざける結果となるという理由で、核兵器禁止条約に参加してこなかった。中
国、ロシア、そして北朝鮮の核兵器の脅威にさらされている日本と、ス
ウェーデンのような現実に脅威にさらされていない多くの国との間の核脅威
認識の違いが明らかになった瞬間でもあったと言えよう。

核に関する基本的な問題を考える

　「核兵器のない世界」の実現が究極の理想であることはいうまでもないが、
中国、ロシア、そして北朝鮮による現実の核脅威と核兵器の拡散に対して、
日本はどのような核政策を採用すべきであろうか。日本の核政策のあり方に

6

ついて、今や国民はこぞって真剣に議論する時なのである。わが国の政府と国民は、ひたすら核廃絶の主張を繰り返すのみで、核論議を完全に封印している。しかし、核の脅威の増大と核拡散の現実に対して国としてどう処して行くのか、すなわち「核武装の是非」を含めた「国際安全保障環境の変化に適応した核政策の構築」という日本の安全保障政策の根幹にかかわる核問題は、あまねく国民が議論した結果に基づいて政策が決定されるべきである。

「朝鮮半島の完全非核化」は、既に北朝鮮が開発済みの核兵器を廃絶する必要があり、どんなに早く見積もっても10年以上かかると言われている。この間、わが国は北朝鮮の核ミサイルの脅威にさらされ続けていく現実を直視しなければならない。一方、北朝鮮の核廃絶のプロセスが継続されている間は、同国からの核ミサイル攻撃の可能性は表向きには低下しよう。しかし、北朝鮮の核・ミサイル廃絶の目途は立っていない。また、中国とロシアの核脅威が一段と高まる傾向にあることから、わが国は、安全保障上の重大な課題として、核問題から一瞬たりとも逃れられない厳しい状況に追い込まれているのである。

このような問題意識から、本書は、核に関する基本的な問題、例えば「原爆と水爆の違い」や「核運搬手段としてのミサイル、爆撃機、潜水艦の特性」などの「核兵器の基本的事項」、あるいは「非核三原則」などの「わが国の核政策」から、国民の間で馴染みのない問題、例えば「核軍縮」、「核の不拡散」、「核保有国の核戦略」、「拡大抑止」、「日本の核戦略の選択肢」、「電磁パルス攻撃」などまでを網羅し、核にかかわる多くの問題について、広く国民が議論できる場を提供するものである。

本書が、広く国民の間で核論議を行うための基本書あるいは核問題を読み解く事典となれば、執筆者一同の大きな喜びとするところである。

目　　次

はじめに　3

序　章　恐怖の「第2次核時代」へ突入した世界　19

1　不透明・不確実となった「朝鮮半島の完全な非核化」　19

2　恐怖の「第2次核時代」へ突入した世界

　　　　　　　　　　　　　　　　　　　　　─「核兵器のない世界」は欺瞞的─　22

　（1）オバマ大統領の「核兵器のない世界」宣言　22

　（2）恐怖の「第2次核時代」へ突入した世界の新たな現実　25

3　世界の現実に目を瞑り、真剣な核論議を避ける日本　28

　（1）世界で唯一の戦争被爆国日本と核アレルギー　28

　（2）「リード・バット・ヘッジ政策」の追求　─「核兵器のない世界」の

　　　　理想追求と「核兵器のある世界」の現実対応─　32

第1章　核時代を読み解くためのキーワード　34

1　核時代の始まり　34

2　世界の国々の核兵器保有状況　36

　（1）核弾頭保有数　36

　（2）核保有国と非核保有国　37

　（3）世界各国の核保有に対する取り組み　38

3　核戦略　40

　（1）核戦略の概念　40

　（2）核戦略に応じた攻撃目標とその戦略的特性　42

　（3）核戦略を支える要素　44

4　核兵器とその運搬手段　47

　（1）核兵器の原理と核爆発の仕組み　47

　（2）核兵器の種類　52

　（3）核運搬手段等　57

5　核兵器の効果・影響　59

（1）核兵器の効果　59

（2）核兵器の影響範囲　63

（3）広島の原爆被害の実態　63

6　新たな脅威としてのHEMP攻撃　65

（1）核攻撃手段としてのHEMP攻撃の意義および特色　65

（2）HEMPの発生原理　66

（3）予想されるHEMP攻撃の効果・影響　67

7　弾道ミサイル防衛（BMD）の概要　71

第2章　米国の核政策・戦略と国際社会の核開発の動き　74

1　第2次世界大戦前後の核兵器開発　74

（1）原子爆弾（原爆）の開発と広島・長崎での原爆投下　74

（2）米国による核兵器の国連管理（バルーク案）提案と

ソ連の反対　76

2　戦後の米国の核政策と国際社会の核開発等の動き　77

（1）1940年代：米国による核の独占　77

（2）1950年代：米ソの核兵器開発競争と

主要国の核兵器開発のはじまり　77

（3）1960年代：核兵器保有5大国の形成と核拡散防止体制（NPT条約の

締結）　78

（4）1970年代：米ソの核均衡の成立にともなう核戦略の安定化　79

（5）1980年代：米国のミサイル防衛構想と米ソの核軍縮の進展　80

（6）1990年代：世界的な核拡散の動き　80

（7）2000年代：世界的な核拡散の継続　82

（8）2010年代：北朝鮮の核ミサイル開発の進展　84

3　冷戦間に発展した米ソを中心とする核戦略の推移　84

（1）原子力国際管理案（バルーク案）と核抑止論の誕生　85

（2）大量報復戦略（第1次相殺戦略）と米ソの核兵器開発競争　85

（3）大量報復戦略の破綻と柔軟反応戦略　86

（4）米ソ核軍拡と相互確証破壊戦略　87

（5）戦略防衛構想と核の軍備管理の進展並びにソ連邦の解体　89

4　冷戦後の米国の核戦略　90

（1）冷戦後の核態勢見直しと「テーラード（適合）抑止」戦略　90

（2）オバマ大統領の「核兵器のない世界」下の核態勢見直し　93

（3）米国の「第3次相殺戦力」とトランプ政権下の核政策・戦略　96

第3章　核をめぐる国際的取り組み　103

1　核実験を禁止する取り組み　103

（1）核実験とその種類　103

（2）核実験を禁止する取り組み　104

2　核兵器国を増やさない取り組み　109

（1）核兵器国を5か国に限定する取り組み　109

（2）NPT加盟国の義務　111

（3）NPTの効果的運用のための会議　112

3　非核兵器国と核兵器国による核兵器の配備を禁止する取り組み　114

（1）非核兵器地帯の設置　114

（2）世界の非核兵器地帯の現状　116

（3）北東アジアの非核地帯構想　119

4　原子力エネルギーの平和利用と国際管理体制　119

（1）原子力エネルギーの平和利用　119

（2）原子力エネルギーの国際管理制度　121

（3）原子力エネルギー管理の展望　123

第4章　核拡散のメカニズムと「第2次核時代」—「恐怖の核時代」の再来—　125

1　核兵器不拡散条約（NPT）非批准国・北朝鮮などの核開発　125

2　核拡散のメカニズム　126

3　核保有国等の現状と核開発に進む可能性のある国々
　　—「第2次核時代」へ—　129

第5章　日本の核政策　135

1　歴代日本政府の核政策　135

　（1）日本の憲法解釈と日米安保体制　135

　（2）佐藤内閣までの日本政府の核政策　137

2　非核化政策の選択　139

　（1）「非核三原則」の宣言　139

　（2）三木内閣以降の核に関する政策　141

3　日本の非核化政策の概要　144

　（1）日本の非核三原則政策　144

　（2）日本の核軍縮・軍備管理政策　145

　（3）原子力エネルギーの国内管理体制　148

第6章　日本を取り巻く核の脅威　151

1　日本にとって脅威となりうる核兵器　151

2　中国　153

　（1）核兵器計画　153

　（2）ミサイル戦力　154

3　ロシア　157

　（1）核兵器計画　157

　（2）戦略核戦力　157

（3）中・短距離核戦力および戦術核戦力　160

4　北朝鮮　161

（1）核兵器計画の現状　161

（2）弾道ミサイルの開発　163

第7章　英仏独の核戦略と核政策　171

1　英国の核戦略と核政策　171

（1）米国依存と独自の核戦力の模索　171

（2）熱核兵器の開発とポラリスの保有による米核戦略との一体化　174

（3）米国の核戦略との矛盾解消とポラリスの重視　178

（4）トライデントSLBMの導入と対ソ最小限抑止確立　180

2　フランスの核戦略と核政策　184

（1）フランスの基本的核戦略としての「比例的抑止」　184

（2）「比例的抑止」戦略に対する代案としての「限定的戦略核攻撃」戦略
　　　の提唱とその否定　186

（3）フランスの最小限の対露抑止能力　190

（4）フランスの冷戦終了後の核政策に見られる

NATOへの歩み寄り姿勢　193

3　ドイツの核政策　196

（1）1960年代までの対ソ核戦略をめぐる米独対立とその克服　196

（2）70年代から80年代のSS-20展開への対応　200

（3）ドイツの核共有の継続と核廃絶の推進　205

4　日本の核抑止強化の参考としてみた場合の

英仏独の核保有態勢の特性　206

第8章　日本の核政策・核戦略のあり方　209

1　核抑止のための核政策　209

（1）理想と現実を見据えた日本の核政策　209

（2）核環境の変化を踏まえた核政策の修正　210

2　核の脅威を抑止（ヘッジ）するための核戦略と同盟戦略—その意義と日本の現状—　213

（1）4つの核戦略　214

（2）同盟戦略　—日本の核戦略の「要」となる戦略—　218

3　日本の核戦略の問題点　219

（1）攻勢戦略の不在　219

（2）MD システムへの偏重　219

（3）MD システムの問題点　219

4　日本の核戦略のあり方　222

（1）検討の前提　222

（2）基本的な考え方　223

（3）核戦略の枠組み　223

（4）枠組みを構成する主要戦略　224

5　日本が核政策を転換し核兵器の保有を余儀なくされる

場合の選択肢　230

（1）日本が核政策の転換を迫られる国際安全保障環境などの

条件変化　230

（2）日本が核兵器を保有せざるを得ない状況に至る

3つのシナリオ　233

（3）日本が核兵器の保有を余儀なくされる場合の選択肢　237

終　章　いかに核の危機を克服するか—「キューバ危機」から北朝鮮問題を考える—　240

1　危機管理を「キューバ危機」に学ぶ　240

2　キューバ危機の概要と米国の対ソ連オプション　241

（1）キューバ危機の概要（経過の骨子）　241

（2）米国のソ連に対する行動オプション　243

3　ソ連とキューバの対応　246

（1）ソ連の対応　246

（2）キューバの対応　247

4　キューバ危機から北朝鮮問題を考える　249

（1）全般の動き　249

（2）可能な選択肢（オプション）と起こり得るシナリオ　249

（3）米朝とも体面を保った外交的解決を　252

5　日本が学ぶキューバ危機の教訓と北朝鮮対策　254

6　朝鮮半島の核をめぐる動き　256

（1）韓国での「平昌冬季オリンピック」をめぐる動き　256

（2）最近の米国の動き　257

おわりに　261

主要参考文献　305

共同執筆者略歴　308

巻末参考資料　264

【巻末参考資料その1】　核兵器の原理と仕組み　265

資料1-1　原子と原子核　265

資料1-2　核分裂と核融合　267

資料1-3　核分裂兵器の原料　269

資料1-4　核兵器の仕組み　277

【巻末参考資料その2】核兵器の研究開発、核戦略発展等の経緯　284

資料2-1　原子爆弾に至る科学の発達に関わる

主要事象・人物　284

資料2-2　第2次世界大戦後の核兵器開発等の推移　286

資料2-3　冷戦間に発展した核戦略の推移

（米ソを中心として）　290

【巻末参考資料その3】核軍縮・核軍備管理に関する主要な条約　292

資料3-1　包括的核実験禁止条約（CTBT）　292

資料3-2　核兵器不拡散条約（NPT）　298

資料3-3　米ロ間の戦略兵器削減条約

（第1次から第3次START）　302

序　章 | # 恐怖の「第2次核時代」へ
突入した世界

1　不透明・不確実となった「朝鮮半島の完全な非核化」

　戦後、核の脅威を現実のものとして思い知らされたのが、米ソ冷戦の最中、1962年に起きた「キューバ危機」である。米ソ間の全面核戦争の危険性が真実味をもって語られ、世界で唯一の戦争被爆国である日本のみならず、世界中の国々を恐怖の淵に陥れた。

　その後、冷戦が終結し、ソ連の崩壊とともに核・生物・化学（NBC）兵器などの大量破壊兵器やその運搬手段である弾道ミサイルの移転・拡散が、国際社会の脅威の一つとして認識され続けてきた。そして、わが国はもとより、地域・国際社会の安全に対する「重大かつ差し迫った脅威」となったのが、北朝鮮による核ミサイルの開発である。

　北朝鮮は、度重なる国際社会の反対を押し切って、核ミサイル開発に邁進してきた。特に、経済建設と核武力建設を並行して進めるという「並進路線」を掲げた金正恩が朝鮮労働党委員長になって以来、多数の弾道ミサイルを発射し、6回目の核実験を強行するに及んで、北朝鮮による核ミサイルの開発および運用能力の向上は、「新たな段階の脅威」となったのである。

　この挑戦的な動きに対抗して、北朝鮮の最大の支援者である中国を巻き込み、米国による軍事オプションを背景とした国際社会の「最大限の圧力」

（経済制裁）が功を奏してか、北朝鮮は2018年冬のオリンピックを契機に対話路線に転じた。2018年4月27日には、韓国の板門店の「平和の家」で朝鮮半島が南北に分断されて以来3度目の南北首脳会談が開催された。2007年に盧武鉉大統領が平壌を訪問して金正日総書記と会って以来、11年ぶりのことである。

　そして、6月12日には、シンガポールにおいて史上初の米朝首脳会談が開かれた。

　この会談の最大のテーマは、北朝鮮の「完全な非核化」であった。しかし、会談終了後の共同声明の主題は「朝鮮戦争の終結と半島の平和」に向けての包括的な内容となった。確かに「朝鮮半島の完全な非核化」という言葉は盛り込まれた。しかし最大の問題である非核化のプロセスには触れず、話し合いの継続という名目で、先送りされた。

　米朝首脳会談に先立ち、北朝鮮は、崩壊の危険性が指摘されている北朝鮮北東部にある豊渓里の核実験場の閉鎖を公開した。また、北西部の亀城近くのミサイル発射場の施設の取り壊しが確認されるなどの非核化の姿勢ともとれる動きを見せているが、いずれも使用済みの不要となった施設で、短期間に再開が可能であるため、米朝首脳会談に向けての駆け引き材料に過ぎないとみられている。

　会談の結果がこうなることは、トランプ大統領の会談直前の発言の変化から予想されていた。

　トランプ大統領は、北朝鮮の非核化について「時間をかけても構わない。速くやることも、ゆっくりやることもできる」と北朝鮮側に伝えたと述べたことから、首脳会談の実現を優先するために、「即時達成（合意から1〜2年以内）」の非核化を目指していた日米韓の従来方針を転換したと見られていたからである。いわば「段階的かつ同時並行的な措置」を主張してきた北朝鮮の立場に理解を示した形である。

　この結果は、リビア方式での解決まで持ち出して北朝鮮の非核化を求め、

「完全かつ検証可能で不可逆的な（核の）廃棄」（CVID：Complete, Verifiable, and Irreversible Dismantlement）を主張してきた米国の姿勢の大きな後退を意味しよう。

---

column

「リビア方式」での解決

　2003年にリビアのカダフィ政権が非核化を宣言したのを受け、同国内の査察と核関連設備の全面接収で核計画の完全放棄が確認された後に、制裁解除と経済支援を行った一連のプロセスを指す。

　米国は、北朝鮮が核放棄のための具体的行動をとるまでは圧力を緩めないとした上で、北朝鮮がまず、1992年に発効した「南北非核化共同宣言」で表明した、核兵器の製造、保有や使用の禁止、ウラン濃縮施設などの放棄を「交渉の出発点とすべきだ」と考えている。

　北朝鮮との事前交渉の任を担って就任したポンペオ国務長官は、自らの宣誓式（2018年5月2日）における発言で、北朝鮮の「大量破壊兵器の完全かつ検証可能で、不可逆的な廃棄」を掲げ、いわゆる「リビア方式」での解決を求めている。

　今後、北朝鮮は、非核化の定義や手順を曖昧にしたまま交渉を継続するなかで、自ら称する核保有国として振る舞っていくことになる。たとえ今後の交渉で、北朝鮮が非核化の手続きに応じる姿勢を見せたとしても、段階別の制裁解除や経済支援、さらには在韓米軍の撤退などといった見返りとの組合せを要求し、自ら憲法に「核保有国」だと明示した立場を簡単に放棄することはないであろう。

　今般の米朝首脳会談が、完全な非核化の合意形成とそれに伴う緊張緩和や平和協定締結のプロセスへと流れを変える大きな節目となるかは、全く予断を許さない。

なぜなら、北朝鮮は、これまで数次にわたって「米朝枠組み合意」や「六者会合」での約束を破って「裏切り」を繰り返し、関係国に「失敗」の煮え湯を飲ませてきた罪深い欺瞞の歴史があるからである。また、たとえ完全な非核化の合意ができたとしても、それによって北朝鮮の脅威が一挙に解消されたと考えるのは早計かつ危険である。「完全な非核化」までには最短でも10年はかかるとの見方もあり、その間に北朝鮮が合意を反故にして、再び核武装への道を歩み出す可能性は十二分にあり得るからである。

　つまり、「朝鮮半島の完全な非核化」の行方は、不透明・不確実である。したがって、北朝鮮が今仕掛けているいわゆる平和攻勢に惑わされることなく、わが国は、米国と緊密に連携しつつ、北朝鮮が完全に非核化を達成するまで制裁を緩和せず、今後の動向を冷徹に見極めて行くことが重要である。同時に、北朝鮮がこれまで何をやってきたかを、決して忘れてはならず、引き続き厳重な警戒態勢を維持するとともに、現状を暫くの猶予期間と捉え、実効性ある核抑止体制の確立を急がなければならない。

2　恐怖の「第2次核時代」へ突入した世界　―「核兵器のない世界」は欺瞞的―

（1）オバマ大統領の「核兵器のない世界」宣言

　オバマ大統領は、2009年4月、チェコ共和国首都での「プラハ演説」（「プラハ・アジェンダ」）において平和で安全な「核兵器のない世界」に向けた現実的かつ具体的な方途を追求すると明確に宣言した。そして、同年のノーベル平和賞受賞として評価された。

　2016年5月には、唯一の戦争被爆国である日本で開催された伊勢志摩サミットに出席したのち、現職米大統領として初めて広島平和記念公園を訪問し、改めて「核兵器のない世界」の実現を世界に向かって訴え、その活動を

リードする責任についても言及した。

これを機に、わが国では、「核兵器のない世界」に向けた国内的な機運が盛り上がり、そのような世界が俄かに到来するのではないかとの国民の期待感がいやが上にも高まった。また、マスコミでは平和主義的論調が一段と目立つようになった。

しかしオバマ大統領が「核兵器のない世界」を提起した背景には、前述の北朝鮮の核ミサイル開発に見られるように、それに逆行して核拡散が進行する国際社会の不都合な現実があり、核拡散防止への取り組みを急がねばならない深刻な問題が存在しているからに他ならない。

オバマ米大統領の広島平和記念公園における献花（2016年5月27日）

（出典）平成29年版「外交青書」（写真提供：内閣広報室）

オバマ大統領の「核兵器のない世界」宣言は、ペリー元国防長官（民主党クリントン政権）、シュルツ元国務長官（共和党レーガン政権）、キッシン

ジャー元国務長官（共和党ニクソンおよびフォード政権）そしてサム・ナン議員（民主党）による「4賢人の『核のない世界』への提言」（2007年〜08年）を採り入れたものである。

提言は、「核報復の脅しによる抑止戦略はもはや時代遅れになり、核兵器に依存することは今や危険で非効率的になっている」ので、「核のない世界を目指すべきである」と説いた。そして、スーザン・ライス国連大使ら約30人で構成されたオバマ大統領の「核政策チーム」が、4賢人の提言を基に具体化したのが「核兵器のない世界」である。

同核政策チームは、人間の安全保障優先、核の役割軽視あるいは軍縮派などのリベラリストと、国家の安全保障優先、核の役割重視あるいは抑止派などのリアリストをもって構成され、それぞれの主張をバランスさせた折衷案としてまとめ上げた。すなわち、核不拡散・軍縮をリードするとともに、核の脅威をヘッジする「リード・バット・ヘッジ政策」となっている。その政策では、世界には「核兵器のない世界」と「核兵器のある世界」の2つがあり、「核兵器のない世界」は目指すべき目標として具体的措置をとりながら、それが達成されるまでの間、「核兵器のある世界」での確実な抑止を維持するとされたのである。

冷戦後の米国の核戦略は、クリントン政権による「核態勢見直し」（NPR）に始まり、ブッシュ政権下で「第2次核時代」（The Second Nuclear Age）に対応する現実路線を指向した。

---

column

第2次核時代

抑止理論の戦略理論家として有名な英国のコリン・グレイ（Colin Gray）は、1999年に出版した『第2次核時代』の中で、米ソという二国間だけで争われていた「第1次核時代」と比べて、現代はソ連よりもリスクを恐れない無数の地域同士の国々の争いに象徴される時代

を第2次核時代である、と指摘している。

　その後、オバマ政権になって、同大統領が宣言した「核兵器のない世界」の方針に基づき、核政策をよりリベラルな方向へと転換し、同政権下で行われた2010年の「4年毎の国防戦略見直し」（QDR）と「弾道ミサイル防衛見直し」（BMDR）、そして同年のNPRに大なり小なり影響を及ぼしたことは事実である。

　なお、米国の核政策・核戦略については、第2章で詳しく述べることにする。

（2）恐怖の「第2次核時代」へ突入した世界の新たな現実

　1970年に発効した核兵器不拡散条約（NPT）は、国連安保理常任理事国でもある米、露、英、仏、中の5か国を「核兵器国」（NPT適用上、1967年1月1日以前に核兵器その他の核爆発装置を製造しかつ爆発させた国）と定め、それ以外の国への核兵器の拡散防止を目指したものである。しかし、NPTに加盟しないで核開発を行ったインド、パキスタン、イスラエル、北朝鮮の4か国を加えて、現在の核兵器保有国は9か国に増え、今後も拡散し続けると見られている。すでにNPT体制は崩壊したとの指摘には、率直に耳を傾けざるを得ないだろう。

　他方、2009年の「プラハ演説」以来7年間余り、オバマ大統領の「核兵器のない世界」政策は、米露間での核弾頭の一部削減やテロリストによる核物質の入手阻止、イランの核関連活動の制限を取り極めたイラン核合意（「包括的共同行動計画」（JCPOA）の合意）などの分野で一定の成果は認められよう。しかし、トランプ大統領のイラン核合意からの脱退表明などの動きもあり、イランの核開発問題の行方は不透明感を増している。

　世界の核兵器の9割以上を保有する米国とロシアは、戦略兵器削減条約（START I）以来、戦略攻撃能力削減条約（SORT）や2011年に発効した新

たな戦略兵器制限条約（新START）に基づいて核兵器を少しずつ削減してきたため、世界の核兵器（弾頭数および運搬手段）総数自体は緩やかに減少している。

　それでもなお、新STARTの合意内容は、発効後7年以内に、配備核弾頭数を1,550発に、ミサイルや戦略爆撃機などの運搬手段を700基（非配備を含めると800基）に、それぞれ上限として削減するに過ぎない。しかも、両国は、その削減分を補うかのように、核弾頭と運搬手段およびその生産に関して「広範かつ巨額を投じる長期的近代化計画」を進めている。

　中国は2018年初頭現在で約270発の核弾頭を保有（2016年からの2年間で約20発増加）し、核兵器の近代化や新たな核兵器システムの開発を進めている。北朝鮮は、約15発（2016年比5発増）の核弾頭を保有しているとみられており、国連安全保障理事会決議を無視して強力に核ミサイル開発を続けてきた。また、NPT上の「核兵器国」である英（約215発）、仏（約300発）両国も核戦力近代化を進め、インド（120～130発）とパキスタン（130～140発）は、それぞれ2016年から2年間で10発以上増やすなど、核兵器生産能力を拡大し、新たなミサイルシステムを開発している。どの核保有国も、近い将来に核兵器を放棄する意図がないことは明らかである。

　現在、核保有9か国のもつ核弾頭総数は、約14,200発におよび、そのうちの4,000発近くが作戦展開中である。（第1章2項参照）

　一方、ロシアのプーチン大統領は、2016年3月に放映された国営テレビのドキュメンタリー番組で、同国が2014年3月にクリミア半島を併合した際、「核兵器を臨戦態勢に置く用意があった」と発言した。これは、明らかに東方拡大を続けるNATO（米国）を睨んだ「核による脅し」以外の何物でもない。

　その後同年9月になって、独ZDFテレビは、米国が年内にも独ビューヒェル航空基地に新型の小型精密誘導核爆弾「B61-12」（航空機搭載）20基を配備する意向と報じた。それに対して、ロシア大統領府の報道官は23日の

ロイター通信で「欧州のパワーバランスを変える。軍事力を均衡させるために、ロシアが必要な対抗措置を取らなければならないことは疑う余地がない」と応酬した。また、2016年5月、プーチン大統領は、米国のルーマニアとポーランドへのミサイル防衛（MD）システムの配備を巡り、「（ロシアのミサイルの）照準を合わせることにもなり得る」と威嚇した。

　中国は、米国に対する「相互確証破壊戦略」（MAD）の態勢を目指して、確実な核報復力（第2撃力）としての弾道ミサイル搭載原子力潜水艦（SSBN）の配備を強化している。その隠密性と残存性を高める潜伏海域として南シナ海の重要性が認識され、そのため中国は、近年、南沙諸島の岩礁埋め立てと軍事拠点化を強引に進めており、米中間の緊張を高める要因となっている。

　このような米露間の応酬あるいは米中間の緊張が示すように、世界では、現実に、核戦略上の熾烈な戦いが繰り広げられている。核廃絶を叫ぶだけで、核問題に対して議論することさえも拒んでしまう核アレルギーをもち、国家の防衛に当事者意識の希薄な日本国民の多くは、一連の動きに一瞥の関心も示さなかったに違いない。

　さらに、核戦略の専門家として高名な米国戦略国際問題研究所（CSIS）のクラーク・マードックの論文「2025-2050：Recommended U.S. Nuclear Strategy」によると、2030年頃には核保有国が9〜11か国となり、2050年までにそれ以上から18か国未満に拡大すると予測している。地域的には、中東圏、北東アジア、欧州での拡散が顕著となり、核兵器の応用的使用としての「核による高高度電磁パルス（HEMP）攻撃」の危険性が増大するとも指摘している。なお、「HEMP攻撃」については、第1章6項で詳しく説明する。

　平成30（2018）年8月9日、現職の国連事務総長として初めて長崎平和祈念式典に出席したアントニオ・グテレスは、その演説の中で下記のように述べた。

悲しいことに、被爆から73年経った今も、私たちは核戦争の恐怖とともに生きています。ここ日本を含め何百万人もの人々が、想像もできない殺戮の恐怖の影の下で生きています。

　核保有国は、核兵器の近代化に巨額の資金をつぎ込んでいます。2017年には、１兆7,000億ドル以上のお金が、武器や軍隊のために使われました。これ（軍事費）は冷戦終了後、最高の水準です。世界中の人道援助に必要な金額のおよそ80倍にあたります。

　その一方で、核軍縮プロセスが失速し、ほぼ停止しています。

　（国連広報センター『長崎平和祈念式典に寄せる国連事務総長演説』（長崎、2018年８月９日）、括弧は筆者）

　これが、核兵器をめぐる世界の新たな現実であり、冷戦期を「第１次核時代」（The First Nuclear Age）とすれば、いま世界はコリン・グレイが指摘する「第２次核時代」（The Second Nuclear Age）という「恐怖の核時代」に再び突入しているのである。

　その意味において、「核兵器のない世界」は、恐怖の「第２次核時代」へ突入した国際社会の新たな現実によって否定され、欺瞞的であるとの指摘や批判から免れることはできないし、核の拡散と脅威の増大という安全保障・防衛上の新たな現実に目を瞑り、有効な対策を怠るならば、核の恐怖から逃れることはできないであろう。

3　世界の現実に目を瞑り、真剣な核論議を避ける日本

（１）世界で唯一の戦争被爆国日本と核アレルギー

　わが国では、昭和20年８月に広島市と長崎市に投下された原爆によって、一瞬のうちに数多くの市民が犠牲になった。投下の年、広島と長崎ではそれ

ぞれ14万人、9万人の被爆者が確認された。その後の5年間に被爆者数は拡大して広島で20万人、長崎で14万人、現在までの総計では広島40万人、長崎20万人が被害を受け、街は瞬時にして焦土と化した。そして、原爆投下後70年余りが経過した今なお、被爆の後遺症に苦しみ、筆舌に尽くしがたい苦難の日々を余儀なくされている。

　世界で唯一の戦争被爆国日本および日本国民は、このような惨禍が二度と繰り返されてはならないとの強い義憤のもと、「死に神」、「死の道具」（いずれもオバマ大統領の「広島スピーチ」）としての原爆の破壊力の実相や被爆の悲惨な体験を世代や国境を越えて、人類が共有する「記憶」として継承されるべきであり、核兵器のない世界の実現を世界に訴える使命と責任を有していると主張している。

　その被爆体験を踏まえて、わが国は核兵器を①持たず、②作らず、③持ち込ませずの「非核三原則」を国是としてこれを堅持し、原子力基本法では核兵器の製造や保有を禁止し、さらに、NPTを締結し、非核兵器国として核兵器の製造や取得をしないなどの義務を負っている。これらを背景に、日本は、核兵器国と非核兵器国の双方に働きかけを行うことを通じて、核兵器のない世界を実現するために、官民一体となって国際社会を主導していくよう努めてきた。

　しかし、そのようなわが国の努力をあざ笑い、また、オバマ大統領が提唱する「核兵器のない世界」に逆らうかのように、国際社会では核が拡散し、その脅威が増大する現実が顕わになっている。特に日本およびその周辺地域は、核実験やミサイル発射を繰り返す北朝鮮によって「重大かつ差し迫った脅威」に曝され、わが国は戦後最大の安全保障上の危機に直面している。

　それでもなお、悲惨な被爆体験による核アレルギーとそれに根差した歴代政権の厳格な核政策によって、国民の間にも、また、日本の安全保障・防衛に責任をもつ政府・与党の間にも、現状から一歩でも踏み出した論議を行おうとの前向きな動きは見られない。長い間、核をタブー視してきたことのツ

ケか、日本全体が世界の現実を直視する勇気をなくし、すっかり世界へのリアルな認識を欠くようになってしまったかのようである。

　わが国においては、同じような状況が過去にも起こったことがあり、当時、「非核五原則」といわれた現象である。

　2006年10月、北朝鮮は、「日朝平和宣言」（2002年9月）や「六者会合に関する共同声明」（2005年9月）ならびに国際社会の度重なる自制要求を無視して核実験を強行した。またこれに先立ち、日本に届くミサイルを保有する北朝鮮は、1998年に引き続き、2006年7月、テポドン2号を含む7発のミサイルを日本海に向けて発射した。それらの核実験とミサイル発射が、身近に迫る死活的な脅威として多くの日本人を震撼させ、有形無形の反応を惹起する「引き金」となった。

　それを機会に、わが国においても核政策について活発に議論しようとする動きが出てきた。その政治的イニシアティブを発揮した代表格が、当時の麻生太郎外務大臣と自民党の中川昭一政調会長であった。これまでのわが国の政治や言論界の状況から見れば、その勇気や戦略性は大いに評価されてしかるべきであった。

　ところが、すぐさまマスコミを含めたいわゆる平和主義勢力が頭をもたげ、あるいは親中派などの意図的な発言によってこの動きを封じ込めようとする反作用が強まった。当時、約8割の国民は核論議を支持していたが、核兵器を①持たず、②作らず、③持ち込ませずの「非核三原則」に加えて、核兵器について④言わず、⑤考えずの「非核五原則」といわれた言論封じや思考停止に向けて世論を誘導し、執拗に核論議を封印しようと試みたのであった。

　今また、北朝鮮の核ミサイルの脅威について、広く国民の間に共有されつつあるが、活発で現実的な核論議を展開する状況はなかなか生まれて来ない。

　すでに北朝鮮は、日本列島を十分に射程圏内に収め、日本や韓国防衛に協力する米領グアムの米軍基地まで届く多種大量の弾道ミサイルを保有しており、わが国の防衛は直接的・間接的な脅威に曝され、その緊迫度は日々増大

している。さらに、北朝鮮が米国に届くICMBを完成させるのは時間の問題と見られており、日本が核の威嚇や攻撃を受けた場合、北朝鮮の報復を恐れて米国が反撃を躊躇うことは大いにあり得ることである。

そうなると、日本に対する米国の拡大抑止に穴が開くことは明白であり、それを埋めて抑止の体制を維持強化するための具体的で真剣な論議が不可欠である。

---

column

拡大抑止

「拡大抑止」は、英語の「extended deterrence」の訳で、核保有国が非核保有国である同盟国に対して核兵器の抑止力を提供し、安全を保障することを意味する。

例えば、米国は、北大西洋条約機構（NATO）加盟の欧州諸国や日本、韓国などの同盟国が核攻撃の脅威にさらされた場合には、それを自国への攻撃と見なして核兵器で報復することを約束し、いわゆる「核の傘」（nuclear umbrella）を提供することによって、同盟国の安全保障を確保するというものである。

「拡大抑止」は、「拡大核抑止」ともいわれ、同義語であるが、本書では統一的に「拡大抑止」という用語を使用することとする。

つまり、核兵器について④言わず、⑤考えずの「非核五原則」は、わが国の安全保障・防衛を強化するうえで、「百害あって一利なし」である。いま眼前に迫っている国家的危機あるいは国難を打開するには、国政の場はもとより、広く国民の間で、自由で真剣な、また現実的で責任のある核論議を積極的に展開しなければならない。そして、すみやかにわが国の核政策の方向とそのあり方に関する論議を集約し、直ちに具体的な政策・措置として実行に移すことが必要である。

31

（2）「リード・バット・ヘッジ政策」の追求—「核兵器のない世界」の理
想追求と「核兵器のある世界」の現実対応—

　前述の通り、世界には「核兵器のない世界」と「核兵器のある世界」の2
つがあり、その現実を直視したうえで、状況に即応した実効的な政策が必要
である。

　「核兵器のない世界」は追求すべき目標として具体的措置を講じながら、
その達成に至るまでの間、「核兵器のある世界」での確実な抑止を維持しな
ければならない。

　つまり、核不拡散・軍縮をリードする一方で、核の脅威をヘッジする
「リード・バット・ヘッジ政策」がなければ、国の平和と安全は確保できな
い。言い換えれば、「核兵器のない世界」の理想を追求することと「核兵器
のある世界」の現実に対応することは、一見相反した行為のように思えるか
もしれないが、世界の現状を踏まえれば、決して矛盾したものではなく、そ
れは現実主義からの確かな回答と言えるのではないだろうか。

　2017年7月、核兵器を国際人道法に違反するものだとして初めてその全廃
と根絶を目的として起草された「核兵器禁止条約」が国連総会で採択された。
それに対して日本政府は、下記の二つの理由を挙げて、アメリカなどの核保
有国とともに本条約作りの動きに反対し、今後も署名することはないとの基
本姿勢であった。

　その理由の第一は、わが国には核開発を続ける北朝鮮の差し迫った脅威が
あり、日本が同盟国アメリカの拡大抑止によって守られている以上、条約に
は賛成できないというものであった。

　第二に、日本は、核軍縮は核保有国と非核保有国が一緒になって段階的に
進める必要があるとの立場をとっている。しかし、国連安全保障理事会の5
常任理事国のうち核独占を手放そうとする国は一つもない上に、アメリカの
拡大抑止を必要とする日本やドイツのようなNATO加盟国など、あわせて
38か国が参加していない。他方、その他の非核保有国が参加し、上記非参加

国との二分化対立の構図になっているため、条約はできても具体的な結果を作り上げることができない、との理由である。

　いずれにしても、わが国は、唯一の戦争被爆国として核廃絶を国際世論に強く訴えることが出来る特別な存在であり、政府も「核兵器のない世界」を目指すことを日本の責務だと位置づけている。同時に、北朝鮮からの差し迫った核ミサイル脅威に対してアメリカの拡大抑止に入ることは国としての死活的な選択であり、また、日本が自ら弾道ミサイル対処能力の更なる向上などによって核抑止力を強化することも、わが国の生存と安全を確保するうえで不可欠である。

　つまり、核の廃絶を追求することと現実の核の脅威に対して抑止力を強化すること、すなわち核廃絶をリードする一方、核の脅威をヘッジする「リード・バット・ヘッジ政策」は、わが国が一貫して追求すべき目標であり、また、唯一の戦争被爆国日本であればこそ世界に向かって主張できる、主体的で説得力があり、賢明で現実的な政策ではないだろうか。

第1章 | 核時代を読み解くためのキーワード

1 核時代の始まり

　1898年、フランスの物理学者ピエール・キュリーとその妻でポーランド出身のマリー・キュリーの夫妻は、ドイツ人物理学者レントゲンが発見したX線やフランス人物理学者ベクレルが発見したウランが自然に発する放射線は、分子の相互作用（化学反応）によるものではなく原子そのものに起因することを提示した。そして、原子が放射線を放出して変質する性質（能力）を放射能、放射能を持つ元素を放射性元素、放射性元素を含む物質を放射性物質と命名した。これ以降、原子・原子核に関する本格的な研究が行われるようになった。

　キュリー夫妻等の放射能の発見から約40年後、第2次世界大戦の始まる直前の1938年末から1939年にかけて、ウランに中性子を当てることにより起こる核分裂連鎖反応の存在が実証され、その理論が明らかにされていった。

　注目されたのは、1個の核分裂反応により放出されるエネルギーの量が、火薬の爆発等における1個の化学反応で放出されるエネルギーの大きさの1千万倍という桁違いに大きなものであったことである。しかも、核分裂の都度、2〜3個の中性子を放出し核分裂の連鎖が起こることがわかった。この核分裂の連鎖反応を利用すれば、瞬時に巨大なエネルギーを生み出すことが

できるかもしれない。このことが、戦争直前にあった主要国の関心を引くこととなった。

　ドイツ、英国、米国、日本などの列強は、有能な原子物理学者を集めて密かに核分裂を利用した爆弾の研究、開発を始めた。この兵器を先に手に入れた国が戦争の勝者になることは間違いないと思われたが、理論的には可能であっても人類が経験したことのない未知の領域のことであり、簡単にはいかなかった。当時、核兵器開発に関係した学者達の多くは、戦争が終わるまでに原子爆弾が完成するとは考えていなかったようである。現に、ドイツ降伏までに原子爆弾（原爆）の完成を見ることはなかった。

　しかし、米国は、ドイツ降伏後も、巨大な経済力、技術力を背景として、ナチスのユダヤ人迫害の手を逃れて米国に渡った多くの高名な物理学者等を中心とした原爆開発のプロジェクトであるマンハッタン計画を継続した。その結果、1945年7月16日に、ニューメキシコ州アラモゴードの砂漠で「トリニティ」と命名された人類初の核爆発実験を成功させるに至った。そして、最初の原子爆弾を、本土決戦を覚悟して最後まで戦い続けていた日本に対して使用し、広島次いで長崎の町並みを壊滅させ、そこに住む人々を地獄に突き落としたのである。これが、核時代の幕開けとなった。

　第2次世界大戦後、米国とソ連（現ロシア）を中心とした東西両陣営の対立する冷戦の下で、米ソの核開発競争が行われ、その過程で水素爆弾が実用化され、運搬手段と一体となった種々の核兵器システムが生まれた。現在、世界で9か国の核保有国がある。各国が保有している核兵器は、技術の発展に伴い近代化されてきているが、その原理は第2次世界大戦から冷戦時代に確立されたものである。2000年代に入り新たな脅威として認識されだした核による「高高度電磁パルス（HEMP）攻撃」も、冷戦初期の1960年代において、米ソで核実験を通じて、その可能性が認識されていたものである。

2　世界の国々の核兵器保有状況

（1）核弾頭保有数

　世界各国の核弾頭保有数は、第2次世界大戦後に急激に増え、1980年代半ばには総計70,000発を超えた。その後、東西冷戦の緊張緩和の動きが出始めた1986年をピークに減少してきたが、2018年初期の時点においても、依然として14,200発の核弾頭が存在するとみられている。その大量の核弾頭の93％は、米国およびロシアのものである。

世界の核弾頭保有数の推移（1945-2018年）

出典：『Status of World Nuclear Forces』　By Hans M. Kristensen and Robert S. Norris The Federation of American Scientists（FAS）
　　　https://fas.org/issues/nuclear-weapons/status-world-nuclear-forces/

　これら14,200発の核弾頭のうち、軍用に供せる状態にあるものは概ね9,300発であり、残りは米露の新戦略兵器削減条約（新START）等に基づいて破棄され分解を待つ状態の弾頭である。軍用の核弾頭のうち、作戦部隊に配置されているものは少なくとも3,750発あり、このうち米・露・中・英・仏保有の1,800発前後の核弾頭が、高度な即応態勢にあるとみられている。

（2）核保有国と非核保有国

2018年現在、核兵器を保有している国は、米国、ロシア、中国、フランス、英国、インド、パキスタン、イスラエルおよび北朝鮮の９か国である。このうち、イスラエルを除く８か国は、核実験に成功したことを公にし、核保有を表明している。イスラエルは、公式には核保有を表明していないが、国際的には核保有国とみなされている。

2018年現在の核保有国の核弾頭保有数

Estimated Global Nuclear Warhead Inventories, 2018

Updated: March 2018

Retired
Stockpiled
Deployed

	Russia	USA	France	China	UK	Pakistan	India	Israel	DPRK
合計	6600	6450	300	270	215	140	130	80	15
Stockpiled	4350	3800							
Deployed	1600	1750							

出典：『Status of World Nuclear Forces』　By Hans M. Kristensen and Robert S. Norris The Federation of American Scientists（FAS）
https://fas.org/issues/nuclear-weapons/status-world-nuclear-forces/

これら９か国のうち、米・露・中・仏・英の５か国は、核拡散防止条約（NPT）によって核兵器の保有を認められている国である。NPT には世界のほとんどの国が加盟しているが、インド、パキスタン、イスラエルは、条約締結時の核保有５か国だけに核保有の特権を与えるのは不平等条約だとして、条約に加盟していない。また、北朝鮮は当初 NPT に加盟していたが、1993年に脱退、翌年の朝鮮半島エネルギー開発機構（KEDO）の発足と引換にNPT に残ることに合意したが、北朝鮮の協定違反により KEDO が中止されたことにより2003年に再び NPT からの脱退を宣言した。しかし、脱退手続きが不十分であるとみられ、それ以降も北朝鮮は、国際社会から NPT の締

約国と見なされており、核ミサイル開発への挑戦は条約上の義務不履行として非難されている。

　一方、核兵器を保有していない国にも、南アフリカのように過去に核兵器を開発途上で自発的に放棄した国、イランのように核開発の疑惑が持たれた国、あるいは日本のように核開発の潜在的能力はあるが非核政策を採っている国など、様々な国がある。

（3）世界各国の核保有に対する取り組み

　世界には、少数の核保有国と大多数の非核保有国がある。非核保有国の中には、核開発の意図と能力が全くない国から今にも核兵器を持とうとしている国まで様々である。そこで、世界各国の核保有に対する取り組みの面から考察してみると、次のように分類することができる。

①完全非核レベルの国

　核開発能力が無く、核弾頭も保有していない。いずれかの核大国の拡大抑止の提供を受け、これに全面的に依存するか、敵性国の核恫喝に屈するしかない。自国の安全保障を自国の責任で保証できる自立した大国にはなりえない。

②潜在的能力抑止レベルの国

　核開発の潜在能力はあるが、核弾頭は保有していない。完全非核レベルの国と同様の依存戦略をとるが、潜在核保有国として拡大抑止提供国、敵性国、そして国際社会から重視される。今の日本がこれに該当する。韓国も同様で潜在能力は高く、プルトニウム抽出能力を持ち、弾道ミサイル、大型潜水艦の開発を進め原子力産業、武器輸出を振興しており、過半数の国民が核保有を支持している。

③即時能力抑止レベルの国

　核弾頭は保有していないが、部品等を生産保管し即時組み立て可能な状態に置き、短期間に核保有可能な能力が有る。戦略は潜在的能力抑止レベルの

国と同じであり、国際社会からの重視度は上がるものの、潜在力を拡大抑止提供国も含めた他国から破壊される恐れがある。日本も佐藤内閣の頃にこの態勢を目指した。今のイランはこのレベルにある。

④未実証核保有抑止レベルの国

　核弾頭の保有またはその直前の状態にあるが、核実験は未実施である。NPT加盟国は協定違反となり国際社会から制裁を受け、核保有国から核能力を先制破壊される危険性が最も高まる。このため、核保有をめざす国は、国家安全保障上はこのレベルをできるだけ早く超える必要がある。1990年から核実験前の北朝鮮は、硬軟織り交ぜた外交的時間稼ぎを巧みに行い、このレベルを乗り切った。

⑤実証核保有レベルの国

　核弾頭を少数（数発から数十発）保有し、既に核実験を実施している。できるだけ速やかに核弾頭数と運搬手段を質量ともに最小限抑止レベルに引き上げ、その能力を国際社会に見せつけることが基本戦略となる。先制破壊を受けるおそれは残るが時間とともに核残存能力が上がるため、破壊が困難となり、先制される恐れは減少する。ただし核戦力としては実効性に欠け抑止力として不安定である。2006年の核実験後から現在の北朝鮮はこのレベルにある。

⑥最小限抑止レベルの国

　いかなる核大国にも報復し、耐え難い損害を与えうる能力を保有している。対都市攻撃用として水素爆弾を主に百数十発保有、敵の先制核攻撃に対する残存性を重視し、核の先制使用はしないのが戦略。数十基のICBMまたは3〜4隻の弾道ミサイル搭載原子力潜水艦（SSBN）の保有が必要。このレベルに達して初めて独自の核抑止能力は安定する。英国、フランス、インド、パキスタン、イスラエルはこのレベルであり、北朝鮮もあと数年でこのレベルに達する。イスラエルは米国の黙認のもと、核実験を行わないか、あるいは1度行っただけでこのレベルに達している。

⑦相互確証破壊レベルの国

　いかなる核大国の核攻撃にも残存し報復第2撃で相手国の国家機能を破壊（人口の4分の1から5分の1、産業力の3分の1から4分の1を破壊）できる核戦力のレベルで、数千発の各種核弾頭と、その運搬手段であるICBM、SSBNおよび戦略爆撃機を合計数百基／機保有することが要件となる。対兵力目標用の数百キロトン級の中小型核弾頭が主体で、核先制使用を否定せず、場合により相手国軍事目標を先制奇襲し必要数を破壊できる能力を保有している。しかし、同様の能力を持っている相手国に対する核の先制使用は強く抑止され、相互抑止は最も安定する。冷戦時代の米ソ間、現在の米露間で成立する。中国の核戦力も急速に米露に対する相互確証破壊レベルに近付きつつある。特に中国の各種核ミサイルの移動化・地下化・水中化と多数配備により残存性は著しく向上している。核弾頭数も280発との見方もあるが、実数は不明であり、核軍縮交渉に応じる可能性もない。

⑧核戦争勝利可能レベルの国

　全面核戦争にも勝利できる核戦力レベルで、核弾頭7千から1万発以上を保有、核戦争下でも機能する各種核戦力部隊に対する全地球的な指揮統制能力を維持するとともに、戦域・戦術核兵器使用の現地指揮官への委任も必要になる。このレベルは、米国においてレーガン政権下で追求されたが、冷戦後は核戦力への依存低下の傾向にあり、今後このレベルを目指す可能性のある国は、当分ないであろう。

3　核戦略

（1）核戦略の概念

　核兵器の巨大な破壊力は、従来の兵器を使用した軍事戦略の枠に収まらないことから、核兵器を中心とした戦力を核戦力として通常戦力と区分し、核

戦略という概念が作られた。

　新たに加えられた核戦略は、核兵器を製造、配備、運用し、あるいはその潜在力によって国家の政治目的（その主要な目的としての核抑止を含む）を達成するための方策のことであり、原子爆弾の出現以来、大国の国防戦略は核戦略を中心に考えられるようになった。

　核戦略は、核兵器の進歩、運搬手段の発達・多様化や基地の増強、および相手国の核戦力の強化などに応じて変遷してきているが、核時代をリードしてきた米国の核戦略の基底には、①「対兵力戦略」（counter-force strategy）と②「対価値戦略」（counter-value strategy）の2つの基本的な考え方がある。

　①は相手の核戦力を1撃で破壊し、自国の損害を局限し得る戦力を持つことにより、一方的に最大の抑止効果を得ようとするものである。このためには相手の核兵器の配備に関する正確な情報、命中精度の高い大量の核弾頭とその運搬手段を必要とするが、相手の核戦力の増強、非脆弱化対策によってこの戦略の意義は低下する。

　②は、基地の非脆弱化によって相手の先制攻撃から残存し、相手の都市等に対する報復によって耐えがたい損害を与えうるような潜在力を持てば、相手の第1撃は抑止しうるので、最小限の戦略兵力の保有で十分であるとするものであり、最小抑止ないし有限抑止戦略に通じる。

　米国の核戦略は1960年代初期までの対ソ優勢の時代には、核の大量使用による報復を宣言することによる戦争抑止を目的とした「大量報復戦略」（Massive Retaliation Strategy）であった。これは相手の先制攻撃に対し圧倒的な核戦力でもって相手の攻撃力を叩く「対兵力戦略」であったが、米ソの戦略核戦力が均衡するに伴い破綻し、ゲリラ戦から全面戦争まで国家の総合力を持って柔軟に対応する「柔軟反応戦略」（Flexible Response Strategy）に移行することとなる。さらに、米ソの戦略核戦力均衡の下で「相互確証破壊戦略」（MAD：Mutual Assured Destruction）、「損害限定戦略」（Damage

Limitation Strategy）などの「対価値戦略」が提唱された。

　その後、ソ連の弾道ミサイル防衛システム整備に対抗して「戦略防衛構想」（SDI：Strategic Defense Initiative）による米ソ間の核抑止の安定化が追求された。そして、米ソを中心とした冷戦構造が崩壊して30年近くが経過した今日、北朝鮮などの核保有国やテロリストなどの非国家主体による核の脅威などにも対応できる新たな核戦略として「テーラード（適合）抑止」（Tailored Deterrence）戦略が提唱された。このような米国の核戦略の変遷については、第2章「米国の核政策・戦略と国際社会の核開発の動き」で詳しく述べている。

　一方、米国と並ぶ核大国のソ連（現ロシア）は、核戦争によって戦争目的は達成できるとの考えから、通常戦力と核戦力を一体化した柔軟反応的な戦略を採用してきているとみられている。

（2）核戦略に応じた攻撃目標とその戦略的特性

ア　対兵力戦略における目標

　対兵力戦略では、先制核攻撃により相手国の第2撃報復力を最大限に奪うための軍事目標（対兵力目標）が優先される。軍事目標の中では、指揮統制・通信・コンピュータ・情報ネットワークの中枢が最優先される。次いで戦略核部隊とその基地、大規模な輸送インフラ・兵站基地の中枢・海空基地などが目標となる。対兵力目標の対象は、小さく分散しかつ堅固化されているので、破壊半径は小さくてもよいが、各目標を確実に破壊するために精度の高い複数の核攻撃を加える必要がある。

　このほか、対兵力目標として、相手の軍事能力を奪うための様々な核兵器の用法が考えられてきた。戦場で使う戦術核の場合は、数キロトン以下の威力でよいが、味方に被害を与えたり高濃度の残留放射能をもたらすものは望ましくない。

　施設の接収や利用を前提とするならば、電気・電子装置を麻痺させる高高

度爆発による電磁パルス攻撃、さらには、施設は破壊せず内部の人のみを殺傷する中性子爆弾の使用なども考えられた。

　地下数百mの目標に対しては地下浸徹型核爆弾による攻撃が有効であり、例えば通常爆弾では破壊できない地下貯蔵の生物・化学兵器を瞬時に破壊無力化できる。しかし、地上に放射能が漏れる恐れもあり、また数百m以上の深部の目標破壊には限界がある。

イ　対価値戦略における目標

　対価値戦略では、産業基盤、都市人口など敵国にとり価値のある、しかし堅固な防衛は困難な目標（対価値目標）が選定される。これらは、軍事能力ではないので先制攻撃で破壊する必要はなく、第２撃（報復）攻撃の目標となる。もし、自国の核戦力に残存報復能力があれば、第２撃での対価値目標攻撃能力を持つことにより相手国住民や産業を人質にとることになり、相手国の先制攻撃を抑止できる。

　対価値目標は、一般に、被害が大量に発生しやすい人口の密集した都市から順に選定される。相手国の政経中枢は優先目標となるが、首都などの政治的意思決定中枢は停戦の受け入れなど交渉上の必要性から当初の目標から外されるかもしれない。

　対価値目標に指向される核弾頭は、広範囲を破壊する必要があることから、破壊半径の広い大出力のメガトン級の水素爆弾（水爆）が選ばれる。一方、対象目標が広範囲でかつ軍事目標に比べて堅固化されていないので、爆風圧などの破壊力の強度や爆発地点の精度はあまり要求されない。

　一国にとって耐え難い損害をもたらす残存報復能力を持てば、いかなる核大国に対しても最小限の抑止能力を持てることになる。そのためには、人口の４分の１から５分の１、産業の３分の１から４分の１程度を破壊できるメガトン級水素爆弾百数十発程度を持つ必要があるといわれているが、耐えがたい損害の捉え方は、対象国の国情、国民意識等に大きく影響される。

　一般的には、都市化率が低いほど、また国全体の人口規模が大きいほど、

対価値目標攻撃に対する抗堪性は大きい。その点で、中印は米露よりも対価値攻撃には強い。さらに、国民の損害回避を第一に考えねばならない、あるいは人命尊重が重視される先進民主主義国に比べ、国民の損害への意識の低い独裁主義・全体主義国家や発展途上国の方が、対価値目標攻撃に強いと言える。

（3）核戦略を支える要素

核戦略を考えるに当たっては、自国および相手国の核兵器と核運搬手段の質・量、核攻撃の目標、および相手国の核戦略が重要な考慮要件であることは当然であるが、核戦力を支える指揮・統制・通信・コンピュータ・情報（C４I）等の機能、核開発・製造・管理等の機能、それらに必要な予算や技術基盤・産業基盤などが大きく影響する。

特に、核弾頭の開発・製造・管理組織、および核開発インフラと予算は、核戦略の構築に大きく影響する。また、米国との同盟関係にある国では核使用の決断に関わる指揮統制権限という重大な問題がある。これらについて、少し詳しく述べてみたい。

ア　核弾頭の開発・製造・管理組織

核戦力を配備され、それを指揮命令系統に基づき運用するのは軍の役割だが、核弾頭、核戦力の開発・製造・維持管理・保管などは指定された別の指揮系統のエリート部隊や専従の監督省庁が担当するのが一般的である。米国ではこれをエネルギー省が担当している。北朝鮮の場合、弾道ミサイルの開発・配備は軍の管轄だが、核兵器の開発・管理は最高指導者に直結した組織が担当しているとみられている。

輸送、警護も特別に指定された部隊が担当することが多い。万一にも事故、窃盗、テロ、横流し、秘密事項の流出などがあってはならず、最高指導者の意志に従い的確に管理・運用されねばならない。そのために最高度のセキュリティ態勢が求められる。関与する人員も最高度の信頼性が要求され、最高

指導者に直結する完全に保全された独自の指揮統制・命令・通信系統が必要になる。

イ　核開発インフラと予算

核開発インフラとしては、人的には研究開発のみでも数千人規模の各種分野の専門的科学者、技術者が必要となる。核物理、金属材料加工、化学処理、原子炉、爆薬、電気式起爆装置、シミュレーション、数学などの専門家が厳格な秘密保持の可能な環境で数年間は専従する必要がある。要員の募集と選抜、家族を含めた生活と身分の保証、知り得た秘密の厳守も重要課題になる。要員教育における大学との連携や特殊技能者確保についての大学・民間の協力も不可欠である。

施設としては、原子炉、ウラン濃縮工場、プルトニウム抽出施設、核弾頭製造工場、保管庫などであり、その建設・管理運営には多額の経費が必要である。

予算面では、米国の場合、1940年から1996年までの核関連予算の総額は5兆8,210億ドル、そのうち核爆弾・弾頭製造に要した予算は4,094億ドルで約7％に過ぎず、核運搬手段の開発・配備、指揮統制・通信・情報・コンピュータシステムの展開、警護などに多額の予算を要した。

ウ　指揮統制権

核の引き金を誰が引くかは、核を巡る問題の中で最も重大な問題であり、冷戦時代に北大西洋条約機構（NATO）内で米国と同盟国間で最大の懸案となった。ケネディ政権以来、NATO加盟国内のほとんどの核兵器の引き金は、米大統領が一元的に権限を持つ態勢にしている。

これに従い、ドイツ、イタリア、オランダ、ベルギーなどは、個別に米国と協定を結び自国内に米軍の核弾頭管理部隊を常駐させ、普段から自国正面の関連情報を米国から得て核作戦計画作成に意見を提出する。そして、核爆弾投下の訓練を行い、緊急時には米国大統領の承認を得て、指定された目標を攻撃するという態勢をとる。

この態勢は「核共有」（nuclear sharing）と言われるが、実態は核の引き金も弾頭も米国の管理下、指揮下にあり、米大統領が拒否すれば核攻撃はできず、独自の核抑止力保有にはならない。むしろ、自国内に敵の核攻撃目標を作り管理・警護責任、政治的財政的コストを平時から負うことになり、余りメリットはない。

　英国は、核運搬手段として弾道ミサイル搭載原子力潜水艦（SSBN）のみを保有し、米国との「特殊な関係」を持つことにより、米国との実質的な核共有を実現している唯一の国である。英国は、核弾頭と潜水艦は自ら開発配備し、弾道ミサイルのみを米国と共有している。英国の核戦力は米国の核作戦計画に組み込まれているが、英首相独自の核作戦の指揮権およびそのための指揮統制・通信系統は保有している。ひとたび核弾道ミサイルが発射されれば、敵国からは米国のものか英国のものか判別できない。このため米英いずれが先に核の引き金を引いても、英米は自動的に相手国の報復攻撃の対象となる。正に米英は運命共同体であり、米国の拡大抑止の傘は最高度の信頼性をもって保証されていると言える。

　フランスは、ドゴール大統領の当時、フランスに対する米国の核の傘を保証する核作戦計画の開示を求めたが、米国は提示しなかった。このためドゴールは、米国の核の傘には実体がないと判断し、フランス独自核の開発配備を決心して、1966年にはNATOの軍事部門から脱退した。フランスは核搭載型の爆撃機を保有しているが、核部隊の主力はSSBNである。すべて独自の装備、核弾頭、指揮系統を保持し、独自の核戦力と核指揮権を保有している。フランスは、「複雑抑止」という戦略を採用しており、NATO内で核保有国の数を増やし、米英と仏の核使用に関する連携および核使用の意思決定の見積りをより複雑困難にさせることで、潜在敵国に対する核抑止能力を高めうるとしている。

　フランスは、完全に単独の核戦略を保持しているわけではなく、基本的な価値観や体制を共有する米英その他NATO加盟国との核作戦に関する連携

は維持するとし、あくまで西側の一員としての核保有国の地位に留まっている。2009年NATOの軍事機構に復帰して以来、フランスは、SSBNの作戦海域について英国と調整するなど、NATO加盟国との連携を強め独自色を薄めている。

　上で述べたドイツ、英国、フランスの核戦略および核政策については、第7章で詳しく述べてある。

4　核兵器とその運搬手段

（1）核兵器の原理と核爆発の仕組み

　核兵器とは、一般的には、核分裂反応と核融合反応という2つの原子核反応により放出される膨大なエネルギーを利用した兵器の総称であり、主として利用する原子核反応の違いにより、核分裂兵器と核融合兵器に区分できる。

　B-29戦略爆撃機に搭載されて広島および長崎の上空で投下されたリトル・ボーイとファット・マンの2つの核爆弾は、「原子爆弾（原爆）」と呼ばれたが、いずれも核分裂兵器である。

　その後、水素の同位体を原料とする核融合の原理を利用した核爆弾が造られたが、その威力が原子爆弾の数百倍という凄まじいものであることから原子爆弾と区別して、「水素爆弾（水爆）」と呼ばれた。現在でも、原爆と水爆の呼称は使われるが、爆発の原理からは、前者は核分裂兵器で後者は核融合兵器である。

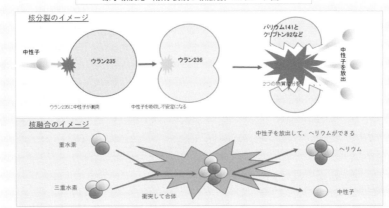

(筆者作成)

　核分裂兵器には、核爆発を起こさせるための仕組みの異なるガン・バレル方式とインプロージョン方式という2つの方式がある。

　ガン・バレル方式は、核分裂の連鎖に必要な量（以下、臨界量という）を超える核分裂物質を臨界量未満の2つに分けて砲身状の筒の両端に置き、2つを通常爆薬の爆発力で一挙に結合させて臨界量を超える超臨界状態にして爆発させる方式である。広島に投下されたリトル・ボーイは、ウラン235を用いたガン・バレル方式の核分裂兵器である。ガン・バレル方式は、比較的構造が簡単であるが、必ず臨界量以上の核分裂物質と大量の発射薬（通常爆薬）が必要であり、小型化が難しい。また、2つに分かれてはいるが臨界量を超えた核分裂物質が1つの筒の中に入っていることから安全面などで問題があり、1950年代までの核時代初期に生産されたのみである。

　インプロージョン方式は、臨界量未満の核分裂物質を中心に置き、周囲に配置した通常爆薬の爆発による衝撃波の圧力を同時に中心の核分裂物質に向かわせることにより、核分裂物質の密度を急激に上げて超臨界状態を作り爆発させる方式である。インプロージョン方式は、中心の核分裂物質に均等に

圧力を加えるために高度な技術を要するが、少ない核分裂物資で爆破効率を上げることができ、小型化できるため核分裂兵器の主流となっている。長崎に投下されたファット・マンは、プルトニウム239を用いたインプロージョン方式の核分裂兵器である。

---

column

臨界／超臨界／未臨界

1回の核分裂で放出される2次中性子は平均2.6個である。この2次中性子のなかには核分裂物質の外に飛び出したり、核分裂物質に混ざっている他の物質に吸収されたりして核分裂に寄与しないものもあるが、最小限1個がまだ分裂していない核分裂物質の原子核に衝突して新たな核分裂を起こせば、連鎖は継続される。

2次中性子により起こる新たな核分裂が毎回平均1回であり、それが時間とともに変化しない状態を臨界あるいは臨界状態といい、その状態を持続させるのに必要最小限の核分裂物資の量を臨界量という。

しかし、このような核分裂の連鎖は、核分裂の継続により蓄積されるエネルギーを原子力発電等に利用することはできるが、兵器に使用できるような爆発的な核分裂の連鎖にはならない。核兵器のためには、ごく短時間でネズミ算的に核分裂が増えるような連鎖が必要である。このような連鎖の起こる核分裂物質の状態を超臨界（状態）という。これとは逆に、臨界に満たない状態を未臨界（状態）という。

臨界量は核分裂物質の種類、形状、置かれた状態等によって異なるが、自然の状態で連鎖反応が持続できる量はウラン235が50kg程度、プルトニウム239で10kg程度と言われている。ちなみに、広島に投下された「リトル・ボーイ」には約63.5kgの高濃縮ウラン（ウラン235の含有率が80％以上のウラン）が使われ、その約1.38％（約880g）が核分裂を起こし、TNT火薬換算で約15キロトンの爆発威力があった

と推定されている。

　核融合兵器は、核融合が極めて高温・高圧の環境下でしか起こらないことから、熱核兵器と呼ばれる。核融合兵器は、核融合の原理を利用する兵器であるが、核融合に必要な超高温・高圧を核分裂兵器の爆発によって得る仕組みであり、核分裂と核融合の原理の複合された兵器である。

　核融合兵器は、①「最初の核分裂」、②「核融合」、③「核融合で放射され高速中性子による残った核分裂物質の分裂」の３つのレベルを踏む仕組みが基本になっていることから、多段階熱核兵器とも呼ばれる。核融合段階を複数設けたものも作られており、最近では、爆発威力を用途に合わせて設計できるようになっている。

　核分裂を使わずに純粋に核融合だけを起こさせる兵器は純粋核融合兵器とよばれるが、いまだ実現していない。そのほか、インプロージョン方式核分裂兵器の中心部（コア）に核融合物質を混ぜて多くの中性子を発生させ、爆破効率を上げた熱核ブーステッド核分裂兵器や、多段階熱核兵器における中性子の物資外への放出を防ぐ装置を無くすことにより、核爆発による破壊効果を押さえ中性子による致死効果を高めた中性子爆弾などがある。

核時代を読み解くためのキーワード

核兵器の原理・仕組みによる分類

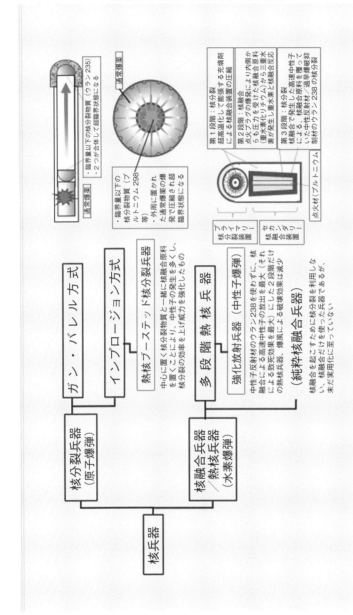

(筆者作成)

51

（2）核兵器の種類

核兵器は、その使用目的により戦略核兵器、戦域核兵器、戦術核兵器に分けられる。この区分は、核兵器の威力に左右されるものではなく、核兵器を搭載する運搬手段の性能によるものである。この区分の具体的な数的基準は、一般的には、米ソ間の START や INF 条約などの核兵器削減等の各種条約等により規定されている。

○戦略核兵器（Strategic Nuclear Weapon）

戦争遂行能力の壊滅を目的に、敵対国の本土を攻撃する核兵器。一般的には、5,500km 以上の射程を持つ大陸間弾道ミサイル（ICBM：Inter-Continental Ballistic Missile）、潜水艦発射弾道ミサイル（SLBM：Submarine-Launched Ballistic Missile）、8,000km 以上の航続距離を持つ戦略爆撃機あるいは600km を超える射程を有する巡航ミサイル（cruise missile）を搭載した戦略爆撃機がこれに該当する。

○戦域核兵器（Theater Nuclear Weapon）

例えば、西欧や東アジアなどの戦域内で使うことを目的とした核兵器であり、中距離核戦力（INF：Intermediate-range Nuclear Forces）を構成する。一般的には、射程距離1,000〜5,500km のものを中距離核兵器といい中距離弾道ミサイル（IRBM：Intermediate-Range Ballistic Missile）などがこれに該当する。射程距離500〜1,000km のものは準中距離核戦力といい準中距離弾道ミサイル（MRBM：Medium-Range Ballistic Missile）などがこれに該当する。

○戦術核兵器（Tactical Nuclear Weapon）

主に個々の戦場で使用するための核兵器。短距離核ミサイル、核砲弾、核地雷などが含まれる。一般的には、射程距離500km 以下の核兵器であり、短距離核兵器ともいう。

核弾頭小型化のイメージ

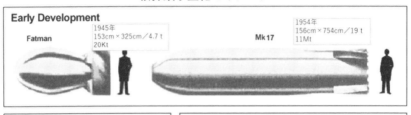

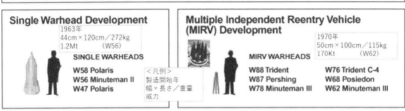

出典：https://www.globalsecurity.org/wmd/systems/nuke-size.htm
（製造開始年・諸元等は、http://nuclearweaponarchive.org/Usa/Weapons/Allbombs.html 等を参考に筆者作成）

　この区分は、米ソの核軍備が進み、核兵器の削減・廃棄に関する米ソ間の交渉が始まってからできた概念である。

　米国が核兵器を独占していた第2次世界大戦終了前後の核時代初期に作られた核兵器は、リトル・ボーイやファット・マンのような航空機搭載の核爆弾（nuclear bombs）が唯一の核兵器であった。これらは、航空機から投下する爆弾として核爆発部分と弾殻が一体で開発・製造された大型の爆弾であった。

　その後、1950年代に入りソ連の核兵器保有が始まり、直接相手の国を狙える弾道ミサイルの開発競争が起こると、ミサイルとそれに搭載する核弾頭とが別々に開発されるようになった。これにより、核兵器の小型化、モジュラー化が進み、ファミリー化された核弾頭を様々な用途に応じた核搭載兵器が開発・生産されるようになっていった。ICBMなどの弾頭の複数個別誘導再突入飛翔体（MIRV：Multiple Independently-targetable Reentry Vehicle）化なども行われた。

こうして作られた核兵器には、航空機搭載の核爆弾、ミサイル搭載の核弾頭のほかに、モジュラー化された核弾頭を搭載した核砲弾、核地雷、核魚雷、核爆雷など、戦場での戦術目的での使用を想定した各種形態の核兵器も作られた。

これら核兵器のなかには爆発威力は1KT以下と極小型のものもあり、人が背負って運搬する特殊核爆破装置（SADM）などもあった。米国が1960年代に開発、配備した多目的の小型核弾頭W54は、デイビー・クロケット無反動砲弾（0.01〜0.02KT）、ファルコン空対空ミサイル（0.25KT）、AGM-62テレビ誘導滑空爆弾（0.6KT）、SADM（0.01〜0.001KT）などに搭載された。これらの戦術用の各種の小型核兵器は1990年代までにほとんど廃棄されたが、一部は運用配備外で保管され、あるいは廃棄が決定しているが分解待ちの状態にあると見られる。これらは、核兵器が戦場での様々な目的に使用できる兵器として技術的には完成しているものであり、当該国の思惑次第でいつでも再配備、再生産が可能であろう。

1970年代の米国とソ連（現ロシア）間のINF全廃条約によりIRBMと搭載弾頭等が廃棄されたのちは、主要国の保有する核兵器は、核爆弾搭載の戦略爆撃機、潜水艦搭載あるいは地上発射型の戦略弾道ミサイル（戦略核ミサイル）が主体となっている。しかし、近年、ロシアが地上発射型巡航ミサイル（GLCM：Ground-Launched

SADM

出典：https://www.revolvy.com/main/index.php?s=Special+Atomic+Demolition+Munition&stype=topic&cmd-list

デイビー・クロケット W54核弾頭搭載無反動砲

出典：https://armyhistory.org/the-m28m29-davy-crockett-nuclear-weapon-system/

Cruise Missile）SSC-8を保有していることが明らかになり、米国もそれに対抗して水上艦艇搭載の核弾頭搭載巡航ミサイルの開発など核兵器の近代化の方針を打ち出しており、新たな核軍備競争の到来も予見される。

さらに、核弾頭（核爆発装置）の小型化の技術がすでに主要国で実用化されていることもあり、国際テロ集団やいわゆる「ならず者国家」が小型の核兵器を手にしたとき、どの様な使い方でもできることを考えておく必要があろう。特に、高度な技術を要する大気圏再突入を必要とせず、爆破地点の精度もさほど要求されず、かつ爆風、熱線、初期放射線の影響を直接地上に及ぼすことなく、電気・電子に頼る広範囲の社会インフラに打撃を与えることのできるHEMP攻撃には注意が必要である。HEMP攻撃については、本章の6項で概要を紹介する。

今日では、核兵器の小型化および爆発威力の選択の幅が広がっており、運搬手段の性能の向上、世界的な核拡散の状況などを考えると、戦略、戦域、戦術の区分はわかり難くなっている。

特に、日本にとっては、主要な核保有国である中・露に加え新たに核保有国としての名乗りを上げている北朝鮮と隣接しており、それぞれの国からわが国を射程内に収め得る核兵器は、相手国の企図（使用目的）にかかわらずすべて等しく大きな脅威となり、核兵器の種類では測れないものである。ただし、米国との同盟関係にある日本は、核の傘の抑止力を信頼できる確実なものとしておくためには、米国の視点に立って核兵器の脅威を考えることも必要であろう。

金正恩朝鮮労働党委員長の核弾頭開現場視察の様子

出典：北朝鮮国営中央通信

最近の核ミサイル弾頭（熱核兵器）のイメージ

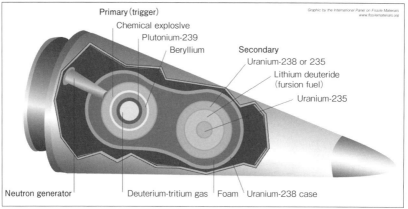

出典：International Panel on Fissile Materials（IPFM）
https://fissilematerials.org/library/graphics/design_of_a_modem_thermonucle.html

　上の写真（左）は、第6回目の核実験の直後に北朝鮮の国営朝鮮中央通信が公開し、各国メディアが取り上げた写真である。置かれている核弾頭らしいものの形状は、下のイメージ図の核ミサイル弾頭の内に描かれているピーナツ型のいわゆる熱核兵器と呼ばれる核融合兵器（水爆）のような形状をしている。写真の物体は、米国が1960年代初期に単弾頭のICBMアトラスに搭載された核弾頭W-38（約81cm×2m）とほぼ同じぐらいの大きさに見える。公開された写真が、単なる弾頭の実物大模型ではなく本物であるとす

56

るならば、北朝鮮の核開発は、単弾頭の弾道ミサイルの弾頭として水爆の搭載可能な域に達しているものと推測できる。ただし、写真の物体が水爆であるとしても、これを弾道ミサイルの弾頭とするためには大気圏への再突入飛翔体（RV）に搭載することが必要であるが、2018年5月時点では北朝鮮のRV完成については確認されていない。

（3）核運搬手段等

ア　各種核運搬手段

核運搬手段には、戦略爆撃機等の各種航空機、弾道ミサイル、巡航ミサイル、各種艦艇、ミサイル運搬車両などから人力まで、あらゆる手段が考えられる。現在、各国の核戦力として配備されている主要な手段には、弾道ミサイルおよび巡航ミサイル、爆撃機等の核兵器搭載可能な航空機、核ミサイル搭載潜水艦がある。

弾道ミサイルには、地上発射型の ICBM、IRBM、MRBM、SRBM、潜水艦から発射する SLBM などがある。このうち地上発射型のものは固定サイロから発射されるものと、発射台付車両（TEL：transporter erector launcher）に搭載され、移動して運用されるものがある。また、巡航ミサイルには、地上発射、水上および潜水艦発射、航空機発射のものがある。

航空機については、初期の核爆弾が大型で重いものであったため、大型の爆撃機が使われたが、その後核爆弾の小型化に伴い、戦術用の攻撃機や戦闘爆撃機にも搭載可能になった。また、巡航ミサイルの性能向上により、目標から遠距離での発射が可能になり、戦略目的、戦術目的の区分が曖昧になっている。

核ミサイル搭載の潜水艦は、第1撃の核攻撃に対する生き残り能力が高く、信頼性の高い第2撃能力を持つことにより、核保有国の最大の戦略目的である核攻撃の抑止にとっては最適の核運搬手段である。

イ　3つの戦略核運搬手段とその特色

（ア）弾道ミサイル搭載原子力潜水艦（SSBN：Ballistic Missile Submarine Nuclear-Powered）

　最も残存性に富むが、一般に指揮統制が困難で弾道ミサイルの射程と精度、威力は ICBM に比べて劣り、ミサイルが一たび発射されると即座に発見撃沈される恐れがあるため、先制攻撃には向かない。相手に対して自国の対潜能力が優れている場合は、発見されるおそれは少なく、残存報復用に適する自衛的な戦略核戦力となり得る。開発・製造・配備・運用に高度の技術を持つ訓練を受けた要員、潜水艦、水中発射弾道弾、原子力推進機構等の高度の技術および多額の予算が必要である。指揮統制・通信システム・コンピュータも高度なものが必要となる。英仏は SSBN を核抑止力の骨幹としており、最小限抑止レベルの自衛的核戦力を維持している。

（イ）大陸間弾道弾（ICBM）

　地上配備のため大型化ができ、威力、射程、精度に優れ、多弾頭化も容易である。地下化すれば、指揮統制、通信、コンピュータシステムも比較的安価に、残存性の高いものを構成できる。また、ICBM は即応性には最も富んでおり、発射後は敵の防空システムを突破し正確に目標に到達する能力は高い。ただし、近年は弾道ミサイル防衛（BMD：Ballistic Missile Defense）システムが発達し、迎撃破壊される可能性も高まっている。いったん発射すれば自爆させることはできても、目標の変更はできず運用の柔軟性に乏しい。これらの発射後の弾道弾としての特性は潜水艦発射弾道弾も共通している。サイロ内の固定配備のものは精度の高い核・非核攻撃に脆弱で残存性に劣る。移動式は残存性は上がるが、重量、大きさに制限を受け、射程、威力、多弾頭化などが制約される。現在、大陸国の中露朝の地上配備弾道ミサイルは最大級の ICBM も含め移動式が主流で、残存性が重視されている。ただし、一部の大型重 ICBM の開発配備も続いており、米露中ともに先制核攻撃の選択肢にも応じられる態勢を維持している。

（ウ）戦略爆撃機（Strategic Bomber）

現在、本格的な戦略爆撃機を保有し開発を進めているのは米露中のみである。仏は戦闘爆撃機に搭載しているが、英国は核搭載型航空機を保有していない。爆撃機、特に有人機は発進後も容易に交信を維持し、攻撃を中止あるいは目標変更することができ、運用上の柔軟性に富む。ただし、ICBMよりも即応性は劣り、地上で先制核攻撃を受けた場合は脆弱で、滑走路などが破壊されると即時の発進はできなくなる。攻撃目標に達する前に敵の防空網により捕捉撃墜される可能性は高い。航続距離もICBMより劣る。近年はステルス型が登場し、敵防空網の突破力も向上し、航続距離も伸びている。安価な無人機の開発も進み、多数の爆撃機を一斉に発進させ、敵の防空能力を飽和させるといった戦法も可能になっている。

5　核兵器の効果・影響

（1）核兵器の効果

ウランの核分裂の発見から始まった核兵器は、その後プルトニウムの核分裂、さらには水素の核融合という核反応（原子核の物理的現象）を利用し、その威力を増していった。それら核兵器の通常兵器と比べた場合の特色は、核反応（爆発）によって生じる想像を絶する異常に大きなエネルギーが様々な形で襲いかかることである。

核兵器は、爆発の瞬間に100万度をはるかに超す超高温の火球が発生し急激に膨張する。火球の中のものは超高温と強力な放射能によって悉く焼きつくされてしまう。それとともに強烈な衝撃波が地上を襲う。火球は、膨張するにつれ周辺の空気によって急激に冷やされ、1秒以内には萎み始めるが、衝撃波は広がり続ける。広島の場合10秒後には爆心から約4kmに達したと推定されている。火球が萎んでいく過程で、急激な上昇気流が起こりキノコ雲が生じる。この上昇気流に巻き込まれた地上のものは放射性物質に汚染さ

れており、死の灰となって地上に降り注ぎ残留放射能による被害をもたらすこととなる。このように核兵器は、通常兵器とは比べものにならない強烈な爆風に加え、通常兵器にはない超高温の熱線、並びに初期および残留放射能の影響により、人員、建造物等に大規模な殺傷、破壊をもたらす。

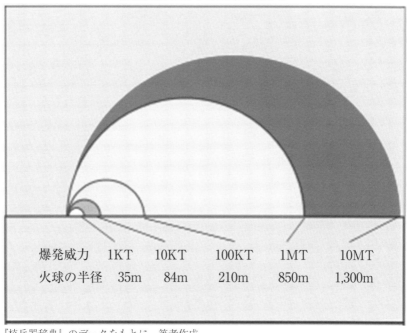

爆発威力に応ずる火球の大きさ

『核兵器辞典』のデータをもとに、筆者作成

核時代を読み解くためのキーワード

「トリニティ実験」における火球
（爆発威力約19KT）

0.006秒後　　0.016秒後　　0.1秒後

出典：nuclear weapon archive の掲載写真を筆者合成
http://nuclearweaponarchive.org/Usa/Tests/Trinity.html

長崎上空にキノコ雲ができる様子

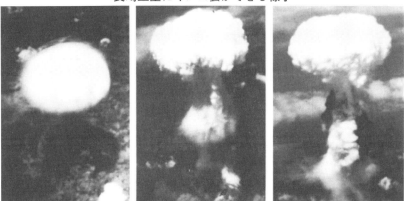

出典：The Nuclear Weapon Archive「Hiroshima and Nagasaki」
http://nuclearweaponarchive.org/Japan/Hiroshima.html

---

column

ピカドン

　原爆の爆発を「ピカドン」と表現することがある。この「ピカ」は、爆発の瞬間に一瞬輝く超高温の火球をみた瞬間のイメージであり、火球が膨張して少し冷やされた10分の1秒後ぐらいが最も輝くようである。「ドン」は、急激に膨張した空気が衝撃波として地上に届いた瞬

61

間に発生する音を表現したものである。その場にいた人にしかわから
ない感覚であるが、一瞬にして何もかも焼き尽くし、破壊してしまう
原爆のすごさを一言で言い表しているようだ。

　核爆発で放射される爆風、熱線、放射線の３つのエネルギーの放射割合は、
核兵器の爆発威力、爆発形態、環境等に左右されるが、核兵器に関する国際
的な WEB サイト「Nuclear Weapon Archive」の公開データによると、爆発
から１分以内に放射される爆風、熱線、放射線のエネルギーの割合は、次の
表の通りである。

核爆発で放射されるエネルギーの割合

	低威力（100KT 以下）	高威力（１MT 以上）
爆　　風	60％	50％
熱　　線	35％	45％
放射線 （γ線80％、中性子20％）註	5 ％	5 ％

出典：Nuclear Weapons Frequently Asked Questions（NWFAQ）by Carey Sublette 5.0
　　　「nuclear　weapon　effects of nuclear explosions」
　　　（http://nuclearweaponarchive.org/Nwfaq/Nfaq12.html）
註（筆者）：ベータ線、α線も発生するが、到達距離が短いため地表から離れた空中爆発
　　　　　　では地上にはほとんど影響しない。（参照：British　Encyclopeadia 等）

　表からわかるように、核兵器の効果は、そのほとんど（95％）は爆風と熱
線によるものであり、放射能によるものは５％と少ない。放射線のうちα線
は紙などで、β線は薄い金属箔などで遮蔽できる。γ線はα線、β線に比し
物質を透過しやすいが、これも厚い鉛などで遮断できる。中性子は、電荷を
持たないため物質透過力が大きく通常のものは透過してしまうが、水素原子
核などの中性子と質量が同じか近い原子の多い物質内では減速するするので、
水で止めることができる。このため、人が地下のシェルターに入っていれば、
放射能の効果はほとんど及ばない。

（2）核兵器の影響範囲

核兵器のもたらす爆風、熱線および放射能による効果・影響は、通常兵器に比べ桁違いに大きいことに変わりはないが、核兵器の爆発威力、爆発高度、使用環境等によって大きく異なる。

核兵器の爆発威力に応じた効果・影響が及ぶ範囲は、次の表の通りである。

核兵器の爆発威力に応ずる効果・影響範囲

効果／爆発威力	1 KT	10KT	100KT	1 MT
爆風（死者50％）	140m	360m	860m	3,100m
熱線（死者50％）	369m	1,100m	3,190m	8,020m
放射線（即時無能者50％）	600m	950m	1,400m	2,900m

出典：『核兵器辞典』110頁に筆者補正

また、核兵器の影響は、その爆発高度によっても異なり、高度30km以下の空中での核爆発は空中爆発、30km以上での爆発は高高度爆発と呼ばれる。

空中爆発は、爆発の直後にできる火球の下端が地上に接しない範囲で爆発させ、火球から放出される爆風（衝撃エネルギー）、熱線、放射線の効果・影響（被害）を地上に及ぼす。

高高度爆発は、爆発によって生まれた放射線が電離層で強烈な電磁パルスを発生させ、電気設備や電子機器を破壊することにより、広範囲にわたる社会インフラを麻痺させ、短期間では回復困難な社会的混乱を引き起こす。

このほか、地表爆発および地表下（地中／海中）爆発がある。これらは、ミサイルサイロや強固な地下建造物等のピンポイントの破壊をねらったものであり、空中爆発に比し爆風、熱線および初期放射による影響範囲は限定されるが、残留放射能の影響は大きい。

（3）広島の原爆被害の実態

以下の各項は、広島市の公式Webサイト（http://www.city.hiroshima.lg.jp

/www/genre/1001000002091/index.html）からの抜粋である。

ア　爆風による被害

　原子爆弾の爆発の瞬間、爆発点は数十万気圧という超高圧となり、まわりの空気が急激に膨張して衝撃波が発生し、その後を追って強烈な爆風が吹き抜けました。

　衝撃波は、爆発の約10秒後には約3.7km 先まで達し、その圧力は爆心地で1平方m あたり35トン、最大風速は秒速440m に達するという強大なものでした。爆風がおさまると、中心部の空気が希薄になり、周辺部から爆発点に向かって強烈な吹き戻しがありました。

　爆心地から半径2km までの地域では、爆風により木造家屋はほとんどが倒壊し、鉄筋コンクリート造の建物も、崩壊はしないものの、窓は全部吹き飛ばされ、内部はことごとく焼失するなどの大きな被害が生じました。

イ　熱線による被害

　爆発と同時に爆発点の温度は摂氏100万度を超え、空中に発生した火球は、1秒後には最大直径280m の大きさとなりました。この火球から四方に放出された熱線は、爆発後100分の1秒から約3秒間、地上に強い影響を与え、爆心地周辺の地表面の温度は摂氏3,000～4,000度にも達しました。（鉄の溶ける温度は摂氏1,536度）

　強烈な熱線によって焼かれた人々は重度の火傷を負い、多くの人が亡くなりました。火傷は熱線に直接面していた部分にのみ生じており、爆心地から3.5km 離れたところでも、素肌の部分は火傷を負いました。

　放射された高温の熱線により市内中心部の家屋が自然発火し、……爆心地から半径2km 以内の地域はことごとく焼失し、焼け跡は、すべてのものが異常な高熱火災により溶けて、まるで溶岩のようにあたりを埋め尽くしました。

ウ　放射線による被害

　放射線による障害は、爆心地からの距離やさえぎる物の有無によって、そ

の程度が大きく異なっています。爆発後1分以内に放射された初期放射線によって、爆心地から約1km以内にいた人は、致命的な影響を受け、その多くは数日のうちに死亡しました。また、外傷がまったくなく、無傷と思われた人たちが、被爆後、月日が経過してから発病し、死亡した例も多くあります。

　さらに原爆は、爆発後、長時間にわたって残留放射線を地上に残しました。このため、肉親や同僚などを捜して、また救護活動のため被爆後に入市した人たちの中には、直接被爆した人と同じように発病したり、死亡する人もいました。

6　新たな脅威としての HEMP 攻撃

（1）核攻撃手段としての HEMP 攻撃の意義および特色

　高高度電磁パルス（HEMP：High-altitude Electro-Magnetic Pulse）攻撃とは、高高度（30km〜400km）での核爆発によって生ずる EMP（電磁パルス）による電気・電子システムの損壊・破壊効果を利用するものであり、人員の殺傷や建造物の損壊等を伴わずに社会インフラを破壊する核攻撃の一形態である。

　HEMP 攻撃は、遠隔操作または自動爆破装置付の一発の核爆発装置、それを高高度に上げるロケットあるいは気球等の運搬装置があれば可能である。貨物船に核爆発装置と運搬装置を積み、密かに対象国沿岸に近づき、高高度で核爆発させるだけで、目的を達成することができる。弾道ミサイルに要求されるような高度な誘導機能や大気圏再突入の技術などは不要である。

　それにもかかわらず、HEMP 攻撃による被害範囲は、極めて広範囲におよび、核爆発高度等によるが半径数100km から2,000km 以上にも及ぶといわれている。

HEMP攻撃の特色は、核兵器使用の敷居を下げ、高度な核およびミサイル技術を持たない「ならず者国家」や非国家過激組織に、政治的、技術的リスクの少ない攻撃手段を提供することとなりかねない。現に、北朝鮮がその使用の可能性をほのめかしている。

（2）HEMPの発生原理

HEMPは、初期HEMP（EMPの第1要素：E1）、中間期HEMP（EMPの第2要素：E2）、終期HEMP（EMPの第3要素：E3）の3要素が順次に発生し、その累積、相乗効果によって、電力システム、電子機器特にコンピュータおよび様々な物に含まれている電気・電子系統を、損壊・破壊するものである。

E1は、核爆発によって発生するγ線が空気中の電子と反応して発生する高周波の強力なパルスエネルギーであり、ごく短時間に数千ボルトのエネルギーを伝搬する強力な衝撃波となる。E1は、爆発点から見通せる地域に存在するあらゆる電気器具・電子機器およびそれらのシステムまた電子機器・部品を基盤に持つ機械類などに入り込み、それらの基盤となっている電子部品等を過負荷状態にして、損壊・破壊する。E1は落雷防止装置では阻止することができない。

E2は、E1の次に電子機器等に到達する雷・落雷のような特性を有する中周波数の電磁波であり、その損壊・破壊効果は、E1に比し小さく、一般的な落雷防止装置で阻止できる。したがってE2は、落雷防止装置付の電子機器等を直接損壊・破壊することはないが、E1が起こした落雷防止装置の損壊・破壊などを通じて電子機器等内に入り込み、さらなる損壊・破壊を引き起こす。

E3は、核爆発によって発生し膨張した火球が崩壊する際に生じる低周波でかつ秒単位で継続する地球の磁界（磁場）の振動・動揺が、長大な高圧線等に入り込み瞬時高電圧大電流サージを発生させるものである。E3が入り

込む最適な物体は、地上または地下浅くに敷設された送電線等であり、電線が長ければ長いほどE3が生成する電流（電圧）は大きくなる。

E3は、地上および地下浅く敷設されている送電線・配電線の途中にある各種変電所および変圧機（トランス）、配電線と接続している電気器具および電子機器などあらゆる電気・電子機器に影響を及ぼす。またE3は、航空機の翼および機体の金属外板を通じて大型旅客機操縦用の制御機構などを損壊・破壊する。したがってE3は、E1およびE2とは異なり、一般の配電線等に接続しておらず、独自の発電装置から短い電線等により送られる電気を使用している物については、ほとんど損壊あるいは破壊しない。E3が長い送電線等に入り込むことは、落雷防止装置では阻止できない。

（3）予想される HEMP 攻撃の効果・影響

HEMP 攻撃は、これまで考えられてきた核爆発による熱線・爆風・放射線による被害範囲を遥かに超える広大な地域の電気・電子機器システムを瞬時に破壊し、それらを利用した社会インフラの機能を長期間にわたり麻痺・停止させ、社会を大混乱に陥れる。HEMP の地表面における影響範囲は、高度が高いほど広くなる。核爆発高度に応ずる EMP の地表面における被害地域は、次頁の図表の通りであり、この地域内の電気・電子システムおよびそれらに支えられた社会インフラは壊滅的な打撃を受けるとみられている。

もし、わが国上空135km で突然核爆発が起こったならば、北海道から九州までの社会インフラを支える電気・電子機器／システムが瞬時に機能しなくなる。

具体的には、国家、企業、国民にとって不可欠なインフラ、特に発電所、送・配電システムなどの電力・電気の供給に係るインフラ、電気・電子を使用している情報・通信システム、鉄道・航空・船舶・バスなどの運輸・輸送システム、金融・銀行システム、医療システム、上下水道システム、および建造物・施設の維持管理用システム等が、損壊・破壊される。特に送電線か

わが国に対する高高度核爆発によるEMPの影響範囲

高度に応ずる影響半径

核爆発高度	影響半径
30km	約 600km
100km	約 1,100km
200km	約 1,600km
300km	約 1,900km
400km	約 2,200km

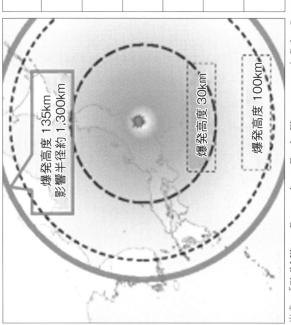

出典:『Civil-Miltary Preparedness For An Electromagnetic Pulse Catastrophe』等を参考に筆者作成

らの外部電源を利用する原子力発電所は、HEMP攻撃による送電停止に対して固有の非常用電源・発電機等により対処できない場合、福島原発事故のような事態に陥る可能性がある。

これらの結果、政府および各省庁・自治体等の管理業務用システム、企業の管理運営等の各種業務処理用システム、自衛隊の指揮・統制・運用システム、警察などの犯罪捜査システムおよび出入国管理システムなど、特に電気および情報・通信システムのインフラを利用するコンピュータネットワークシステムが損壊・破壊され、国・自治体、企業、国民の全活動が麻痺状態に陥り大混乱事態が生起する。

国民生活面では、食料や生活用品の製造・流通は止まり、行政サービス・交通・運輸・金融・通信などのシステムは麻痺し、医療・介護なども行き届かなくなる。自宅では電気は当然、水道、ガスも止まり、食事、入浴、トイレもままならず、頼りとなる役場等の公共機関・施設などの機能も麻痺し、国民生活は大混乱に陥ることになるであろう。

さらにそのような大混乱事態の復旧を考えた場合、HEMP攻撃で広範囲かつ大量に破壊された電気・電子機器／システム等を復旧するには、大量破壊を想定していない通常の故障状態等に備えた現行の復旧要員・資器材等では対応困難である。

電気・電子機器／システムに依存するインフラは、国民生活のあらゆる分野にわたる。一例として電力インフラを見てみよう。東京電力によると、日本全域に6,561箇所の変電所と約980万の変圧器や、約9万kmの高圧送電線と約124万kmの電線路などが存在する。この多種・膨大な量の設備・機器の大部分がHEMP攻撃の影響を受けて破壊された場合、復旧に長期間（数週間～数年間）かかり、その結果として飢餓および疾病等が発生・蔓延し、大量の人員が死に至るとみられている。

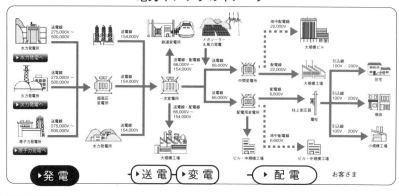

電力インフラのイメージ

・発電所
　水力 1,183 か所
　火力　140 か所
　原子力　15 か所
　その他　32 か所

・送電線延長
　架空　8 万 6,617km
　地中　1 万 4,398km

・変電設備　6,561 か所

・配電設備
　電線路　124 万 1,495km
　変圧器架空 982 万 8,957 個
　　　　地中　33 万 4,345 個

※数字は 23 年度末の 9 電力会社合計値。

出典：東京電力 HP「電力をお客様におとどけするまで」

　このような HEMP 攻撃による電気・電子機器等への影響は、1950 年代から認識されていたところであるが、電化・電子化の進んでいなかった当時では、HEMP は核の直接的脅威である熱線・爆風・放射能に比し二義的なものであった。しかし、電気・電子の使用が社会の隅々まで行き渡っている現在では、HEMP 攻撃で予想される被害とその社会的影響は計り知れない。加えて、核弾頭の小型化や弾頭の運搬手段の多様化等により、恐ろしい熱風や放射線が地上に到達しない高高度での核爆発による非殺傷攻撃手段としての HEMP 攻撃の技術的、政治的敷居が低くなっていることから、HEMP 攻撃は、より差し迫った喫緊の核脅威となっていると言える。

7　弾道ミサイル防衛（BMD）の概要

　BMDは、核ミサイル攻撃による被害を局限するとともに、報復戦力の残存性を高めるものであり、その能力を持つことが、抑止力を高めることになる。しかし、BMDはあくまでも防御的なものであり、これのみにより完全な抑止を期待することはできない。大量の核ミサイルによる同時攻撃や長大な国土における離れた複数の場所への攻撃などへの対処を想定すると、BMDによる守りと、同盟国の拡大抑止の力も加えた報復力との攻防両方の構えがあって、抑止効果が期待できるのである。それゆえBMDは、核戦略における積極的な防衛手段として攻撃的な手段と相俟って核戦略を構成する重要な要素となる。

　弾道ミサイル防衛の発想が始めて出たのは、核ミサイルが登場し米ソの核軍拡競争が始まって間もなくの1950年代である。米ソの双方でABM（Anti-Ballistic Missile）と呼ばれる弾道弾迎撃ミサイルが登場した。米国のスパルタン、スプリント、ソ連のガロッシュなどの弾道弾迎撃ミサイルが開発・配備されたが、これらのミサイルは、核弾頭を搭載し、核爆発の広範な破壊力によって命中率を補う方式のものであった。これらABMの増強による相互確証破壊の崩壊を懸念した米ソは、ABM制限条約を結んで、ABMの配備を首都および1箇所の軍事基地に制限した。しかし、核ミサイルを使用した迎撃では放射性降下物などの被害が避けられず、また、核弾頭を搭載するタイプの迎撃ミサイル開発・配備は、核爆発に伴う大規模な電磁的障害により第二次攻撃に対抗できないことなどにより、姿を消した。

　1980年代に入ってから、米国は、戦略防衛構想（SDI：Strategic Defense Initiative）を打ち出し、人工衛星に搭載したレーザー兵器や迎撃ミサイルによって、飛来するミサイルを破壊することを考えた。しかし、開発には巨額の予算が掛かり、実現には至らなかった。

　冷戦の終結後、ソ連の脅威に代わって戦域弾道ミサイルの拡散が大きな問

題になった。そして湾岸戦争をきっかけに、弾道ミサイルの脅威が広く知られるようになると、湾岸戦争でのイラクのような国による弾道ミサイル攻撃への対処を目的とした、限定的攻撃に対するグローバル防衛構想（GPALS：Global Protection Against Limited Strikes）が提唱された。

　迎撃方式も改められ、宇宙配備と地上配備の迎撃・追跡システムを組み合わせる事とされていた。THAAD（Terminal High Altitude Area Defense）やPAC-3などのミサイルが計画されたのはこのころである。

　しかし、GPALS計画は、宇宙配備の迎撃システムを構築するためにはABM条約を破棄しなければならないことから、中止された。それに代わって打ち出されたのが、地上配備型の迎撃ミサイルを中心とした戦域ミサイル防衛（TMD：Theater Missile Defense）である。

　その後、イランや北朝鮮が開発しているミサイルが将来的には米本土に対する脅威になりえるとの見方もあり、再び米国本土を狙うことができる長射程の弾道ミサイルに対する懸念が高まった。この脅威に対抗するため米国の国家ミサイル防衛（NMD：National Missile Defense）が計画された。

　その後、米国は、NMDとTMDを統合してBMDとし、大気圏外での迎撃実験を制限していたABM条約を破棄して、ICBM迎撃ミサイルの開発と配備を本格化させている。

　なお、米国以外でも弾道ミサイル迎撃能力を持つミサイルは開発されており、イスラエルのアロー（Arrow）や、ロシアのS-300などが知られている。

　BMDにおける弾道ミサイル迎撃は、①発射直後のブースト段階での破壊、②発射後大気圏外で慣性飛行しているミッドコース段階での破壊、③着弾前の再突入後のターミナル段階での破壊の3段階に分けられる。弾道ミサイルは長射程になればなる程、大気圏再突入の速度が速くなる。これを迎撃するためにミサイル防衛システの高性能化が要求されるが、単一のシステムでの確実な迎撃は困難であり、3つの段階を組み合わせて撃墜率を高める必要がある。わが国の弾道ミサイル防衛も、この考えに基づき各種システムの整備

が進められている。

　平成30年版防衛白書によると、わが国の弾道ミサイル防衛は、イージス艦による上層での迎撃（上記②）とペトリオットPAC-3による下層での迎撃（上記③）を、自動警戒管制システム（JADGE：Japan Aerospace Defense Ground Environment）により連携させて効果的に行う多層防衛を基本としている。

BMD整備構想・運用構想（イメージ図）

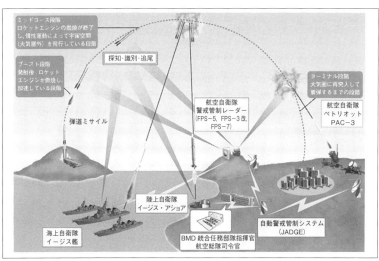

出典：平成30年版防衛白書

第２章	米国の核政策・戦略と国際社会の核開発の動き

1　第２次世界大戦前後の核兵器開発

（1）原子爆弾（原爆）の開発と広島・長崎での原爆投下

　核兵器については、第２次世界大戦中、連合国では米国および米国に協力した英国とカナダ、枢軸国では日本とドイツが、先を争って原子爆弾（原爆）の研究開発を密かに進め、互いに鎬を削っていた。

　1945年７月、米国はいち早く世界初の原爆開発に成功し、ぎりぎりで戦争に間に合わせた。そして、1945年８月に広島と長崎に原爆を投下し、日米戦争は一挙に終戦へなだれ込ませた。日本は世界で最初の原爆の洗礼を受けた「戦争被爆国」となった。

　ソ連は、アメリカを中心とする連合国側の核開発協力に参加できず、米国内のスパイから原爆開発の情報を得ていたようだが、その情報を十分に生かすことが出来なかった。その後、独自の核兵器開発計画を進め、米国に遅れること４年後の1949年に原爆を完成させた。

　米国における核兵器の開発は、1939年に、ルーズベルト大統領の下で発足したウラン諮問委員会によるウラン兵器の開発可能性についての研究によって始められた。1941年には核兵器開発を計画する部局が設立され、ドイツより先に核分裂による爆発装置を作り上げるという目標を掲げ、1942年、米国

の物理学者ロバート・オッペンハイマーがリーダーとなり、英国およびカナダの協力を得て「マンハッタン計画」として本格的な核兵器開発がはじまった。その科学的な研究の中心となったのは、ニューメキシコ州に設立されたロスアラモス研究所という秘密の研究所であった。

ドイツは、米国が原爆を開発する前の1945年5月、連合国に対して無条件降伏したが、その原爆製造計画には目立った投資がなされておらず、結果的には成功にほど遠い段階のものだったことが判明している。

1945年4月に死去したルーズベルト大統領の後を引き継いだトルーマン大統領は、戦後の国際秩序を決定するソ連などとの会談を有利に進めるため、核実験を急がせた。そして、1945年7月、ニューメキシコ州アラモゴード北の砂漠で行われた核実験が成功し、実用兵器として使用できる原爆が開発されるに至った。

トルーマン大統領は、軍上層部や科学者たちに対し日本への原爆使用方法について意見を求め、最終的に日本の都市へ原爆を投下することを決定した。

原爆投下目標として、当初、京都、広島、横浜、小倉の4都市が選ばれたが、最終的に、1945年8月6日に広島へウラン型原爆のリトル・ボーイが、3日後の8月9日にプルトニウム型のファット・マンが長崎へそれぞれ投下された。

トルーマン大統領は、もし日本本土への上陸作戦を敢行すれば、米軍将兵の死傷者は50万人を超えるとの報告を受け、日本本土に対しての上陸作戦を不要にし、米軍将兵の犠牲を減らすという軍事的な動機に基づいて原爆投下の決断を行ったといわれている。しかし、日本に対する原爆の使用が不可避であったかどうかについては、今日でも議論があるが、他方ですでに対立が顕在化しつつあり、懐疑の対象となっていたソ連への示威行為であったとの指摘もある。

（2）米国による核兵器の国連管理（バルーク案）提案とソ連の反対

　第2次世界大戦が終わると、原爆開発に関わったロスアラモスの科学者たちから「原子力の国際統制」の必要性が説かれ、核兵器の国際的な管理の問題が世界中で議論されるところとなった。

　1945年11月には米英加3か国によって原子力の国際管理を司る委員会を国連に設置することが提案され、12月の米英ソ外相級が臨席したモスクワ三国外相会議において国連への設置を検討が声明として盛り込まれ、翌46年に原子力委員会が安全保障理事会の下に設立されることが決議された。

　1946年6月に開かれた国連原子力委員会の第1回会議において、アメリカ代表B・バルークが行った演説のなかで原子力の国際管理案が提案された。それが後に、「バルーク案」と呼ばれるようになった。

　その要点は、①原子力の国際管理のため超国家的な国際原子力開発機関（IADA）を設けること、②原子力兵器（核兵器）の研究は、IADAが独占的に行うこと、③ウラン鉱石、ウラン235分離工場など重要な原料と施設は、IADAが独占的に所有・経営すること、④IADAが有効な活動を開始したのち、段階を追って国際管理計画を進め、国際管理規定の違反に対する処罰が定められたならば原子力兵器の製造停止や廃棄を行うこと、⑤原子力に関するかぎり、安全保障理事会における大国の拒否権を認めないことなどであった。

　この案では、国連にIADAを設置し、いっさいの原子力活動がその統制下に置かれ、究極において原爆の製造停止と処分を目指すことになっていた。しかし、原子力の国際管理体制が機能するようになるまでは米国の原爆保有が認められることになっていたため、米国の核技術の独占を恐れたソ連が反対し、ソ連は独自で核兵器の開発を進めることになった。

　結局、国連原子力委員会は1948年5月に無期限休会となり、バルーク案は日の目を見ることなく葬り去られた。

　ソ連は、領土内からウランを発見できなかったが、チェコスロヴァキアの

古い鉱山でウランを発見し、マンハッタン計画から得た情報を基にしながら、その工業力と人材を核兵器開発へと注ぎ込んで、1949年に原爆の開発に成功した。

2　戦後の米国の核政策と国際社会の核開発等の動き

戦後の米国の核政策と米国を中心として展開されてきた国際社会の核開発等の動きについて、1940年代から現在までを概観することにする。

（1）1940年代：米国による核の独占

前述のとおり、米国は1945年7月に原爆の開発に成功し、ソ連が原爆の開発に成功する1949年まで米国の核の独占が続いた。

その間の1946年、米国は国連原子力委員会において核兵器の国連管理（バルーク案）を提案したが、ソ連は核開発計画の余地を残すため提案を拒否し、バルーク案は不発に終わった。

（2）1950年代：米ソの核兵器開発競争と主要国の核兵器開発のはじまり

米国は、1952年に初の水素爆弾（水爆）実験に成功し、1954年には世界初の原子力潜水艦ノーチラス号を進水させた。1954年3月には、米軍のビキニ環礁における水爆実験によって発生した多量の放射性降下物（いわゆる死の灰）を日本の遠洋マグロ漁船第五福竜丸が浴び、死亡者を出した「五福竜丸事件」が発生した。

また米国は、1958年に人工衛星の打ち上げに成功し、大陸間弾道ミサイル（ICBM）アトラスの試射にも成功した。

一方ソ連は、1953年に初の水爆実験を行い、1957年にICBM実験に成功したと発表するとともに、世界初の人工衛星スプートニク1号を打ち上げた。

これを契機に、米国ではソ連とのミサイル・ギャップが深刻な脅威と捉えられるようになった。

また、英国は、1952年に初の原爆実験、1957年には初の水爆実験をそれぞれ行った。

アイゼンハワー米大統領は、1953年12月、ニューヨークの国連本部で開催された原子力の平和利用に関する国連総会で、歴史的な「平和のための原子力」（Atoms for Peace）演説を行った。この演説は、原子力の平和利用を推進するため、国際原子力機構（IAEA）を設立し、核を軍事目的と平和利用に切り分けることを提唱したものであった。

（3）1960年代：核兵器保有5大国の形成と核拡散防止体制（NPT条約の締結）

米国は、1960年に潜水艦発射弾道ミサイル（SLBM）ポラリスの水中発射に、一方のソ連は1961年に有人宇宙船ヴォストーク1号の打ち上げにそれぞれ成功した。

米ソ間では、1962年10月、世界中を核戦争の瀬戸際の恐怖に陥れた「キューバ危機」が発生した。

---

column

キューバ危機

キューバ革命に対する米国の敵視政策はエスカレートし、これに対してソ連がキューバに攻撃用のミサイル基地を設置した。米国は、さらなるソ連からのミサイル搬入を阻止するため、ソ連に対しキューバを海上封鎖すると通告し、直ちにキューバからのミサイルを撤去するよう要求した。

ソ連はこの要求を拒否し、キューバも海上封鎖は「主権に対する侵害」だとして非難した。かくして10月24日、アメリカによるキューバ

の海上封鎖が開始され、米ソ関係は核攻撃による衝突寸前にまで事態
は切迫した。しかし、フルシチョフ首相からの申入れで交渉が行われ、
アメリカがキューバへ侵攻しないことを条件に、ソ連がミサイルを撤
去することに同意したため、この危機は回避された。

フランスは、1960年にサハラ砂漠で初の原爆実験、1968年には南部太平洋
で初の水爆実験を行った。

中国は、1964年に初の原爆実験に成功し、1966年に初の核ミサイル実験、
1967年に初の水爆実験を行い、それぞれ成功した。

一方、1960年代は軍備管理の分野で、大きな進展があった。1963年には米
英ソが部分的核実験禁止条約に署名し、その年の10月に発効した。また、
1967年、関係各国は、宇宙空間平和利用条約（宇宙条約）に署名し、当該時
点の締約国は日本を含む74か国を数えた。

核兵器不拡散条約（NPT）は、1968年7月に署名開放され、70年3月に発
効した。2015年2月現在、締約国は191か国・地域であり、非締約国はイン
ド、パキスタン、イスラエル、南スーダンである。北朝鮮は、2002年に
NPTからの脱退を宣言したが、手続きを満たしていないため、国際社会か
らは認められていない。

前述のとおり、NPTは、米、露、英、仏、中の5か国を「核兵器保有国」
と定め、それ以外の締約国に対する核兵器の拡散防止を目指したものである。

（4）1970年代：米ソの核均衡の成立にともなう核戦略の安定化

1970年代半ば以降、米ソの核の均衡が成立するにつれて両国間の核戦略は
安定化した。

一方、中国は、1970年に初の人工衛星打ち上げに成功した。インドは、
1974年に初の地下核実験を行い、またイスラエルは1979年頃に核兵器を保有
した模様であり、その後の2007年、当時のモハメド・エルバラダイIAEA事

務局長は同国を核保有国と位置付けた。

軍備管理等の分野では、1970年、米ソが戦略兵器制限交渉SALT Iの本格交渉を開始し、1971年には核戦争の危険を減少するための措置に関する米ソ間協定に署名した。引き続き、1972年に米ソはSALT Iおよび弾道弾迎撃ミサイル（ABM）制限に関する協定に、また1973年には核戦争防止協定にそれぞれ署名した。さらに1974年、両国は地下核実験制限条約に署名するとともに、SALT IIに関する共同声明を出し、1979年に署名した。

（5）1980年代：米国のミサイル防衛構想と米ソの核軍縮の進展

1983年、レーガン大統領は戦略防衛構想（SDI）を発表した。これを受けて、米ソは1985年に軍備管理交渉を開始し、1987年、レーガン米大統領とゴルバチョフソ連共産党書記長との間で中距離核戦力（INF）として定義された地上発射型の弾道ミサイルと巡航ミサイルをすべて廃棄することを目的としたINF全廃条約に署名した（批准書の交換は1988年）。また、1988年、両国は米国ネバダで初の地下核実験共同検証を実施し、米ソ外相は1989年にSTART Iの再開で合意を成立させた。

一方、中国は、1980年に初めて南太平洋へ向けてのICBM実験を行い、1982年にはSLBMの水中発射実験に成功した。

（6）1990年代：世界的な核拡散の動き

1990年代に入って冷戦が終結し、朝鮮半島において南北の和解が模索され、米国が在韓米軍の戦術核兵器を撤去させる計画を発表した。

それを背景に、北朝鮮は、1991年12月、韓国との間で、核兵器の実験、製造、保有等の禁止やウラン濃縮施設と再処理施設の不保持などを謳った「朝鮮半島の非核化に関する共同宣言」を採択した（1992年2月に発効）。続いて、1992年1月、北朝鮮はIAEAとの保障措置協定の調印に応じた。

こうしてIAEAの査察が実施されたが、その結果、北朝鮮の申告内容との

不一致が生じ、さらに、核廃棄物貯蔵施設と思われる二つの未申告施設の存在も明らかになったため、IAEAは未申告施設に対する「特別査察」の受入れを要求した。しかし、北朝鮮はこれを拒否して1993年3月にNPTからの脱退を宣言し、日本海中部に向けて弾道ミサイルの発射実験を行った。以降、米朝会談や、日本、米国、韓国、中国、ロシア、北朝鮮が参加する「北朝鮮問題に関する六者会合」などを経るが、北朝鮮は引き続き核開発を推進した。

インドは、1998年に2回の地下核実験を行い、同年、パキスタンも同様に2回の地下核実験を行った。

そのような国際社会における核拡散の動きを受けて、米国務省は、1994年、核兵器など大量破壊兵器に関する「拡散防止活動計画報告書」提出し、「核態勢見直し」（NPR）を発表した。

ロシアは、1990年に北極圏で地下核実験を実施した。一方、中国は、1996年に45回目の地下核実験を実施し、同日、核実験モラトリアム（一時中止）の実施を発表した。

軍備管理等の面では、1991年、米ソ首脳はSTART Iに署名し、1992年に米国とロシアなど旧ソ連4か国がSTART I議定書に署名した。また、米露は、1993年、START IIに署名した（1996年米上院批准、2000年ロシア下院批准）。

1994年10月に米朝間で署名された「合意された枠組み」を受けて、1995年には、「朝鮮半島エネルギー開発機構」（KEDO：The Korean Peninsula Energy Development Organization）が発足し、また、NPT運用検討会議においてNPT条約の無期限延長が採択された。

一方、ASEANは、1995年の首脳会議で東南アジア非核兵器地帯条約に署名した。

---

column

朝鮮半島エネルギー開発機構（KEDO）

KEDOは、1994年10月に米朝間で署名された「合意された枠組み」を受けて、翌1995年3月に設立された国際機関。

その主な設立目的は、北朝鮮が独自に建設した既存の黒鉛減速炉（核兵器の原料となるプルトニウムの生産が容易）の活動を凍結し、最終的には解体することを条件に、軽水炉（核兵器の原料であるプルトニウムの生産が比較的困難で、また国際的監視に服させやすい）2基を建設し提供するとともに、軽水炉1基目の完成までの代替エネルギーとして、年間50万トンの重油を供給することにあった。

しかし、2002年10月、北朝鮮がウラン濃縮計画を認めたことを契機として核兵器開発疑惑が再び深刻化したため、KEDOは、2002年12月に重油供給を停止した。さらに2003年12月より、軽水炉プロジェクトを「停止」し、北朝鮮の対応改善を待ったが、その後、2005年2月には、北朝鮮は核兵器保有宣言を行うなど、軽水炉プロジェクトを推進する基礎が完全に喪失されたと判断されるに至ったため、2006年5月、KEDOは軽水炉プロジェクトの「終了」を正式に決定した。（出典：外務省HP）

（7）2000年代：世界的な核拡散の継続

米政府は、2002年、ケリー米国務次官の訪朝時に、北朝鮮が核兵器用ウラン濃縮計画を認めたとの声明を発表した。また、北朝鮮が、核関連施設の再稼働と建設再開を発表したため、KEDO理事会は12月からの北朝鮮への重油提供の凍結を決定した。

2005年、北朝鮮外務省は「核兵器製造」などを内容とする声明を発表し、2006年には地下核実験の実施を発表するに至った。また、2008年、北朝鮮は核計画の申告を提出し、2009年、日本上空を超えてミサイルを発射した。また、2回目の地下核実験の実施を発表するとともに、日本海に向けて計7発

の弾道ミサイルを発射した。

イランは、2006年にウラン濃縮実験を開始した。リビアは、2003年に大量破壊兵器計画の廃棄を表明した。シリアは、北朝鮮の支援のもと、核施設を建設中であったが、2008年、米国政府はイスラエルの空爆で同施設が破壊された旨を公表した。

米国は、2002年、ミサイル防衛配備について発表し、2003年にはオーストラリアがミサイル防衛計画への参加を決定した。これを契機として、ミサイル防衛に関する動きが本格化した。

2008年、米海軍イージス艦が制御不能衛星のSM3による大気圏外での撃墜に成功した。

2009年、オバマ米大統領は、「プラハ演説」で「核兵器のない世界」を提唱するとともに、欧州MD配備計画の見直しについて発表した。

ロシアは、2007年、新型ICBMの発射実験と新型のSLBM「ブラヴァ」の発射実験に成功したと発表した。

中国は、2003年、中国初の有人宇宙船「神舟5号」を打ち上げた。また、2007年には衛星破壊実験を実施し、2008年、有人宇宙船「神舟7号」を打ち上げ、初の船外活動に成功した。

軍備管理等の分野では、2001年、米露はSTART Ⅰの履行を完了し、2002年に戦略攻撃能力削減条約に調印した。なお、START Ⅰは2009年に失効した。

一方、北朝鮮は、2003年、NPT脱退を宣言したが、国際社会はこれを認めていない。

2003年、G・W・ブッシュ米大統領は、「拡散に対する安全保障構想」（PSI）を初提唱し、初のPSI合同演習をオーストラリア北東のサンゴ海で実施した。同年、リビアは大量破壊兵器計画の廃棄を表明した。

2004年、国連安保理は大量破壊兵器の不拡散決議1540号を全会一致で採択した。

シリアは、北朝鮮の支援のもとで核施設を建設中であったが、2008年、米

国政府はイスラエルの空爆で同施設が破壊された旨を公表した。このように、一部では、核拡散阻止の動きも見られた。

（8）2010年代：北朝鮮の核ミサイル開発の進展

米国は、2010年、「弾道ミサイル防衛見直し」（BMDR）、「核態勢見直し」（NPR）および「国家宇宙政策」（NSP）を公表した。

中国は、2010年、ミサイル迎撃実験実施を発表した。また、2013年には、ミサイル迎撃実験実施を発表するとともに、月探査機の月面軟着陸に成功したことを伝えた。

北朝鮮は、2012年に「人工衛星」と称するミサイルを2回発射した。2013年には3回目の地下核実験の実施を発表したため、国連安保理は北朝鮮への制裁強化に関する決議第2094号を採択した。それに反発した北朝鮮は、六者会合に基づいて稼働を停止していた黒鉛減速炉の再整備、再稼働を表明した。

また北朝鮮は、2014年に弾道ミサイル発射（5回）を行い、2016年には水爆と自称する地下核実験実施と弾道ミサイル発射を数回繰り返した。

イランは、2014年に米欧など6か国と核問題の包括的解決に向けた枠組みについて協議を行い、2015年に「枠組み」に合意した。

軍備管理等の面で、米露はSTART Iの後継条約である「新START」を2011年に発効させた。

3　冷戦間に発展した米ソを中心とする核戦略の推移

第2次世界大戦終結までに、唯一の核兵器保有国であった米国は、日米戦争において原子爆弾を使用した。その世界史的重大性を踏まえて、戦後、原子力の国際管理案を提案した「バルーク案」に始まり、米国が世界の核戦略をリードしてきた。

本項では、冷戦間に発展した米ソを中心とする核戦略の推移について述べることにする。

（1）原子力国際管理案（バルーク案）と核抑止論の誕生

前述のとおり、1949年の国連原子力委員会で原子力国際管理案をバルーク米代表が提案した。当時、核技術は米国の独占下にあったが、核技術が残存し、悪用される恐れがある中で、早急な核廃絶論はかえって危険であるとの認識が共有されていた。また、ソ連は、核の開発計画の余地を残すために米国の提唱を拒否したためバルーク案は退けられ、核の存在を認め、いかに抑止を追求するかの核抑止論が誕生することになった。

その後、核戦略論は、米国のリードの下で、米ソを中心に時代の推移とともに変化していった。

（2）大量報復戦略（第1次相殺戦略）と米ソの核兵器開発競争

大戦後まもなく、東西冷戦がはじまった。東側の盟主ソ連は、世界中に共産革命を拡大するとして西側陣営から重大な脅威とみなされ、特に冷戦の主戦場である欧州正面においては圧倒的な地上兵力を維持していた。

前述のとおり、当時米国は、核技術・兵器を独占していたことから、1950年代半ばのアイゼンハワー政権下で、世界中のどこでも侵略が行われれば、いかなる戦争も核の大量使用により報復すると明示することで戦争を抑止しようとする戦略が採用された。それが「大量報復戦略」（Massive Retaliation Strategy）といわれるものである。

抑止の概念が厳格に研究されたのは、冷戦期の核時代が最初であり、1954年、ダレス国務長官がアメリカ外交協会において初めて大量報復戦略を公表した演説は、その後の米国の核抑止戦略の原型となる新しい戦略を宣言したものとして有名である。

大量報復戦略は、戦略核兵器および戦術核兵器の圧倒的優位により、ソ連

が優勢な通常戦力に対抗することに基礎をおく。敵から攻撃された場合、優勢な戦略核戦力をもって相手の報復力を減殺し、同時にもしくは状況に応じて国力の根源である敵の都市と産業基盤に対する攻撃を行い、あるいは敵の兵力特に第一線部隊に対しても戦術核攻撃を加えるなど、全面的核攻撃に転じる戦略である。その結果、核優位、人員節減の「ニュールック戦略」が採用され、陸軍の師団も戦術核戦力に重点を置くようになった。

　上記のとおり、大量報復戦略は、ニュールック戦略とも呼ばれている。また、米国が基本とする相殺戦略、すなわち「我（米国）の優位な技術分野を更に質的に発展させることにより、ライバルの量的な優位性を相殺しようとする戦略」の最初であり、「第1次相殺戦略」（First Offset Strategy）といわれている。

　これに対してソ連は、核戦力の劣勢を挽回する時間稼ぎのために全面核廃絶論を主張しつつ、原爆所有の公表（1949年）、初の水爆実験（1953年）、大陸間弾道ミサイル（ICBM）実験の成功と世界初の人工衛星スプートニク1号の打ち上げ（1957年）、戦略爆撃機の開発（1950年代後半）によって米国との核兵器開発競争に突入した。

（3）大量報復戦略の破綻と柔軟反応戦略

　ソ連は戦略核戦力の整備、特にICBMの実戦化に伴い、核ミサイル時代に入って対米戦略の脆弱性を克服したため、大量報復戦略は弾力性を失うことになった。そのため、米陸軍参謀総長を務めたテーラー大将の「柔軟反応戦略」（Flexible Response Strategy）などが主張され、大量報復戦略に対する批判が生れた。

　このようにして、大量報復戦略は、ソ連の核ミサイル時代への突入とともに、朝鮮戦争などの局地的通常戦（地域紛争）を抑止できないとの批判に耐えることが出来なくなった。

　そこで、1960年代初め、ゲリラ戦から全面核戦争まで柔軟に対応できる戦

力と外交、経済、心理戦などを包括した総合的かつ柔軟に反応する戦略である「柔軟反応戦略」が提唱された。

同戦略は、前述のテーラー大将がその著書『The Uncertain Trumpet』（1959年）で提唱し、統合参謀本部議長として推進した核・非核を含む全般戦略構想であり、ケネディ大統領＝マクナマラ国防長官時代に採用された戦略である。北大西洋条約機構（NATO）は1967年、正式にこの戦略を採用した。

その要旨は、米ソの戦略核戦力が均衡してくると、その使用は共倒れを引起こし、双方の本土が攻撃されないかぎり使用が抑止され大量報復は適用できなくなる。そこで相手の出方に対して柔軟かつ多角的に対応できるように、特殊（ゲリラ）戦の低強度紛争から全面核戦争の高強度紛争にいたる各種戦力を準備し、戦争の各段階で最適の戦力を配当すると同時に、外交交渉の機会を利用し、かつアメリカの戦略核へのつながり、すなわち戦略核戦争へのエスカレーションの可能性を仄めかすことによって戦争を抑止しようという戦略である。

この戦略は、ケネディ政権下では「多角的オプション戦略」（Multi-option Strategy）とも呼ばれ、当該戦略を有効にするためには、通常戦力および戦術核戦力を含む局地的核戦力がアメリカの戦略核戦力との密接な関連のもとに運用されることを条件とした。

一方、ソ連には、このような核戦略は存在せず、核兵器は大規模火力として実際に使用する兵器との認識が支配的で、ソ連指導部は核抑止戦略を明示することにそれほど意義を見出していなかったといわれている。

（4）米ソ核軍拡と相互確証破壊戦略

米ソは、1960年代半ばまでに「核の均衡」に到達した。

米国では、相手の先制攻撃に対して自国の核戦力の一部を必ず残存させ、報復攻撃で相手を確実に破壊できる第2撃能力を確保することによって核攻

撃を相互に抑止しようとする概念をもち、自国の人口と工業力の「損害限定戦略」（Damage Limitation Strategy）と対になった「相互確証破壊」（MAD：Mutual Assured Destruction）を採用することになった。このことは、マクナマラ国防長官による1964年の国防報告で明らかにされた。

　相互確証破壊戦略の背景には、1960年代前半、ソ連が核戦力の量的・質的な拡充に努めていたため、アメリカはもとよりソ連も核戦力の非脆弱性を高めつつあるという状況が存在していた。

　二つの核保有国の双方が、相手方から核先制攻撃を受けても、第2撃能力を確保することによって、相手方の人口と経済に耐えがたい損害を確実に与えるだけの核報復能力を温存できる状態を維持できれば、それが「恐怖の均衡」をもたらし、核抑止を安定化させるというものである。

　初期の核戦略上の考え方は、非脆弱な第2撃能力で敵の残存攻撃能力を破壊できるような核報復力の保有を前提とする「対兵力戦略」であったが、ソ連側の核戦略能力の増大と非脆弱化に伴い、それが成立しにくくなり、都市を攻撃目標とする「対価値戦略」を考慮せざるをえなくなった。

　第2撃能力を確保するためには、車両搭載で移動運用型の弾道ミサイルやICBMの地下式ミサイルサイロ配備とともに、残存性や隠密性に優れた潜水艦発射弾道ミサイル（SLBM）搭載原子力潜水艦（SSBN）が決定的な役割を果たすことになる。

　なお、相互確証破壊戦略と対をなす損害限定戦略は、相手からの核先制攻撃を受けたとしても、残存する戦略攻撃力、防空・対潜部隊、民間防衛などによりアメリカの人口と工業力に対する損害を局限する必要があり、そのために、相手の報復力を減殺し，味方の損害を軽減するため、対核兵力報復能力をもつべきだとの考え方によって裏付けられている。

　一方、ソ連は、1962年のキューバ危機で戦略核戦力の劣勢を痛感し、ブレジネフ書記長以降、戦略核戦力の一段の増強に注力した。そして、「核報復に基づく抑止戦略」の概念が定着してきた。

88

ソ連は、1979年のアフガニスタン侵攻を境に、さらに軍事費の膨張と西側諸国との関係悪化に苦しめられ経済・社会の停滞をもたらし、1980年代のソ連邦の体制解体の危機に向って漸進した。米国は、その動向を注意深く分析しながら、次の戦略構築に着手していた。

（5）戦略防衛構想と核の軍備管理の進展並びにソ連邦の解体

米国は、1960年代半ばころまでにソ連との間で核の均衡が成立し、MADに移行した1980年代に入り、ソ連が弾道ミサイル防衛システムの研究開発の面でも対米優位を達成しつつあるとの認識を持ち始めていた。これを背景として、「力による平和」（Peace through Strength）を追求したレーガン大統領は、1983年に「戦略防衛構想」（SDI：Strategic Defense Initiative）を発表した。

SDIは、ソ連のICBMが米国および同盟国の領土に到達する前に迎撃・破壊する態勢を整えることにより、恐怖の均衡を低減して核抑止の安定化を目的としたもので、「スターウォーズ計画」ともいわれた。SDIの基本構想は、飛翔中のICBMを①加速・上昇の段階、②複数弾頭が軌道に乗る段階、③宇宙空間飛翔中の段階、④終末段階の4段階に分けて攻撃するという多層防衛方式である。

米ソ両国は、1987年にINF条約に署名し、1989年には米ソ外相がSTARTⅠ再開で合意成立した。ソ連では、1985年にゴルバチョフが書記長となり、体制危機を踏まえ、政治・経済の抜本的改革（ペレストロイカ）のため軍事費を削減して防勢的な戦略に転換せざるを得ない状況に追い込まれていた。

1989年12月、ブッシュ大統領とゴルバチョフ書記長は、マルタ島で首脳会談を行い、冷戦終結を宣言した。その背景には、ソ連のゴルバチョフ政権が、それまでの硬直した外交方針を改める新思考外交を打ち出し、それが東欧諸国のソ連離れを刺激して、1989年に東欧革命が一気に進み、11月にはベルリンの壁の開放にまで行き着いていたことがあげられる。

そして、1991年12月のソビエト連邦共産党解散を受けて、各連邦構成共和国が主権国家として独立し、ソビエト連邦が解体された。

4　冷戦後の米国の核戦略

（1）冷戦後の核態勢見直しと「テーラード（適合）抑止」戦略
　まず、この後の説明の理解を容易にするために、米国の安全保障、国防および軍事戦略の体系について述べておく必要があるが、その体系は次図のとおりである。
　米国の核戦略にかかわる「核態勢見直し」（NPR）や「弾道ミサイル防衛見直し」（BMDR）などは、その上位に位置する「国家安全保障戦略」（NSS）をはじめとし、「国防戦略」（NDS）、「4年ごとの国防見直し」（QDR）をもって示される指針や任務役割を受けて作成されるものである。

米国の安全保障・国防・軍事戦略の体系

（筆者作成）

冷戦後の1994年、クリントン政権下で、INF全廃条約（1987年）と
START I（1991年）に基づく中・長距離核運搬手段と弾頭数の大幅削減に
ともなう核態勢見直し（NPR 1994）が行われた。その後、MADを基本とし
た冷戦間の核戦略の本格的かつ大幅な見直しに着手したのは、次のブッシュ
政権（2001年～2009年）になってからであった。

　ソ連崩壊と冷戦終結によって、米国の核戦略上の主敵であったロシアは、
もはや米国の敵ではないとの認識が米国内では共有されるところとなり、核
戦力・核戦略は冷戦期の無駄なものとして排除される運命にあるとの見方も
一部には現れた。しかし、冷戦終結の結果として、大量破壊兵器や弾道ミサ
イルが世界的に拡散し、多様な敵や危機が出現する状況が顕在化したことに
よって、「第2次核時代」が到来したとの認識に傾いた。

　米国では、冷戦後の最初の20年間に核戦力と核抑止に関して戦略的再検証
が行われ、「第2次核時代」の新たな敵に対して核戦略を適合させなければ
ならないとした「テーラード（適合）抑止」（Tailored Deterrence）という
核戦略論が形成された。

　冷戦間は、ソ連という一つの大きな脅威に戦略を集中すればよかったのだ
が、冷戦後は、北朝鮮やイラク（イラク戦争までの認識）、イラン、シリア
のような、いくつかの中小国とともに、テロリストなどの非国家主体がもた
らす脅威に対して、それぞれの戦略資源（アセット）、軍事能力あるいはそ
の脆弱性など、各戦略対象の特性と状況に適合させた戦略開発の必要性が強
調されるようになった。そのように、「先進核大国のみならず、大量破壊兵
器を保有する地域国家そして非国家テロリスト・ネットワークからの脅威を
抑止する、完全にバランスのとれた適合された能力をもつ」抑止のあり方を
追究したのが、「テーラード（適合）抑止」戦略である。

　「テーラード（適合）抑止」という戦略用語は、2006年の「4年ごとの国
防見直し」（QDR 2006）の中ではじめて公式に使われたが、この考え方が明
らかにされたのは、ブッシュ政権による2001年の「核態勢見直し」

（NPR 2001）にさかのぼる。

その背景となった脅威認識は、前述のとおり「ロシアはもはや米国の敵ではない。一方、大量破壊兵器や弾道ミサイルが拡散する中で、多様な敵や危機が出現する可能性があり、核戦力による抑止は必ずしも有効でない」というものである。

すなわち、核兵器をはじめとする大量破壊兵器を現実に使用できる兵器と見なしつつ、自国民の生命を楯にして挑戦的かつ冒険的な行動に出る「ならず者国家」の指導者たちには核の脅しが効くとは考えにくく、攻撃的な核兵力だけに依存した戦略抑止の態勢は不適切であり、信頼性に乏しい。また、米国の生き残りにリスクを及ぼさない地域レベルの危機事態では、米国の核の脅しによる抑止も信頼性に欠けると考えられた。つまり、冷戦後、核の危険性は増大する一方で、核による抑止力（拡大抑止を含む）の有効性はますます低下し、核抑止に失敗する可能性は対ソ連主軸の「第1次核時代」より脅威や危機が複雑化した「第2次核時代」の方が高まるとの認識である。

そこで、敵の戦略的、高価値な目標（「ならず者国家」の指導者たちは自らの政治的、経済的そして軍事的な権力基盤に向けられた脅しには人一倍敏感である）を破壊して相手に対して許容できないコストを与えるとともに、西側世界における核攻撃による付随的な被害を出すことへの嫌悪感の増大に関する問題を解決できる長距離精密誘導打撃力に代表される通常兵器の有用性への期待が高まった。これを裏付けるのが、「通常兵器による迅速なグローバル打撃」（CPGS）であり、米国は一時間以内に世界のどこでも攻撃できるような通常兵器の能力開発と態勢の維持を追求している。

また、「ならず者国家」という非合理的な敵に対しては抑止が極めて難しく、失敗する可能性が高いとの認識に立てば、相手の大量破壊兵器の運搬手段に対して防御的な対策を講じることは必須であり、また技術的な可能性や信頼性が高まったことからミサイル防衛（MD）が重要な抑止の柱と見なされるようになった。

このようにして、配備核弾頭と運搬手段を削減して必要最低限の水準の核戦力を維持しつつ、攻撃核戦力への依存度を低下させ、通常戦力と防衛システム（MDなど）を含めた抑止力の強化が必要であるとし、米国は全体として核抑止における核兵器の役割を減らすという方針に到達した。そして、冷戦期の戦略抑止の基盤を構成した①爆撃機、②ICBMと③SLBMの三本柱に代えて、①核戦力と通常戦力からなる攻撃能力、②防衛システム（MDなど）、③国防基盤（国防産業、研究開発・調達基盤など）を新しい三本柱（New Triad）とする核抑止態勢が構築された。攻撃的兵器には、従来の核兵器とともに最新鋭の長射程の通常兵器が組み入れられ、積極的防御手段としてMDが新たに加わり、これらの能力を支える研究開発、産業インフラなどの対応インフラ（responsive infrastructure）が重視されたのである。

（2）オバマ大統領の「核兵器のない世界」下の核態勢見直し

　冷戦後の米国の核戦略は、クリントン政権による態勢見直しに始まり、ブッシュ政権下で「第2次核時代」に対応する現実路線を指向した。その後、オバマ政権になって、大統領が宣言した「核兵器のない世界」の方針に基づき、よりリベラルな方向へと核政策を転換し、同政権下で行われた2010年の「4年ごとの国防見直し」（QDR 2010）と「弾道ミサイル防衛見直し」（BMDR 2010）、そして「核態勢見直し」（NPR 2010）に大なり小なり影響を及ぼした。

ア　オバマ政権下の核態勢見直し

　まず、BMDR 2010では、弾道ミサイルの脅威は質量の両面で拡大するとの認識を示した。そして、米国本土に対するICBMの脅威としては北朝鮮とイランに注目するとし、他の地域における米軍および同盟国・友好国に対する北朝鮮、イラン、シリアなどの短・中距離弾道ミサイルの脅威は明白であると述べている。

　その上で、戦略的・政策的フレームワークとして、①限定的なICBM攻

撃からの本土防衛、②在外米軍基地および同盟国・友好国の防衛、③国際な BMD協力の強化を挙げるとともに、米国のBMD能力は不十分であるので、同盟国防衛は可能な限り自力で賄うことを求めている。

NPR 2010は、オバマ大統領がプラハで宣言した「核兵器のない世界」の方針を反映した実施戦略の位置付けといえよう。

本見直しでは、もはや米露は敵対していないが、アルカイダなどのテロや北朝鮮、イランによる核開発が差し迫った脅威であり、併せて中国の核兵器の質的量的な近代化を懸念するとして、ようやく中国の脅威に言及したのが特徴である。（ブッシュ政権下のQDR 2006では「米国と軍事的に競い合う可能性が最も大きいのは中国」としたが、オバマ政権下のQDR 2010では対中配慮で敵対的記述を避けた経緯がある。）

その上で、核政策・態勢の5つの目標として、①核拡散・核テロの防止、②米国の核兵器の役割の低減、③核戦力レベルの低減と戦略的抑止・安定の維持、④地域的抑止の強化と同盟国・友好国に対する安心供与、および⑤安全・確実で効果的な核兵器の維持を挙げている。

そのうちの②については、非核兵器国への核不使用の再確認、通常兵器の能力強化による核兵器の役割低減、極限状態でのみ核兵器の使用を考慮するとし、生物化学兵器による攻撃に対しては「通常兵器による壊滅的な反撃」で対応するとしている。また、③については、配備核弾頭と運搬手段の削減、ICBM、SLBM、長距離爆撃機の核の3本柱は規模を縮小し、またICBMを単弾頭化し、核搭載海上発射型巡航ミサイル「トマホーク」を退役させるとした。

イ　オバマ政権下の核戦略・核政策が同盟国・友好国に及ぼす影響

まず、BMDR 2010で米国は、①本土防衛、②在外米軍基地の防衛、そして③同盟国・友好国の防衛について列挙しているが、これらは①から③の順に米国の防衛対象の優先度を示していると見るのが妥当であろう。同時に、米国は、自国が保有するBMD能力は不十分であるので、同盟国防衛は可能

な限り自力で賄うことを求めており、これらを併せて考えれば、BMDに関する米国への防衛期待度は大幅に低下していると見なければならないだろう。

米国は、「核不拡散条約」（NPT）に従っている非核兵器国を核兵器で攻撃することはないとする「消極的安全保障確約」（Negative Security Guarantee）政策をとり、生物化学兵器による脅威に対しては、核兵器によって報復するかどうかは敢えて明言しない「計算された曖昧さ」というドクトリンを採用し続けてきた。

ところが、NPR 2010では、極限状態でのみ核兵器の使用を考慮し、生物化学兵器による攻撃に対しては「通常兵器による壊滅的な反撃」で対応するとして、生物化学兵器の脅しに対し核兵器は使用しないことを初めて公式に認めた。しかも、シリアの化学兵器使用のレッドラインに対し、オバマ大統領は自ら方針として掲げた「通常兵器による壊滅的な反撃」を実行せず、不作為に終始した。

この不都合な事実が、大量破壊兵器の脅威を抑止するという米国の同盟国・友好国に対する公約への信頼度を大幅に低下させる結果を招いた。

また、NPR 2010では、核搭載海上発射型巡航ミサイル「トマホーク」を退役させた。これは、米ソ（現在のロシア）間で締結されたINF全廃条約の趣旨に沿うものと理解されるが、このことによって、東アジア（アジア太平洋地域）における中国の戦域核の寡占による絶対的優位の態勢が作り出されている。

米ソは、1987年12月、INF全廃条約に調印した。射程が500km（300マイル）から5,500km（3,400マイル）までの範囲の核弾頭および通常弾頭を搭載した地上発射型の弾道ミサイルと巡航ミサイルが廃棄の対象とされ、条約が定める期限である1991年6月1日までに、合計で2,692基の兵器が破壊されたとしている。

その後、米国は、オバマ大統領の「核兵器のない世界」の方針に従って、各種トマホークのうち、前述のとおり、核搭載海上発射型巡航ミサイル「ト

マホーク」を退役させた。その結果、米国には、海中発射型（TLAM-N）と空中発射型（AGM-86B）の巡航ミサイル「トマホーク」がかろうじて残ったが、次図の通り、東アジアでは中国による中距離核戦力寡占の状態が一段と進んだ。その結果、同国の戦域核絶対的優位の戦略環境が出来上がり、本地域の同盟国・友好国に対する核の地域抑止（「核の傘」）に大きな綻びを生じさせているのではないかとの懸念を増大させている。

各国の核弾頭保有数とその主要な運搬手段

		米　国		ロ　シ　ア		英　国		フランス		中　国	
ミサイル	ICBM （大陸間弾道 ミサイル）	400基 ミニットマンⅢ	400	313基 SS-18 SS-19 SS-25 SS-27 RS-24	46 30 63 78 96					60基 DF-5 (CSS-4) DF-31 (CSS-10)	20 40
	IRBM MRBM	INF条約								148基 DF-4 (CSS-3) DF-21 (CSS-5) DF-26	10 122 16
	SLBM （潜水艦発射 弾道ミサイル）	336基 トライデントD-5	336	192基 SS-N-18 SS-N-23 SS-N-32	48 96 48	48基 トライデントD-5	48	64基 M-45 M-51	16 48	48基 JL-2 (CSS-NX-14)	48
弾道ミサイル搭載 原子力潜水艦			14		13		4		4		4
航空機		78機 B-2 B-52	20 58	76機 Tu-95 （ベア） Tu-160 （ブラックジャック）	60 16			63機 ミラージュ2000N ラファール	23 40	90機 H-6K	90
弾頭数		約4,000		約4,300（うち戦術核約 1,850）		215		300		約270	

（出典）平成30年版「防衛白書」を補正

（3）米国の「第3次相殺戦略」とトランプ政権下の核政策・戦略

ア　米国の「第3次相殺戦略」と米国の核政策・戦略

　現在、米国では、「第3次相殺戦略」（Third Offset Strategy）と称する新しい戦略が語られている。戦略・予算評価センター（CSBA）のロバート・マルティネジ元海軍省次官が発表した論文が発端である。その論文が、国防省のロバート・ワーク国防副長官が長として検討を進めている「国防イノベーション構想」（DII）、すなわち「米国が長期的に優勢を維持する方策を追求する構想」に影響を与えたのは間違いなく、ヘーゲル国防長官は、2014

年11月、「国防イノベーション構想」（DII）を発表し、これが「第3次相殺戦略」へと発展することを期待する旨述べたことによって裏付けられている。

新規開発ドクトリンとしての「第3次相殺戦略」は、中国などの「接近阻止・領域拒否」（A2/AD）戦略を念頭に、「我（米国）の優位な技術分野を更に質的に発展させることにより、ライバルの量的な優位性を相殺しようとする戦略」とされている。そして、中国軍のA2/AD能力が今後さらに進化していく状況下において、米国が長期にわたり維持すべき5つの優越分野を明示している。

それが、①無人機作戦、②長距離航空作戦、③ステルス航空作戦、④海中作戦、および⑤複合化システム・エンジニアリングと統合の5つである。

米国は、中国などを念頭に、技術的優位な5分野を中心として、第2次相殺戦略の延長線上で質的発展と新たな改革を進めることによって「通常戦力の優越」を確保することに戦略の重点を置いていると理解される。

以上が「第3次相殺戦略」の概要であるが、同戦略が「通常戦力の優越」を目指している点については、中国による海洋進出の脅威に直面しているわが国をはじめ中国周辺諸国にとって大いに望まれるところであろう。そして、わが国としては、今後、「第3次相殺戦略」が日米共同防衛の実質的強化に繋がる発展を遂げるよう、米国に対して積極的に協力しなければならない。

また、米国は、通常戦略と核戦略を分離し、中国内陸深くの重要目標に対して核を使わずに攻撃できる「通常兵器による迅速なグローバル打撃」（CPGS）能力を重ね合せようとしていると見られる。その上で、わが国は米国の拡大抑止に全面的に依存していることを踏まえ、今後、下記のような核戦略上の問題について、重大な関心を払うことが必要である。

① 通常戦略としての「第3次相殺戦略」と核戦略をどのように整合させるのか

② わが国の脅威となる中国の戦域・戦術核や北朝鮮の中距離核ミサイルな

どに対して、いかに戦域以下の「地域的抑止」を確保するのか

③　脅威が高まっている中国や北朝鮮による「核による高高度電磁パルス（HEMP）攻撃」に対してどのように対処しようとしているのか

④　NPR 2010で示された「核兵器の役割の低減および核戦力レベルの低減」を通常戦力によって補完できるのか

イ　トランプ政権下の核政策・戦略

（ア）核政策・戦略策定の背景

　2017年1月、オバマ大統領に代わってトランプ氏が第45代大統領に就任した。トランプ大統領は、対外政策の遂行にあたって「原則ある現実主義」（principled realism）を掲げている。

　トランプ大統領が掲げる「アメリカの夢」としての「偉大なアメリカの復活」と「米国第一主義」は大原則であるが、それは取りも直さず、国家目標としての「パクス・アメリカーナ」、すなわち「アメリカの力による（世界）平和」の再現を目指し、それを成し遂げる唯一の方法として自国の国益追求を第一に置くとの意思表明に他ならない。

　つまり、第2次大戦後、「米国の力による（世界）平和」を支えたアメリカの圧倒的な経済力と軍事力の二本柱を再建強化し、「世界のリーダー」としての確たる地位を取り戻すのが基本的考えである。

　その最大の戦略対象国は、2017年の「国家安全保障戦略」（NSS 2017）において、力による「現状変更勢力」、すなわち「米国の価値や利益とは正反対の世界への転換を図る勢力」として名指しで非難し、米国に挑戦し、安全や繁栄を脅かそうとしている「ライバル強国」と定義した中国とロシアである。

　核戦略の面では、2018年の「国防戦略」（NDS2018）において、特にロシアの核戦力の拡大や近代化に警戒感を示した。その背景の一端には、ロシアがINF条約に違反する地上発射型巡航ミサイル（GLCM）を保有している

との米国政府の判断がある。そのため、たびたびロシア政府に対し異議申立てを行ってきたが、ロシア政府が否定しているため、米国はその対抗措置として、新たな中距離ミサイルの研究開発を進める意向を、すでにロシア側に伝えている。

以上のような脅威認識が、トランプ政権の核政策・戦略に反映されるのは間違いない所である。

（イ）トランプ政権による「核態勢見直し」

トランプ米政権は、2018年2月、今後5〜10年間の核政策の指針となる「核態勢見直し」（NPR 2018）を公表した。オバマ政権下の2010年「核態勢見直し」（NPR 2010）以来8年ぶりで、トランプ政権では初の見直しとなる。

NPR 2018は、中国やロシアによる急激な核戦力の増強・近代化や北朝鮮、イランによる核開発など、世界的な核脅威の状況は明らかに悪化したとの認識を土台として作成された。

---

column

米国の核脅威の認識—多様で高度な核脅威—

米国は、冷戦の最中以降85％以上の核兵器保有量を削減し、20年以上にわたり新しい核能力を配備していない。それにもかかわらず、直近の2010年NPR以来、潜在的な敵対国からの一層明白な核脅威を含めて、世界的な脅威の状況は明らかに悪化してきた。

米国はいま、過去のいかなる時よりもより多様で高度な核脅威の環境に直面しており、潜在的な敵対国の核兵器および運搬システムの開発配備プログラムも相当に動的になってきている。

米国は、核兵器の数と重要性を削減し続けてきた。しかし、ロシアと中国を含む他国は反対の方向に進んできた。他国は保有兵器に新型の核能力を追加し、戦略と計画における核戦力の重要性を増大させ、宇宙空間およびサイバー空間を含めて、これまでにも増して攻撃的行

動を行うようになっている。

　北朝鮮は、国連（UN）安全保障理事会の決議に直接違反して非合法な核兵器やミサイル能力の追求を続けている。

　イランは、包括的合同行動計画（JCPOA）において自国の核プログラムへの制約に合意した。にもかかわらず、同国はその気になれば１年以内に核兵器を開発するために必要な技術およびその他多くの能力を保持している。

（米国防長官府編『核態勢の検討』（日本語要約、2018年2月）抜粋）

　そして、政権が掲げる「力による平和」を基本に、下記のように述べて、歴代大統領、特に「核兵器なき世界」をめざして核の役割を減らそうとしたオバマ前政権の方針を転換し、核兵器の信頼性を高める内容となっている。

　　非核戦力も必須な抑止の役割を果たすが、核抑止の到来前の過去に大国間の戦争を防止する通常抑止が定期的かつ壊滅的に失敗してきたことに反映されているように、核戦力に比肩できるような抑止効果は提供しない。

　新指針は、露中や北朝鮮など、直面する多様で高度な核脅威に対する抑止力を高めるとともに、核の傘を含む同盟国への「拡大抑止」を強化するためには、「多様な核戦力を持つことで抑止に向けた柔軟性のある選択ができる」と繰り返し主張している。

　その上で、現在のICBM、SLBMおよび戦略爆撃機から成る「戦略核の三本柱」を維持しつつ、その役割の一部を戦術核と戦域核である「非戦略核戦力」によって代替させ、それらを支える核指揮統制通信（NC3）システムの近代化を本格化させるとしている。そのため、トランプ政権は、劣化しつつある核弾頭および関連インフラの整備とその予算確保を重視している。

NPR 2010では、「新たな核弾頭は開発しない」としていた。新指針では、非戦略核戦力として、短期的にはSLBM搭載用の核弾頭を改良し、爆発を小規模に抑える機能を付加するとし、長期的には海洋発射型の核巡航ミサイルを開発する方針を示した。目的（様々なケース）に適合したオプションの柔軟性と多様性を保持することによって、抑止力を強化するのが狙いである。

ロシアが戦術核を3,000発保有しているのに対し、米国は200発しか保有していないため、著しいアンバランスを生じている。そのため、前者の低出力の小型核兵器は、主に近年のロシアの動きに対応する措置と見られている。

米国が保有する高威力の核兵器は、使用すれば大規模な報復を招き人類の大半を死滅させる恐れがあることから、実際には使用できないとロシアからみなされ、十分な抑止力とはならないとの懸念がその背景にある。

そのため、米国とNATOは、蓋然性の高いロシアの限定的な核（小型の戦術核兵器）の先制使用に対処する目的をもって、信頼性ある低出力核兵器のより幅広い選択肢を必要としていると説明している（米統合参謀本部戦略計画部のグレゴリー・ウィーバー副部長）。

中国に対しては、通常・核戦力の双方で常に優位を保ち、中国の「核使用は多大な損害を伴うために割に合わない」との現実を、アジア太平洋地域で恒常的に行う軍事演習などを通じて示すとしている。

北朝鮮に関し、「あと数か月で米国を攻撃できるようになる」と分析し、「北朝鮮が米国および同盟国を核攻撃すれば、（金正恩）体制は終わる」と警告した。

その上で、北朝鮮が地下に構築した核施設や軍事施設を核と通常兵器で破壊する能力を確保するとともに、北朝鮮が発射したミサイルを迎撃するか、発射基地を破壊して北朝鮮の攻撃能力を減殺または喪失させると強調した。

一方、核兵器の使用については、「米国と同盟国の死活的国益を守る極限の状況でのみ核使用を検討する」と記し、前政権が示した核の使用条件を原則として踏襲した。その上で、「極限の状況は米国や同盟国の国民、インフ

ラ、核施設、指揮統制、警戒システムに対する重大な戦略的非核攻撃も含む」と追記し、解釈を拡大することで非核（通常兵器など）の大規模な攻撃に対して核兵器で反撃する余地を確保する方針を明確にした。

また、新指針では、「（核）抑止を維持し、同盟国や友好国の安全を保障するために、米国は「核の先制不使用」政策（"no first use" policy）を断じて採用してこなかったし、現在の（核）脅威の下では、そのような政策を正当化することはできない」として、核の先制不使用政策を否定した。

前述のとおり、トランプ米政権は、新たな核政策の指針となる NPR 2018 を公表した。この新指針に基づき、北朝鮮の非核化の目標を達成するための努力が今後続けられて行くことになるが、米国による現在進行中の動きは、わが国に重大な影響を及ぼす主要な関心事である。

第3章 | **核をめぐる国際的取り組み**

1 核実験を禁止する取り組み

（1）核実験とその種類

核兵器を開発して実際に使用できるようにするためには、核実験を繰り返し、精度を一層高める必要がある。換言すると、核兵器の開発には、核実験の繰り返しが不可欠で、すべての核保有国は、これまで核兵器を開発するにあたって核実験を繰り返してきた。

これまで述べたように、核兵器を最初に開発したのは米国であり、1942年に開始されたマンハッタン計画に基づいて3個の原子力爆弾（リトル・ボーイ、ファット・マン、ガジェット）が作られた。このうちガジェットは、1945年7月16日にニューメキシコ州アラモゴードの砂漠で行われた、世界初の大気圏内核実験となったトリニティ実験に供された。

広島へ投下されたリトル・ボーイ 　　長崎へ投下されたファット・マン

（出典：左 https://gizmodo.com/less-than-2-of-the-uranium-in-the-hiroshima-bomb-actua-1624444762
右 http://www.businessinsider.com/einstein-and-the-atomic-bomb-2016-4）

　核兵器保有国のソ連（現ロシア）は、米国に4年ほど遅れた1949年8月29日に最初の核実験を行い、3年後の1962年10月3日に英国の核実験が続いた。フランスと中国の核実験はそれよりかなり遅れ、フランスは1960年2月13日、中国は1964年10月16日に、それぞれ最初の核実験を行った。

　米国、ソ連、英国、フランスそして中国の5か国は、核兵器保有国をこれ以上増やさないことに共通の利害を見出し、1968年7月1日に核兵器不拡散条約（NPT：Treaty on the Non-Proliferation of Nuclear Weapons）を締結し、署名のために開放した。核兵器不拡散条約については後述する。

　国境紛争を抱えるインドとパキスタンは、NPTに入らず、インドは1974年6月18日に、パキスタンは1998年6月28日に、それぞれ最初の核実験を行った。現在、世界の脅威となっている北朝鮮が最初の核実験を行ったのは2006年10月9日だったが、報道によると、今日では原爆のみならず水爆の核実験を行っているという。なお、イスラエルについては、すでに核実験を行っていると言われているが、その時期は不明である。

（2）核実験を禁止する取り組み
ア　核実験を部分的に禁止する取り組み

核兵器の垂直拡散、すなわち核保有国の保有核兵器の増大を防止するための取り組みとして、1963年に「大気圏内、宇宙空間および水中における核兵器実験を禁止する条約」が締結された。同条約は、部分的核実験禁止条約（PTBT）と呼ばれ、米国によるビキニ環礁での水爆実験や、1961年のソ連のTsar Bomba実験、さらには他の核兵器国による大気中での相次ぐ核実験に対し、特に放射能汚染等の環境問題に対する懸念の高まりを反映したものであった。

Column

核兵器の「垂直拡散」「水平拡散」と核不拡散

核拡散を説明する際に、「垂直拡散」と「水平拡散」という言葉が使われる。「垂直拡散」は、核兵器を保有している国が核兵器の量を増やすことをいい、「水平拡散」は核兵器を保有する国が増えることをいう。核兵器の「垂直拡散」を防止するための措置として1963年の部分的核実験禁止条約（PTBT）などがあり、「水平拡散」を防止するための措置として1970年の核兵器不拡散条約（NPT）などがある。

したがって、核不拡散は、「垂直拡散」と「水平拡散」を、それぞれ抑制および減らすことを意味している。

核実験には①地上、海上および空中で行われる核実験の「大気圏内核実験」、②地表面下の様々な深度で行われる核実験の「地下核実験」、③大気圏外で行われる核実験の「大気圏外核実験」、そして④海水面下で行われる核実験の「水中核実験」の4種類がある。PTBTは、地下を除く大気圏内、宇宙空間、水中における核爆発を伴う実験を禁止している。

このようなPTBTは、米ソ間の核戦争へとエスカレートしかねなかった1962年のキューバ危機の経験から、すでに核実験を経験した米国、英国、ソ連間で1963年8月6日に調印され、1963年10月までに111か国がこの条約に

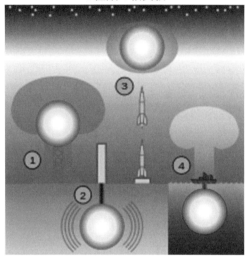

4種類の核実験

（出典：https://en.wikipedia.org/wiki/Nuclear_weapons_testing）

調印して発効した。調印批准国は96か国、加盟国は14か国、旧ソ連から独立した国のような継承国は16か国、調印のみの国は10か国であった。日本は、1964年6月にこの条約の批准書を寄託した。

　核実験が遅れた中国やフランスを含む十数か国は、米英ソ3か国による核の寡占を制度化するものとしてこの条約に入っていない。当時の後発国であった中国とフランスがPTBTを締結しなかった理由は、核兵器開発に制約が課されるのを回避したためである。北朝鮮も当然ながらPTBTに入っていないので、報道によると、水爆実験を太平洋上の大気圏内で行う予定であると明言している。

　かくしてPTBTは、核不拡散を直接の目的としたものではないが、核実験を制限することで核兵器開発の後発国、あるいは技術水準が低い国による核兵器開発を、不十分ながらも困難にする効果が生まれたともいえる。

イ　核実験を包括的に禁止する取り組み

　PTBTの締結以後、地下核実験を含むすべての核実験を禁止することが国際社会の大きな軍縮課題の一つとされてきた。そのため、1994年1月から4種類の核実験を禁止する包括的核実験禁止条約（CTBT）の作成に向けて、ジュネーヴ軍縮会議の核実験禁止特別委員会で交渉が本格的に開始された。

　軍縮会議における交渉は、2年半にわたって行われたが、インド等の反対によって同条約案を全会一致方式で採択することはできなかった。しかし

1996年9月にジュネーヴ軍縮会議で作成された条約案が国連総会に提出され、国連総会は圧倒的多数をもってCTBTを採択した。国連総会決議に反対した国は、インド、ブータン、リビアであり、棄権した国は、キューバ、シリア、レバノン、タンザニアの4か国であった。

CTBTが発効するための条件は、特定された44か国すべての批准が必要とされている（第14条）。2016年現在、183か国の署名国のうち、164か国が批准しているが、発効するために署名が要件となっている特定44か国のうち、署名国は41か国で、批准国は36か国であり、米国、中国、エジプト、イラン、イスラエルの6か国がまだ批准していない。署名もせず批准もしていない国は、北朝鮮、インド、パキスタンの3か国である。

CTBTの目的は、PTBTで規制されている宇宙、大気圏、水中の核実験に加えて、地下を含むすべての空間における核兵器の実験的爆発と核爆発を禁止することにある。これは、PTBTをさらに発展させ、核兵器開発をさせないための取り組みである。CTBTの規定を遵守しているかどうかの検証手段としては、①条約規定の実施を確保するため包括的核実験禁止条約機関（CTBTO）を設立し、②検証の国際監視制度（IMS）、③現地査察および信頼醸成措置等から成る検証制度の設置が規定されている。

国際監視制度は、世界337か所に設置された4種類の監視観測所と16か所の放射性核種監視実験施設による監視の制度で、2016年2月現在で300か所（89%）が完成し、監視の結果得られたデータは、ウィーンに設置された国際データセンターに送付され処理される。現地査察は、61か国の執行理事会の理事国のうち30か国以上の賛成により承認される。

CTBT の国際監視制度

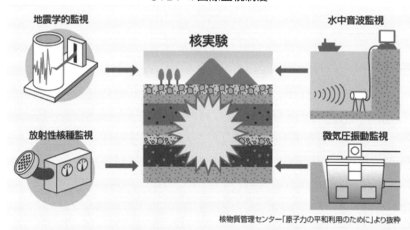

(出典:http://www.mofa.go.jp/mofaj/press/pr/wakaru/topics/vol42/)

CTBT 放射性核種監視観測所ネットワーク

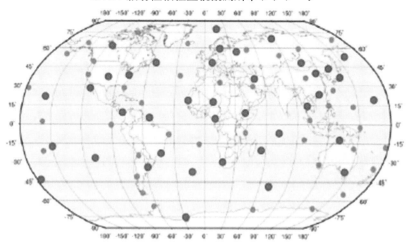

(出典:https://www.jaea.go.jp/02/press2017/p17072001/02.html)

日本は、1996年9月24日にCTBTに署名し、翌年の7月8日に事務総長へ批准書を寄託している。また、CTBTは、国際原子力機関（IAEA）の保障措置と並んで、NPTを中核とする核不拡散・核軍縮体制に不可欠な柱となっており、日本は、その早期発効を核軍縮・核不拡散分野の最優先課題の一つとして重視している。

2　核兵器国を増やさない取り組み

（1）核兵器国を5か国に限定する取り組み

　核兵器国を米国、ロシア、中国、英国そしてフランスの5か国に限定し、これ以上核兵器国を増やさないことを目的とする国際的な取り組みとして、前述したようにNPTがある。この条約は、1968年7月1日に署名のために開放され、1970年3月6日に発効した。日本は、核兵器の開発を行わず、核の脅威に対しては米国の拡大抑止に期待する政策をとっていることもあり、1970年2月に同条約の署名を行い1976年6月に批准した。ちなみにNPTは、1996年6月に無期限の延長が決定されている。

　NPTは、①核不拡散、すなわち米、ソ（現在のロシア）、英、仏、中の6か国を「核兵器国」と定め、「核兵器国」以外への核兵器の拡散を防止すること、②核軍縮交渉の義務、すなわち各締約国による誠実に核軍縮交渉を行う義務（第6条）、③原子力の平和的利用、すなわち平和利用を締約国の「奪い得ない権利」と規定し（第4条1）、原子力の平和的利用の軍事技術への転用を防止するため、非核兵器国がIAEAの保障措置を受諾する義務（第3条）について規定している。

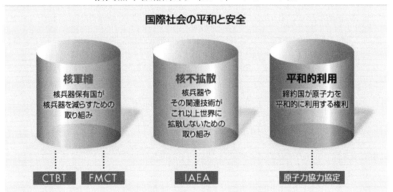

（出典：http://www.mofa.go.jp/mofaj/press/pr/wakaru/topics/vol42/）

　この三つの目的・義務は、後に、核兵器国と非核兵器国の間の「グランド・バーゲン」と呼ばれるようになる。このように、NPTは主に核兵器の「水平拡散」を防止するための措置である。なお、この条約の適用上、「核兵器国」とは、1967年1月1日以前に核兵器その他の核爆発装置を製造しかつ爆発させた国をいう（第9条3）。この条項に従えば、インド、パキスタン、北朝鮮は核兵器国と認定されない。

　NPTの締約国は、2016年2月現在、日本を含め191か国と地域である。なおインド、パキスタン、北朝鮮に加えて、報道によるとイスラエル、南スーダンは、核兵器国による核兵器の独占体制に反発し、同条約の枠外で核開発を行っているという。また、リビアと南アフリカは一時NPTを脱退し核兵器の開発を推進したが、現在は核開発を放棄しNPTに復帰している。

　さらに、冷戦終結後、ソ連が国家として消滅し、ロシアとウクライナが核兵器を保有する状態となったが、1994年の「ブタペスト覚書」により、米国、英国、ロシアがウクライナに対して軍事力を行使または利用しないことを保障する代わりに、ウクライナが核兵器を放棄することになった。この結果、ソ連の核兵器の継承国はロシアとなり、NPTにおける核兵器国はソ連から

ロシアへと変更された。したがって、旧ソ連時代に核兵器が配備されていたカザフスタン、ベラルーシ、ウクライナは、旧ソ連の崩壊に伴い自国領域内の核兵器をロシアに移管して、NPT に加盟している。

（2）NPT 加盟国の義務

NPT は各加盟国に対し軍縮交渉義務を課している（第6条）が、核兵器国の核軍縮交渉義務に関して、条約では具体的な努力目標や措置を規定していない。垂直拡散の防止や量的削減を規定した核兵器国による様々な二国間条約は、その義務を履行した証拠とされる。たとえば、1972年の戦略兵器制限条約（SALT I 暫定協定）や1979年の戦略兵器制限条約（SALT II、未発効）は、米ソの保有核兵器の上限を規定したものである。また、冷戦終焉後、二国間の条約により米ロの間で戦略兵器削減条約（START I）やモスクワ条約（SORT）などが発効し、核兵器の量的管理が進んだ。

また NPT は、非核兵器国による国際原子力機関（IAEA）の保障措置の受諾義務を課している（第3条）。すなわち IAEA の保障措置は、核物質が平和目的だけに利用され、核兵器等への転用防止を担保するための IAEA の検認活動であり、NPT の締約国は、IAEA の保障措置制度に従って IAEA との間で協定を締結し、協定に定められた保障措置を受諾する。ちなみに日本は、米国、オーストラリア、フランス、英国、カナダ、中国、欧州原子力共同体（EURATOM）、カザフスタン、韓国、ベトナム、ヨルダン、ロシア、トルコ、UAE と二国間原子力協定を締結し、同協定は、これらの国から輸入された核物質等に対しても IAEA の保障措置を受け入れることを規定している。

なお、IAEA の設立目的は、原子力の平和的利用を促進し原子力が平和的利用から軍事的利用への転用を防止することにある。その権限は、①全世界における平和的利用のための原子力の研究、開発および実用化を奨励・援助すること、②平和的目的のための原子力の研究、開発および実用化の必要を満たすため物資、役務、施設等を提供すること、③原子力の平和的利用に関

する科学上および技術上の情報の交換を促進すること、④原子力の平和的利用の分野における科学者および専門家の交換および訓練を奨励すること、⑤原子力が平和的利用から軍事的利用に転用されることを防止するための保障措置を設定し実施すること、および⑥国連機関等と協議、協力の上、健康を保護し、人命および財産に対する危険を最小にするための安全上の基準を設定しまたは採用することである。

（3）NPT の効果的運用のための会議

NPT は、各締約国に対して、NPT の効果的な運用を検討するために、6年毎の運用検討会議の開催を義務付けている。1996年にニューヨークで行われた NPT 運用検討会議で3つの「決定」、すなわち① NPT 無期限延長の決定、②条約運用検討会議6年毎開催の決定、そして③1996年までの CTBT 交渉完了とカットオフ条約交渉の即時開始を採択した。

---

column

カットオフ条約

カットオフ条約（FMCT：核兵器用核分裂性物質生産禁止条約）の主目的は、核兵器用の核分裂性物質（高濃縮ウラン，プルトニウム等）の生産を禁止することにより，核兵器の数量増加を止めることである。

2000年にやはりニューヨークで開催された NPT 運用検討会議では、①CTBT 早期発効、②カットオフ条約の即時交渉開始、③ START プロセスの継続、④核兵器国の透明性強化、および⑤余剰核分裂性物質の IAEA 等による国際管理と処分の最終文書が採択されている。2006年の NPT 運用検討会議（於ニューヨーク）では合意文書は採択されなかった。

2010年のニューヨークにおける NPT 運用検討会議では、NPT の3本柱

（核軍縮、核不拡散、原子力の平和的利用）について条約運用レビューと将来への具体的な行動計画を含む最終文書が採択された。すなわち、①「核兵器のない世界」達成の直接的言及、②核軍縮の「明確な約束」の再確認、③具体的な核軍縮措置を核兵器国が2014年のNPT運用検討会議準備委員会への報告の要請、および④中東決議の実施に関する現実的な措置である。

　2016年の運用検討会議は、議長による最終文書案が①核戦力の透明性の確保、②核兵器の更なる削減や核兵器削減交渉の将来的な多国間化、③核兵器の非人道的影響の認識の共有、④世界の政治指導者および若者の広島・長崎訪問、および⑤地域の核拡散問題の解決をポイントとしていたが、中東非大量破壊兵器地帯の設置構想を巡って米国とエジプト間の溝が埋まらず最終文書を採択できずに閉会した。

NPT（核不拡散条約）再検討会議対立の構図

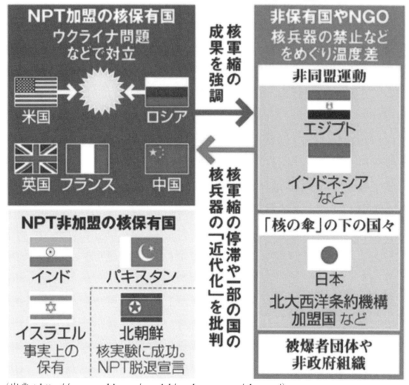

（出典：http://www.asahi.com/special/nuclear_peace/change/）

3 非核兵器国と核兵器国による核兵器の配備を禁止する取り組み

（1）非核兵器地帯の設置

　一定地域の複数の非保有国が条約を締結し、締約国内における核兵器の実験や製造、保有などを禁止し、核兵器国による核兵器の配備も禁止するこ

とによって、核兵器のない地帯を作ろうとする取り組みに、非核兵器地帯（NWFZ：Nuclear Weapon Free Zone）がある。この取り組みには、核兵器国の協力が不可欠であるため、核保有国との間で議定書を締結し、核兵器国がその地域内の国に対し核兵器の使用や威嚇を行わないことを謳っている。

　この取り組みは、すべての核保有国が議定書に参加していない限り核保有国の意思に左右される側面があるため、「消極的安全保障」ともいわれる。見方を変えると、非核兵器国が核兵器国の協力を得て、核兵器の恐怖にさらされないことを期待する、積極的な取り組みでもある。これまで条約で設立した非核兵器地帯は6か所ある。このほか、中東地帯は、核兵器のみならず化学兵器や生物兵器などの大量破壊兵器に対する取り組みを行っている。また、モンゴルは、核保有国のロシアと中国に挟まれた特殊な環境にあることから、1か国だけの「非核兵器地位」を宣言している。

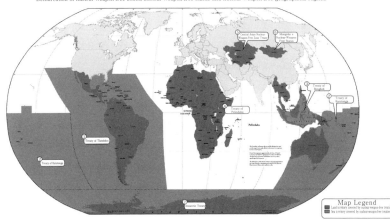

TREATIES ESTABLISHING NUCLEAR-WEAPON-FREE AREAS
（出典：https://www.un.org/disarmament/wmd/nuclear/nwfz/）

（2）世界の非核兵器地帯の現状

ア　ラテンアメリカおよびカリブ核兵器禁止条約（トラテロルコ条約）

　世界で初めての非核地帯条約であるトラテロルコ条約は、中南米にある33か国すべてが締約国で、1967年2月に署名され、1968年4月に発効した。この条約は、締約国の領域内で核兵器の実験、使用、製造、生産、取得、貯蔵、配備等を禁止しているが、「平和目的の核爆発」は容認している。

　トラテロルコ条約議定書は、核兵器国が域内において非核化の義務に違反する行為を助長しないこと、そして締約国に対し核兵器の使用または威嚇を行わないことを規定している。この議定書にはすべての核兵器国が署名し批准している。

イ　南太平洋非核地帯条約（ラロトンガ条約）

　南太平洋諸国は、1986年8月、太平洋諸島フォーラム（PIF）加盟の16の国と地域（自治領）を対象としたラロトンガ条約を作成した。同条約は、平和目的の核爆発を含むすべての核爆発装置を製造、取得、所有、管理することの禁止、自国領域内において核爆発装置を配備、実験等を行うことの禁止、そして公海を含む域内の海洋への放射性物質の投棄を禁じており、1986年12月に発効した。現在の締約国・地域は13か国で、ミクロネシア連邦、マーシャル諸島およびパラオは未署名である。

　核保有国との間で締結するラロトンガ条約議定書は、核兵器国による締約国に対する核兵器の使用および使用の威嚇を禁止し、公海を含む域内における核実験を禁止している。同議定書は、ロシア、中国、英国、フランスは批准済みであるが、米国は署名のみとなっている。

ウ　東南アジア非核兵器地帯条約（バンコク条約）

　東南アジア諸国連合（ASEAN）の国々は、各締約国内における核兵器の開発、製造、取得、所有、管理、配置、運搬、実験を禁止し、公海を含む領域内における放射性物質の投棄、大気中への放出を禁止し、自国領域内で他国による核兵器の運搬を除くこれらの行動を許してはならないことを規定し

たバンコク条約を締結した。同条約は、1996年12月に署名が行われ、ASEAN10か国すべての批准が完了し、1997年3月に発効した。

バンコク条約議定書は、核兵器国による域内（領域、大陸棚、EEZ）における核兵器の使用と使用威嚇を禁止し、核兵器国が条約を尊重し、条約・議定書の違反行為に寄与しないことを規定しているが、核兵器国のすべてが署名していない。

エ　アフリカ非核兵器地帯条約（ペリンダバ条約）

アフリカの非核兵器国は、アフリカ諸国64か国を対象地域とするペリンダバ条約を作成した。同条約は、締約国の領域内における核爆発装置の研究、開発、製造、貯蔵、取得、所有、管理、および実験を禁止し、自国領域内における核爆発装置の配置、運搬、実験等をも禁止するもので、1996年7月に署名のために開放され、2009年4月に発効した。

同条約議定書は、核兵器国による締約国に対する核爆発装置の使用と使用威嚇を禁止するとともに、締約国の域内（公海は含まない）における核爆発装置の実験を禁じている。現在、フランス・中国および英国は批准を済ませているが、米国とロシアは署名だけとなっている。

オ　中央アジア非核兵器地帯条約

中央アジアの非核兵器国は、1977年2月、カザフスタンのアルマティで5か国首脳会議声明（アルマティ宣言）を発し、中央アジア5か国（カザフスタン、キルギス、タジキスタン、トルクメニスタン、ウズベキスタン）を対象地域とした、中央アジア非核兵器地帯の設置を構想した。同非核兵器地帯を設立する条約は、核兵器もしくは核爆発装置の研究、開発、製造、貯蔵、取得、所有、管理を禁止し、各締約国領域内における他国の放射性廃棄物の廃棄許可等を禁止するものであり、2006年9月に署名のために開放され、2009年3月に発効した。

同条約の議定書は、核兵器国が締約国に対して核兵器の使用および使用威嚇を行うことを禁止し、条約もしくは議定書の違反に資する行為をしてはな

らないと規定している。

カ　モンゴルの非核兵器地位への取り組み

　ロシアと中国という核兵器国の囲まれたモンゴルは、1992年に国連総会でオチルバト大統領が一国非核兵器地位を宣言し、核兵器国に対し非核の地位を尊重し消極的安全保障を供与するよう要求した。またモンゴルは、1996年に表明したNPT加盟の非核兵器国に対する消極的安全保障をモンゴルについて再確認するよう要請した。

　国連は、1998年12月の総会において同宣言を歓迎する決議（53/77D）を採択し、モンゴルの「非核兵器地位」は、国際的に認知された。核兵器国5か国は、2000年10月に同決議の実施のために協力する旨を発表した。

キ　中東非大量破壊兵器地帯に向けた取り組み

　宗教派閥に起因する紛争が多発する中東地域の安定化を図るため、1974年以降エジプトが国連総会に決議案として提出し採択されたが、イスラエルのNPT未締結などの問題があり今のところ本構想が実現される見通しは不明瞭である。

　この取り組みは、1990年4月にムバラク・エジプト大統領が中東を大量破壊兵器フリーゾーンにすることを提案したが、アラブ諸国間では本件提案に対する態度は冷ややかであった。それ以降、毎年国連総会で中東非核地帯設置についての決議が採択され、第62回国連総会でイスラエルは決議への投票理由を説明し、中東非核地帯は地域内の直接対話によってのみ実現できること、およびイランのNPT不遵守が最重要の問題であると指摘した。

　その後、2010年NPT運用検討会議で中東非大量破壊兵器地帯設置を目指す国際会議の開催が合意され、2012年に全中東諸国の参加の下で国連事務総長および米英露（NPT寄託国）が開催に支持を表明したが、2016年NPT運用検討会議で、2010年合意不実施とISIL（イラク・レバントのイスラム国）への大量破壊兵器不拡散維持の問題等の調整は不首尾に終わった。

（3） 北東アジアの非核地帯構想

このように地球上の多くの非核保有国は、核保有国との協議を経て、非核地帯構想を実現している。北東アジア諸国には、核保有国の中国、ロシア、北朝鮮があり、非核保有国はわずかに日本、韓国、台湾しかない。現実的には、北朝鮮は核開発をやめないし、日本と韓国はアメリカの拡大抑止に依存しているため、北東アジア非核地帯構想は実現され得ない。

4　原子力エネルギーの平和利用と国際管理体制

（1） 原子力エネルギーの平和利用

原子力エネルギーと核エネルギーは、同じものであるが、利用目的によって用語が使い分けられるという特徴がある。かかるエネルギーの源となる放射性物質の利用は、放射能そのものを利用する場合と核分裂の熱エネルギーを利用する場合がある。すなわち、原子力エネルギーの利用は、医療行為や原子力発電に見られる平和的目的の利用であり、核エネルギーの利用は、核兵器に見られる軍事的目的の利用となる。しかし原子力発電と核兵器は、ともに核分裂反応熱を利用するため、両者の関係はきわめて密接とならざるを得ない。このため、一般に、核分裂反応の平和利用の場合は原子力エネルギー、軍事利用の場合は核エネルギーという用語が使用されている。

原子力エネルギーの平和的利用は、ウラン等の核分裂反応熱を利用する原子力発電と、ラジウム等の自然に放出される放射線を利用する医療、環境、保健、鉱工業、食品、農業等の分野がある。エックス線を利用して主に骨や肺の病変を描き出す画像診断が知られているが、医療の他、空港の手荷物検査などの非破壊検査に利用されている。治療用放射線としては、電子線、陽子線、重粒子線、アルファ線、ベータ線、ガンマ線などが用いられる。放射線が、がん治療の手段として使われ始めてから100年以上がたち、その間に

放射線治療機器、放射線生物学やコンピュータが発達し、放射線治療は急速に進歩し、今日の放射線治療は、手術、薬物療法（抗がん剤治療）と並ぶガンの3大治療法の1つとなっている。

エックス線の発見により1901年に第1回ノーベル物理学賞を受賞したW.C.レントゲン

（出典：https://www.biography.com/people/wilhelm-conrad-r%C3%B6ntgen-39707）

原子炉は、加圧型軽水炉、沸騰水型軽水炉、重水炉、ガス冷却炉などがあるが、沸騰水型軽水炉である福島第1原発は、次頁の図のように、原子炉圧力容器が水蒸気発生器を兼ねていて、そこで発生した水蒸気がそのままタービンに入り発電する仕組みになっている。圧力容器は、約70気圧に保たれ、水蒸気の温度は280度に達する。放射能を帯びた冷却水が原子炉圧力容器の外に出て蒸気タービンや復水器を通るため、これらの機器を含む建屋を放射線管理区域にしている。今般の事故では、かかる建屋内での冷却不足が原因で、水蒸気圧力容器の爆発が生じ、ヨウ素、セシウム、プルトニウム等の放射性物質が大気中に拡散されるとともに、核燃料が原子炉格納容器内でメルトダウンして放射能汚染水が外部に流失した。

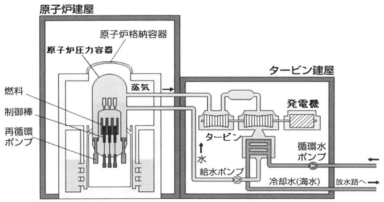

(出典：電源開発ホームページ（http://www.jpower.co.jp/bs/index.html））

　原子炉から出る使用済み燃料は、未処理のまま廃棄するか、再処理してその内に生成されているプルトニウムを取り出して燃料にするかの選択肢がある。原子炉で核分裂反応を繰り返してきた高温の使用済み燃料は、取り扱いやすくするために、一定の温度まで冷却し続けなければならない。使用済み燃料を商業用として再利用するために、プルトニウムを分離回収し燃料として再利用する「燃料リサイクル」を行う場合がある。

（2）原子力エネルギーの国際管理制度

　原子炉内で濃縮ウラン燃料を燃やすと、燃料に含まれるウラン238が中性子を吸収してウラン239に変化し、これが自然崩壊してプルトニウムに変わる。プルトニウムは、核兵器製造に欠かせない物質であり、原子力の平和的利用としての原子力発電の開発は、常に、核兵器の拡散の懸念を拡大させることになる。プルトニウムの保有は、NPTの査察対象であり、日本は、利用目的のないプルトニウムを保有しないことを国際的に公約している。このように、原子力エネルギーの平和利用は、厳しい国際管理の下に置かれている。

原子力エネルギーを国際的に管理する機関として、前述した IAEA がある。核エネルギーの拡散防止は今日の重大関心事であるが、原子力エネルギーの平和利用は自由であり、その管理は、各国のエネルギー政策に反映されている。原子力エネルギーの平和利用を促進し、軍事利用への転用を防止する目的で設置された IAEA は、各国の原子力エネルギー政策に対し技術的観点から支援し、原発の新規導入に対する支援も行っている。

IAEA 専門家チームによる福島第 1 原子力発電所の査察

（出典：http://www.unic.or.jp/news_press/features_backgrounders/14234/）

　IAEA は、諸国による原子炉施設に関する安全基準をはじめとする各種の国際的な安全基準・指針の作成や普及を実施してきた。とりわけ、チェルノブイリ原発事故以降、原発の安全確保の重要性が国境を超えた問題として再認識され、旧ソ連、東欧、アジア地域の原発の安全性の向上といった原子力エネルギーの平和的利用の促進に貢献してきた。福島第 1 原発事故の際、IAEA 委員長をはじめ専門家スタッフが急遽来日し、その安全性に関する調査を行ったことは前述したとおりである。
　核エネルギーの利用すなわち核兵器の拡散は、国際安全保障環境に直接関係するので、核兵器保有国は、非核兵器国が核兵器を製造しないことを約束

した国際体制であるNPT体制を維持してきた。IAEAは、核物質等が軍事目的を助長する方法で利用されないよう担保する保障措置を設定し、NPT締約国との間で保障措置協定を締結してこれを実施してきた。IAEA締約国の日本、イギリス、フランス、ロシア、ベルギー等は、原子炉用燃料の再処理を行っている。この中で、日本、ベルギー等の非核兵器国に対しては、IAEAの保障措置が適用されることになる。インドやパキスタンはNPTに加盟せず独自に核兵器を製造してきた。

このほか、近年の核テロ対策として、2006年に国連で「核によるテロリズムの防止に関する条約」が採択され、2007年に発効した。同年、IAEAで既存の「核物資の防護に関する条約」を強化するための改正が採択されている。

（3）原子力エネルギー管理の展望

これまで見たように、原子力エネルギーの管理体制は、基本的に、それが平和利用である限り各国家の自由管理に任されており、福島第1原発事故のような異常事態の際には、IAEAによる管理体制が関与する。また、原子力エネルギーの平和利用の中で、核分裂反応熱を利用する原発は、使用済み燃料から核兵器製造に不可欠なプルトニウムを生成するため、各国家による国内管理体制に加えて、国際的な管理体制であるIAEAが使用済み燃料を管理してきた。

他方、核兵器の製造に関わる軍事的事項については、NPT体制によって厳しく管理されており、核疑惑国という指摘がなされた場合、IAEAの保障措置制度に基づく査察を受け入れる義務がある。日本は、NPTの締約国になり核兵器を製造しない意図を明確にして、これまでに見たような国内管理体制の下で、原子力エネルギーの平和利用を促進してきた。しかし、ウラン濃縮や使用済み燃料の再処理能力は、核兵器用核分裂生成物質を生産する能力と表裏一体である。濃縮・再処理能力の高い日本は、核兵器製造の潜在能力があるとみなされているため、IAEAは、核兵器製造疑惑がないことを確

認する目的で査察を繰り返し行っている。

　北朝鮮やイランに見られるいわゆる核疑惑など、国際的な核不拡散体制の問題が表面化し、機微な物質や技術の国際共同保有管理、放射性廃棄物管理の国際協力の推進などが議論されてきたが、独立国家の主権侵害、立場の相違による利害対立などの理由で、国際協力は進展していない。アメリカのブッシュ政権は、2006年2月、世界の原子力発電と核不拡散の両立を図る目的で、アメリカを中心に原子力エネルギー利用先進国が共同事業体（コンソーシアム）を設け、濃縮・再処理技術の獲得を放棄した国に対し、原子炉用燃料を供給し、使用済み燃料を引き取るという国際原子力パートナーシップ（GNEP）構想を発表した。この構想はオバマ政権にも引き継がれた。高まる電力需要に対応するため、石油燃料への依存度を低減し、地球的規模の温暖化ガス排出の削減を目的とするものであったが、この構想の今後の動向は明確ではない。

　こうした流れがあるものの、福島第1原発事故は、チェルノブイリ原発事故ともスリーマイル島原発事故とも異なり、津波による電源喪失から生じた特殊なものであった。唯一の戦争被爆国である日本では、見えない放射性物質に対する恐怖から、原子力発電に対する否定的な主張すなわち反原発の主張が力を得ている。しかし、日本の原発技術は世界でもトップクラスにあり、将来的な電力エネルギー需要がますます増加することを考慮すると、技術開発を推進して安全な原発技術を獲得することも議論される必要があろう。

第4章 核拡散のメカニズムと「第2次核時代」―「恐怖の核時代」の再来―

1 核兵器不拡散条約（NPT）非批准国・北朝鮮などの核開発

　北朝鮮は、現在も深刻な経済的困難に直面し、食料などを国際社会の支援に依存しているにもかかわらず、軍事面に資源を重点的に配分し、特に核ミサイルの強化に集中的に取り組み、その開発が進むにつれて、日本や米国などに対し挑発的言動を繰り返すようになっている。

　米シンクタンクの科学国際安全保障研究所（ISIS）は2017年4月公表の報告で、北朝鮮にあるとみられる核物質の量に基づき、同国が最大30個の核兵器を保有している可能性があると推定した。他方、スウェーデンのストックホルム国際平和研究所（SIPRI）は2017年7月、世界の核軍備に関する最新報告書を発表し、北朝鮮が2017年1月時点で推定10〜20発の核弾頭を保有しているとの分析結果を明らかにした。

　これらの報告から、現在、北朝鮮は、概ね10〜30発の核兵器を保有しているとみられ、「2018年前半には、（小型化された）核弾頭を載せたICBMを取得する可能性が高い」と米国防情報局（DIA）は指摘している。（カッコ内は筆者）

　日本政府も北朝鮮の核兵器について、17年版防衛白書で「小型化・弾頭化

の実現に至っている可能性が考えられる」と分析している。

　北朝鮮とともに、1970年に発効した核兵器不拡散条約（NPT）の批准を拒否しているイスラエル、インド、パキスタンはすでに核兵器を保有している。また、イランは、核合意に盛り込まれていない弾道ミサイル開発を推進し、核開発につながる活動を続けており、米、露、英、仏、中の「核兵器国」5か国以外への核兵器の拡散防止を目指したNPT体制は、事実上形骸化するに至っている。

　北朝鮮は、イラクやリビアでの体制崩壊や2017年4月の米軍によるシリア攻撃は、核兵器を保有しなかったために引き起こされた事態であるとの認識を示している。そして、北朝鮮の核開発の目的は、米国の核戦力を中心とした軍事的脅威に対する抑止力だと訴えた上で「究極の目標は米国とのパワーバランスの確立だ」と主張しており、その主張の裏側に、核が世界中に拡散するメカニズムの理由が隠されていると見ることが出来るのではなかろうか。

　改めて、米国戦略国際問題研究所（CSIS）のクラーク・マードックの論述を引用すると、2030年頃には核保有国が9～11か国となり、2050年までにそれ以上から18か国未満に拡大する。地域的には、中東圏、北東アジア、欧州での拡散が顕著となり、核兵器の応用的使用としての「核によるHEMP攻撃」の危険性が増大する。

　ではなぜ、このような核の拡散と核使用の蓋然性が高まるのであろうか？まず、そのメカニズムを探ることから始めることにする。

2　核拡散のメカニズム

　米国の核政策・戦略と国際社会の核開発の動きについては、第2章で詳しく述べたが、米国は、ソ連との間で核の均衡が成立し、「損害限定戦略」と対をなす「相互確証破壊戦略（MAD）」に移行した1980年代から通常戦力の

優越獲得に力を入れ始めた。それが、第2次相殺戦略（Second Offset Strategy）といわれるものであり、折しも、IT革命を基盤として進展していた軍事革命（RMA）が、その動きを加速した。

米国の相殺戦略は、「米国の優位な技術分野を更に質的に発展させることにより、ライバルの量的な優位性を相殺しようとする戦略」である。

第1次相殺戦略（First Offset Strategy）は、冷戦初期に、アイゼンハワー政権下で対ソ「核戦略の優越」を求めた核による大量報復戦略であり、「ニュールック」戦略と呼ばれた。前述の「通常戦力の優越」を目指した第2次相殺戦略では、特に、ステルス爆撃機（F-117、B-2）、精密攻撃兵器、改善型C4ISRなどが優位分野として強調された。

冷戦後世界の劇的な変化に対応するため、「戦略上の具体的必要性から積み上げた通常戦力の包括的な見直し作業」となった「ボトムアップ・レビュー（BUR）」（1993年発表）では、ソ連との全面核戦争から地域大国が引き起こす大規模地域紛争への対処が焦点となった。そして、同時に発生する二つの大規模な地域紛争への対処態勢（同時二正面戦略）が採られることになった。

それに前後する湾岸戦争（1991年）とコソボ紛争（1999年）などでBUR周辺の戦い方の有効性が実証されたことで、ポスト冷戦時代の戦略原点として、以降、その基本的考え方が踏襲されてきた。

ロシアや中国にとって、湾岸戦争などにおける米軍の長距離・即応展開能力や精密かつ組織的・圧倒的な火力発揮は驚嘆すべき所となった。また、中国は、コソボ紛争において、在旧ユーゴスラビア中国大使館の地下6階にあった通信指令センターが、米軍最新鋭のステルス戦略爆撃機B-2から発射された地下貫通弾JDAMによって一瞬のうちに破壊され、機能喪失に陥ったことに恐れ慄いたと伝えられている。

核戦略については、第2章で詳しく触れたが、ソ連崩壊と冷戦終結にともない、「ロシアはもはや米国の敵ではない」が、一方で大量破壊兵器や弾道

ミサイルが拡散する中で、ならず者国家や国際テロリスト集団などの多様な敵や事態が出現する可能性があり、核戦力による抑止は必ずしも有効でないとの認識が米国では広まった。その結果、配備核弾頭と運搬手段を削減して必要最低限の水準の核戦力を維持しつつ、攻撃核戦力への依存度を低下させ、通常戦力と防衛システム（ミサイル防衛（BMD）など）を含めた抑止力の強化が必要であるとされた。つまり、第2次相殺戦略以降の通常戦力強化の流れは、核戦力の役割の変化や核戦力レベルの低減とのトレイド・オフとしての役割を担わせる面からも後押されたのである。

　この結果、米国は、通常戦力において、圧倒的な優越性を保持することになったが、その優越性が核の拡散を助長するジレンマを引き起こすのである。すなわち、中露を除けば、現状において通常戦力の分野における米国の圧倒的優越性に対抗できる国はなく、その反動として、米国の通常戦力に対抗し、それを相殺する「最後の切札」としての核戦力の価値と有用性を高めたのである。そして、比較的安価かつ容易に開発でき、決定的な破壊（損害付与）力を持ち、政治的恫喝手段としての役割も果たす核兵器の開発が促進され、米国の核戦力削減の方向性に逆らうかのように、さらなる核の拡散を引き起こすという負のスパイラルに陥っているのである。

　米国と敵対的関係にある北朝鮮、イラン、シリアなどでは、優越した米国の通常戦力に対抗し、相殺する手段としての核兵器の保有が促され、核兵器以外に有効な対抗手段を持たない現実がその使用の敷居を下げ、核戦争へのエスカレーションの蓋然性を高めると見られるのである。

　しかし、核の連鎖はこれで止まる訳ではない。北朝鮮、イラン、シリアなどと対立し合う韓国・日本やサウジアラビアなどの脅威対象国には、相手が核武装すれば、こちらも同じように核武装で対抗しようとする動きが強まるのは当然の流れであり、このような作用反作用が、さらに核拡散を助長するメカニズムを生むのである。

　他方、世界の核大国は、米国、ロシアおよび中国の3か国である。米国を

最大の脅威対象国（主敵）とするロシアおよび中国は、対米「相互確証破壊戦略」の信頼度を高めるため、戦略核戦力の増強・近代化を推進している。そして、戦略核使用の敷居を超えない限度、つまり米国との戦略核戦争を回避できる限度を見極めながら、自国の勢力圏・影響圏と考える周辺地域において戦域・戦術核戦力による恫喝・限定使用の機会を慎重に探ることになる。これに対して、両核・軍事大国に圧倒され地政戦略的影響を受けるウクライナや日本、台湾などの周辺諸国に、その核脅威に対抗して核武装で備えようとする動きが強まるのは、前述と同じメカニズムの働きによる。

　これが、今後、核の拡散と使用の蓋然性を増大させ、「核の恐怖時代」が再来する核拡散のメカニズムであり、本論の基本認識とする所である。

　つまり、日本の立場に置き換えると、国際社会では核拡散が一段と加速され、それにつれて世界に約60か国の同盟国を持つといわれる米国の日本に対する拡大抑止の提供の度合い、つまりその信頼性が低下するのは避けられない。したがって、わが国には独自でBMD能力の強化など核抑止力の強化の要求が強まり、迅速な対応を迫られるのが必然の情勢となっている、と指摘したいのである。

3　核保有国等の現状と核開発に進む可能性のある国々―「第2次核時代」へ―

　次頁の図「核保有国等の状況」が示す通り、現在の核保有国は、核兵器不拡散条約（NPT）で「核兵器国」の地位を認知された米国、ロシア、中国、イギリス、フランスの5大国とNPT非批准国で核を保有するインド、パキスタン、北朝鮮、イスラエルの4か国の合わせて9か国である。イスラエルは、核保有に関し公式に肯定も否定もしない政策を採っているが、核保有国と見られている。

核保有国等の状況

核保有国（9）	
NPT 批准国	アメリカ、ロシア、イギリス、フランス、中国（5）
NPT 非批准国	インド、パキスタン、北朝鮮、イスラエル（4）
NATO 内の核共有国（4）	
ドイツ、イタリア、オランダ、ベルギー ＜備考＞過去の核共有国：カナダ、ギリシャ、トルコ（3）	
WTO 内の過去の核保有国（3）	
ウクライナ、ベラルーシ、カザフスタン	
過去の核開発国（10）	
日本、ドイツ（ナチス・ドイツ）、中華民国（台湾）、大韓民国、イラク、スイス、スウェーデン、ブラジル、アルゼンチン、リビア	
核開発の疑いが濃厚な国（3）	
イラン、シリア、ミャンマー	
今後核開発に進む可能性のある国	
「核開発の疑いが濃厚な国」をはじめ、「過去の核兵器保有国」、「過去の核兵器開発国」および現在、「原子力発電所保有国」、「原子力発電所計画中の国」など核開発の潜在能力を持ち、地政戦略的原因のある国の動向に注目が必要。特に、イラン、サウジアラビア、シリア、エジプト、トルコ、ウクライナ、韓国など	

（筆者作成）

　NATO の「核共有協定」に基づき米国の核兵器を備蓄・配備している国が、ドイツ、イタリア、オランダ、ベルギーの4か国であり、カナダ、ギリシャ、トルコの3か国もかつて同協定に加盟していた時期があった。

　一方、ワルシャワ条約機構（WTO）側では、当時ソ連の一部であったウクライナ、ベラルーシ、カザフスタンの3か国が核保有国であったが、独立後、核兵器をロシアに移管し、非核兵器国として NPT に加入した。

　過去に核兵器開発を推進した国は、戦前の日本をはじめ、韓国、台湾など10か国に及ぶ。韓国は北朝鮮・中国との対立で、1970年代に開発の動きがあったが朴大統領暗殺事件や米国等の牽制で頓挫した。しかし現在、北朝鮮の核ミサイルの脅威が切迫していることから、再び核武装論議が喧しくなっ

ている。また、中華民国（台湾）は中華人民共和国（中国）との対立で核開発直前まで進んだがCIAの工作で頓挫したといわれている。

　今日、核開発の疑いが濃厚な国として、イラン、シリア、ミャンマーの3か国の動きに注目が集まっている。イランは、2006年に核開発を正式に認め、その後、ウラン濃縮用遠心分離機をテストするなどの動きを強めたが、2015年、米、イランなどの6か国協議において核開発制限で合意した。しかし、その後も、核開発を続けている実態が指摘されている。シリアは、北朝鮮の技術支援でプルトニウム関連施設を建設したが、2007年のイスラエルによる空爆で破壊された。ミャンマーは、北朝鮮の協力で極秘裏に核施設を建設中との情報が伝えられているが、詳細は不明である。

　以上に加え、潜在的な核開発能力を有する国として、原子力発電所や商業濃縮施設・再処理施設を保有する国が挙げられる。なぜならば、原子力発電開発には国家戦略上の含蓄があり、平和利用の発電だけに止まらず常に軍事転用の可能性を秘めていると見られるからである。

　資源エネルギー庁の「世界における原子力発電の位置づけ」（平成25年8月）によると、31か国が潜在的核開発能力国に該当する。さらに同庁の「エネルギー白書2009・2010」によると、2030年までの世界の原子力発電所の設備容量は約30〜100％増加するとされ、特に東・南アジア、中東、東欧地域での大きな伸びが予測される。（次図参照）

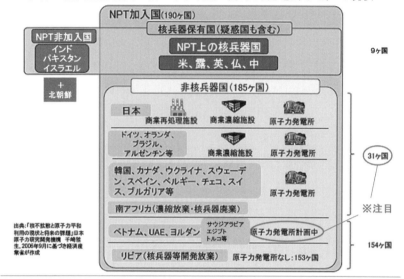

(出典)「世界における原子力発電の位置づけ」(資源エネルギー庁、平成25年8月)から抜粋・補正

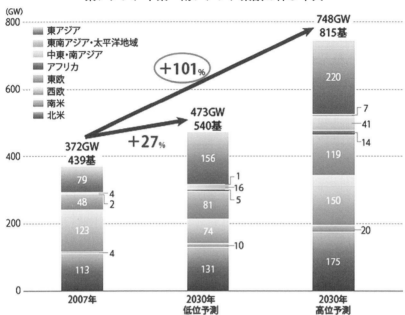

出典：資源エネルギー庁「エネルギー白書2008」

　このように、今後核開発に進む可能性のある国は、「核開発の疑いが濃厚な国」をはじめとして、「過去の核兵器保有国」、「過去の核兵器開発国」および現在の「原子力発電所保有国」、「原子力発電所計画中の国」など核開発の潜在能力を持ち、米露中などとの地政戦略的な対立要因をもつ国が挙げられる。中でも、イラン、サウジアラビア、シリア、エジプト、トルコ、ウクライナ、韓国あるいは南北統一後の朝鮮半島などの動向には、特に注目して行く必要があろう。

　以上、核開発に進む可能性のある国々を列挙したが、核拡散のメカニズムが作用して、冷戦後の世界は「第2次核時代」、すなわち「核の恐怖時代」に突入した。

　その中で日本は、核実験やミサイル発射を繰り返す北朝鮮によって「重大

かつ差し迫った脅威」に曝されている。

　また、米露に次ぐ核大国の中国は、その軍事力を背景として、すでに半世紀以上にわたって東シナ海・南シナ海への強引な海洋侵出による「力による現状変更」を続けており、わが国は戦後最大の安全保障上の危機に直面しているのである。

第5章 | 日本の核政策

1 歴代日本政府の核政策

（1）日本の憲法解釈と日米安保体制

　米国から核攻撃を受けた戦争被爆国日本がなぜ戦後米国の拡大抑止に依存することを決心するに至ったのであろうか。日本の憲法第9条は、戦争放棄、戦力不保持と交戦権の否認を謳っている。しかし、昭和55（1980）年12月の日本政府の政府答弁書では、「憲法第9条第1項は、独立国に固有の自衛権までも否定する趣旨のものではなく、自衛のための必要最小限度の武力を行使することは認められている」と表明している。

　ただし、昭和47（1972）年11月の国会で田中角栄首相は、大陸間弾道ミサイル、長距離戦略爆撃機等のように、「性能上専ら他国の国土を壊滅的に破壊するためにのみ用いられる攻撃的兵器」は保持しないと答弁している。

　昭和53（1978）年3月11日の参議院予算委員会において真田法制局長官が答弁した、「核兵器の保有に関する憲法第9条の解釈について」という文書では、「政府は、従来から、自衛のための必要最小限度を超えない実力を保持することは憲法第9条第2項によって禁止されておらず、したがって、右の限界の範囲内にとどまるものである限り、核兵器であると通常兵器であるとを問わず、これを保有することは同項の禁ずるところではないとの解釈を

135

とっている」。また「これ以外の見解はとり得ない」と明言している。

　ただし、「憲法上その保有を禁じられていないものを含め、一切の核兵器について、政府は、政策として非核三原則によりこれを保有しないこととしており、また、法律上および条約上においても、原子力基本法および核兵器不拡散条約（NPT）の規定によりその保有が禁止されているところであるが、これらのことと核兵器の保有に関する憲法第9条の法的解釈とは全くの別問題である」（カッコは筆者）とも付言している。

　もともと政府見解によれば、核兵器の保有そのものは、自衛のために必要最小限である限り、憲法で禁じられているものではない。しかし政策として非核三原則をとり、原子力基本法とNPTの規定により保有が禁じられているとの解釈である。結局、核兵器の保有は禁止したことになるが、その最初の契機となったのが佐藤内閣当時の非核三原則政策である。

　冷戦間、歴代の総理大臣を含め日本政府の一部の高官は、時折、日本が独自の核兵器能力を持つことを支持するとの見解を示唆していた。しかし日本独自の核兵器保有への動きは、日本国内の民意と安全保障上の同盟国である米国からの圧力により封じられてきた。その結果日本政府は、戦災からの復興と経済の再建のために、非核政策を維持することを何度も公式に声明してきた。

　昭和26（1951）年に締結された「日本国とアメリカ合衆国との間の安全保障条約」（「旧日米安保条約」）の第1条では、駐留軍は「極東における国際の平和と安全の維持に寄与し、並びに、一または二以上の外部の国による教唆または干渉によって引き起こされた日本国における大規模の内乱および騒じょうを鎮圧するため日本国政府の明示の要請に応じて与えられる援助を含めて、外部からの武力攻撃に対する日本国の安全に寄与するために使用することができる」と規定されていた。この規定では、駐留軍は日本国政府の要請なしでも、日本国内での内乱などを鎮圧するために使用できることになり、占領状態の継続ともいえる規定が残っていた。

136

しかし、当時の日本は、「固有の自衛権を行使する有効な手段をもたない」ことから、駐留軍が「日本国の安全に寄与するために使用」されることとなっていた。わが国は、内乱、騒じょうの鎮圧を含む、自衛権の行使すら駐留軍に依存しなければならなかったのである。

昭和30（1955）年12月には国会で「原子力基本法」が通過し、その中の第２条では、基本方針として、「原子力の研究、開発および利用は、平和の目的に限り、安全の確保を旨として、民主的な運営の下に、自主的にこれを行うものとし、その成果を公開し、進んで国際協力に資するものとする」とされている。そのため、必要に応じて査察も随時受け入れる意思を明記し、日本の原子力開発は平和目的に限ることが明確にされている。

（２）佐藤内閣までの日本政府の核政策

昭和32（1957）年、当時の岸信介首相は、旧日米安保条約を改正し、米国による日本防衛の不明確さを解消することを試みた。しかし日米安保条約の改正案を国会に提出したところ、大規模な反対運動が起こり、岸内閣は諦めざるを得なかった。ようやく昭和35年（1960）年に安保条約は改正された。

岸内閣のもとで改定された「日本国とアメリカ合衆国との間の相互協力および安全保障条約」（日米安保条約）の第５条では、「各条約国は、日本国の施政の下にある領域における、いずれか一方に対する武力攻撃が、自国の平和および安全を危うくするものであることを認め、自国の憲法上の規定および手続きに従って共通の危険に対処するように行動することを宣言する」と規定されている。旧日米安保条約にあった内乱条項はなくなった。また、この条文に従えば、米国は、日本に対する核の使用を含むあらゆる武力攻撃に対して、日本を防衛することを義務付けられていることになる。当時の多くの日本人の指導層は、そのように確信して経済再建に専念した。

次の池田隼人首相は経済問題に専念したが、昭和39年（1964）年11月に首相に就任した佐藤栄作は、もっとも熱心に日本独自の核能力開発を追求した。

佐藤首相就任の1か月前に中国は最初の核実験を行っていた。日本人は米中の核戦争に巻き込まれることを懸念した。その後も引き続き中国が核実験を行ったため、中曽根康弘や石原慎太郎などの一部の日本の指導者たちは、日本の核自制政策を見直すよう要求するようになった。

米国は当時ベトナム戦争の全面拡大に直面し、中国では文化大革命が起こっていたことから、米中関係の悪化が懸念された。特に一部の日本人にとっては、中国が、朝鮮半島、台湾海峡、ベトナム戦争の拡大などの危機に際して、新たに手に入れた核能力を使い日本を「核の人質」にするのではないかと恐れた。

昭和40年（1965）年1月、佐藤首相はジョンソン米大統領と個人的に会い、もしも中国が核兵器を持ったのであれば、日本もそれを持つべきであると主張し、ジョンソン政権に衝撃を与えた。さらに、佐藤首相は、今のところ日本の世論は核保有を許さないであろうが、公衆、とりわけより若い世代は「教育されうる」と信じていると述べた。

このように、佐藤首相自身をはじめ主要政治家の間では、日本は最終的に核兵器を保有せざるを得ないとの議論が展開されていた。特に推進者の間で言われていたのは、戦術核兵器であれば防御的であると定義でき、憲法のもとでも許されるとの考え方である。例えば、中曽根康弘は、防御的な核兵器について、出力の小さい戦術的な核兵器は純粋に防御的なものであり、憲法に反することなく、保有することは法的に可能であると述べている。

このような動きに対してジョンソン政権は危惧を強め、日本にNPTに署名させることを最優先課題とすることにした。NPTは、核兵器国を米、ソ、英、仏、中の5か国に固定化するとともにその他の国を非核国と規定したものである。同条約は、核兵器国に核軍縮の責務を負わせる半面、非核国には核エネルギー平和利用の権利を認めていたが、核兵器の拡散を認めないとする不平等条約であった。つまり、これに日本が署名することは、日本が非核国として核兵器国の拡大抑止に依存することを、条約上義務付けられること

を意味した。この NPT に署名するか否か、署名するとすればどのような条件を付けるかが日本の指導層に問われたのである。

2　非核化政策の選択

（1）「非核三原則」の宣言

日米間では、当時沖縄返還が課題となっていたが、最大の問題は沖縄にある米軍の、中国、北朝鮮、ベトナムに向けられた核兵器の撤去問題であった。日本の世論は「核アレルギー」をもっており、沖縄への核兵器の残置を容認しないとみられた。そこで佐藤首相は、米国の不満を和らげるため、ジョンソン政権に対して、そのベトナム政策を支援し、あるいは原子力空母の日本の港湾でのドック入りを認めるなどの融和策をとった。その一方で、佐藤首相は、日本の世論の懸念に応え核兵器を日本の領域に残さないことを保証するため、昭和42（1967）年12月に「非核三原則」を国会で宣言した。この原則は法律ではないが、今日に至るまで日本の核政策の基本となっている。

しかし、若泉敬著『他策ナカリシヲ信ゼムト欲ス』（文藝春秋、1994年）によれば、佐藤首相自身は、この原則は余りにも日本の核政策を拘束しすぎると考えていた。そこで佐藤首相は昭和43（1968）年2月6日の衆議院予算委員会で、非核政策を明確にするための「核政策の4つの柱」について言及している。

それらの政策とは、①核エネルギーの平和利用の促進、②世界的な核軍縮に向けた努力、③昭和35（1960）年の日米安保条約に基づく米国の拡大抑止への依存、④日本の国家安全保障が他の三つの政策によって保証される環境の下での、非核三原則の堅持である。この際、④非核三原則の堅持が、③米国の拡大抑止に依存することを前提条件としていることに着目しなければならない。もしも米国の拡大抑止の信頼性が低下し、それに依存することが日

本の安全保障上適切ではないと判断される状況になれば、非核三原則は見直されるべきことを意味するからである。

　佐藤首相と自民党の幹部は、非核三原則を他の政策と結びつけることにより、地域内での深刻な核拡散、あるいは米国の拡大抑止の「機能不全」など、状況上やむを得なくなれば、日本が核開発をする余地を残そうとした。その直後に佐藤首相は、日本の核化についての研究を命じ、内部報告としてまとめられ、平成6（1994）年になり公表されている。研究の目的は、日本の核化に伴うコストと効果の見積を行うことであった。

　報告内容によれば、日本の核開発の経済的技術的問題は、時間をかけ技術を進歩させれば克服できるとみられたが、指導者に最大の衝撃を与えたのは、政治的および安全保障上の問題であった。

　第1に、米国の拡大抑止力は、仮に中国が米国を攻撃できる大陸間弾道ミサイルを保有したとしても、極東の日本、韓国を中国の侵略から守るには十分であると結論付けている。

　第2に、日本が仮に小規模な核戦力を保有したとしても、いかに脆弱であるかを説明している。日本は国土の2割に人口の5割が集中しているため、水爆攻撃が壊滅的な損害をもたらすことを指摘している。また核保有により、日本は同盟国からも国際社会からも孤立するとしている。同報告は、米国に対する日本の安全保障上の依存を軽減するという効果に比べて、独立的な核を保有するコストははるかに大きいと結論付けている。しかし、この報告が出た後でも、一部の日本政府高官は、この報告内容を公式には認めず、核の選択肢を完全に放棄しようとはしなかった。

　この報告と同時に、日本ではNPTに署名するかどうかについての議論が始まったが、米国は日本への拡大抑止の提供を継続するとして、日本に署名を強力に要請した。しかし、多くの日本の指導者たちは、この憲章を根本的に不公平であると感じていた。当時、下田外務副大臣は、「大国中心のこのようなアプローチには賛成できない」と記者会見で述べ、福田赳夫は「自民

140

党員は、核アレルギーを脱する必要がある」と述べている。日本は1970年に
NPT に署名したが、西独が参加した後のことであり、米国は「民生用の原
子力計画のための独立的な再処理能力を東京が追求することに対して、米国
は妨害しない」との約束をした。

　これらの記録は、佐藤首相と自民党が日本に核の選択肢を残すことを望ん
だことを示唆している。日本の指導層は NPT の不平等性を承知しつつ、し
ぶしぶ署名したが、米国に独立的な再処理能力を容認させることには成功し
た。日本は、平和目的とはいえ、核兵器国以外で再処理能力を国際的に認め
られている唯一の国となった。この対策により、日本の潜在的な核兵器生産
能力は維持され、日本は核兵器保有の潜在能力を持つことによる「能力抑
止」は可能になったといえよう。

（2）三木内閣以降の核に関する政策

　昭和50（1975）年8月、当時の三木武夫首相はフォード米大統領と会談し
た。その直後に発表された会談内容では、「米国の核抑止力は、日本の安全
に対し重要な寄与を行うものであることを認識した。これに関連して大統領
は、総理大臣に対し核兵力であれ通常兵力であれ、武力攻撃があった場合、
米国は日本を防衛するという相互協力安全保障条約（いわゆる『日米安保条
約』：著者注）に基づく誓約を守る旨確言した。総理大臣は、日本は同条約
に基づく義務を引き続き履行していく旨述べた」とされている。

　この内容について、当時外務大臣であった宮澤喜一内閣官房長官は昭和57
（1982）年8月の参議院安全保障特別委員会で以下のように答弁している。

　　　我が国に対して加えられることがあるべき攻撃に対して、仮に通常
　　兵力だけでそれを抑止するような十分な力にならないという状況であ
　　れば核兵器も使用されることもあるべしと、絶対に核兵器が使用され
　　ることがないというのであればこれは抑止力になりませんから、通常

兵器と核兵器と総合した立場で抑止力というものも考える、それはご
　くごく当然の立場ではないかというふうに思っておるわけであります。

　このことは、米国の日本に対する拡大抑止力が、通常戦力の攻撃に対して
も核を使用することも含めたものであることを明言したものである。当時の
NATOは、柔軟反応戦略に基づき「あいまい戦略」をとり、圧倒的な通常
戦力を持つソ連軍の通常戦力による侵攻に対して、それを阻止するため核兵
器を先に使用（先制使用）する可能性を排除していなかった。
　宮澤答弁は、NATOの柔軟反応戦略と同様に、ソ連および中国側の優越
した通常戦力による侵攻に対し、米国の核兵器の先制使用の可能性を残すこ
とにより抑止するとの戦略を確認し、支持することを明言したものである。
　すなわち、三木・フォード会談後の発表と宮澤答弁は、日本もNATO加
盟国と同様に、核の先制使用を含めた米国の核抑止力に依存していること、
核抑止力の提供を米側も保証していることを再確認したものであり、一種の
「宣言抑止」でもあった。
　なお宮澤答弁に続く政府委員答弁では、核使用が事前協議の対象となるか
との質問に対して、日本の施設区域からの核使用は、非核三原則がある以上
ありえないし、米軍がそれ以外の地域で核を使うことについては、核兵器が
抑止力であることからありえないとし、核使用はもともと事前協議の対象で
はないと述べている（参議院安全保障特別委員会、昭和57年8月4日、浅尾
新一郎政府委員答弁）。
　米国の核使用を日本側との事前協議の対象としないとの方針は、高度の即
応態勢におかれていた米国の戦略核報復戦力の即応性が、日本側との協議に
時間を要することにより阻害されてはならないとの判断や、米側の指揮権の
独立性維持の観点などから採られたものであろう。この方針は、戦略的な拡
大抑止力の信頼性を高めるためにも不可欠のものであった。
　また「日本の施設区域からの核使用」も「それ以外の地域で核を使うこ

142

と」もありえないとの答弁は、西独その他の一部のNATO諸国が採用した、米国の核兵器を国土に平時から持ち込み有事に米大統領の許可を得て使用するとの「核共有」はこれを採用しないことを明言したものであった。

その理由は、日本は西独と異なり四面環海のため、地続きの奇襲侵攻により短期間に国土を占領される恐れが少ない半面、日本領域に米国の核兵器を持ち込めば、狭い国土がソ連、中国の先制核攻撃を受ける恐れが高まることにあったと見られる。

このような判断が、日本の領域内に核兵器を持ち込むことも否定する「非核三原則」採用の背景にあったと推測される。しかし、この核共有の否定、核兵器の持ちこみ禁止の規定は、日本の領域とその周辺地域における局地的な核戦力のバランスを不利にするおそれもあった。この懸念は、冷戦終了以降に現実の問題になった。

大平正芳首相は、外務大臣当時の昭和38（1963）年1月に米原子力潜水艦の寄港の申し出を受け、核に対する国民感情や安全性、事故発生の際の損害補償などの問題に直面して対応に苦慮する一方、当時の社会党の強い反対姿勢を、核アレルギーを煽っていると批判している。しかし昭和53（1978）年に成立した大平内閣の下では、防衛の比重が相対的に薄められた総合安全保障政策が立案され、核問題は密約説も含め、その後の日本の安全保障上の議論から姿を消すことになる。

冷戦終結以降、日本を取り巻く安全保障環境は大きく変化している。一旦ソ連の脅威は低下したが、それに代わり中国が核兵器の近代化を急速に進め、ロシアもプーチン政権下で核戦力の増強近代化に再び力を入れている。また北朝鮮が核ミサイル開発を継続し、6回の核実験と各種弾道ミサイルの発射実験を繰り返すなど、新たな脅威が表面化してきている。

日本は今、拡大抑止の信頼性を維持するために、宣言抑止や能力抑止以外にどのような政策がとられるべきか、今後も米国による拡大抑止の信頼性は維持されるのか、もし低下するとすればその対策としてどのような選択肢を

143

採るべきかについて検討する必要に迫られている。

3　日本の非核化政策の概要

（1）日本の非核三原則政策

　日本の原子力分野における研究活動は、昭和22（1947）年1月3日の極東委員会の決定によって禁止された。しかし主権を回復した昭和29（1954）年8月に開かれた第1回原子力平和利用国際会議が契機となり、昭和30（1955）年1月1日に原子力基本法、原子力委員会設置法および総理府設置法の一部が改正法され、いわゆる原子力三法が制定施行された。ここにようやく原子力時代をスタートできるようになり、原子力基本法でわが国の原子力の研究、開発、利用は平和目的に限定する旨が明記された。

　非核三原則が日本の非核化政策として議論され始めたのは、沖縄返還時のことであった。すなわち、沖縄返還に関して在沖米軍基地の核兵器が問題となり、当時の佐藤栄作首相が昭和43（1968）年1月の衆議院本会議で言及したことがきっかけであった。衆議院本会議は、昭和46（1971）年11月24日に沖縄返還協定の可決に際して、核兵器を「持たず、作らず、持ち込ませず」の非核三原則を内容とする「非核兵器ならびに沖縄米軍基地縮小に関する決議」を採択した。その後、非核三原則は、核兵器に関する日本の基本政策とされ、政府や国会は同原則を繰り返し確認してきた。

　非核三原則の「持たず、作らず」は、日本が昭和51（1976）年にNPTを批准したため、国際法上の義務となった。また「持ち込ませず」については、日本政府は、日米安保条約の事前協議により米軍の核兵器持ち込みを拒否するという態度をとってきた。しかし事前協議の発議権はアメリカにあり、日本は疑わしい場合にも基地はもとより艦船や航空機への立ち入り検査の権限をもたないこと、およびアメリカの政策は核兵器の所在を明らかにしないこ

とであるため、「持ち込ませず」原則の実効性に対する疑念が存在する。

　また、非核三原則の下で、核を搭載した艦船が日本の領海で無害通航権を行使できるかどうかについて問題とされた。しかし、領海を12カイリと定めた昭和52（1977）年の領海法は、津軽海峡、大隅海峡、宗谷海峡、対馬海峡の東水道と西水道の５つの国際海峡の領海の幅員を当分の間３カイリに凍結することで、この問題を回避したといわれている。この規定は、平成8（1996）年の「領海および接続水域に関する法律」にも引き継がれた。

　一方、日本がアメリカの拡大抑止に依存している以上、中国、ロシア、北朝鮮の核の脅威に曝されている状況の下で、核搭載艦艇の寄港や領海通航を公式に認めて、非核三原則を少なくとも「非核二原則」にするべきである、との議論も高まっている。

（2）日本の核軍縮・軍備管理政策

　日本は唯一の戦争被爆国として、「核兵器のない世界」を実現させるべく、様々な外交努力を行っている。平成25（2013）年12月17日に公表された国家安全保障戦略は、日本の核関連政策について、以下のように謳っている。

① 　わが国は、世界で唯一の戦争被爆国として、「核兵器のない世界」の実現に向けて引き続き積極的に取り組むこと

② 　北朝鮮による核開発および弾道ミサイル開発の進展がもたらす脅威や、アジア太平洋地域における将来の核戦力バランスの動向、軍事技術の急速な進展を踏まえ、日米同盟の下での拡大抑止への信頼性維持と整合性をとりつつ、北朝鮮による核・ミサイル開発問題やイランの核問題の解決を含む軍縮・不拡散に向けた国際的取組を主導すること

③ 　武器や軍事転用可能な資機材、技術等が、懸念国家等に拡散することを防止するため、国際輸出管理レジームにおける議論への積極的な参画を含め、関係国と協調しつつ、安全保障の観点に立った輸出管理の取組を着実に実施すること

このような戦略の下で日本は、国際的な核軍縮・不拡散体制の基礎となっているのがNPTであることから、このNPT体制を維持・強化するために、現実的かつ実践的な提案を打ち出していくことを基本方針としている。そして、Ｇ７や非核兵器国12か国から成るグループ「軍縮・不拡散イニシアティブ」（NPDI）など様々な国際的枠組みを通じて、具体的貢献を行っている。

　たとえば、ジュネーブ軍縮会議（CD）における核兵器用核分裂性物質生産禁止条約（FMCT）などの新たな条約交渉の開始や、後述する国際原子力機関（IAEA）の保障措置の強化・効率化に向けて取り組んでいる。また、各種の国際輸出管理レジームや「拡散に対する安全保障構想」（PSI）、核セキュリティの強化に向けた取組にも積極的に参画している。このように日本は、核不拡散を確保しつつ原子力の平和的利用を推進していくことを基本にしており、二国間原子力協定の締結などによる原子力の平和的利用の促進など、その取組は多岐にわたっている。

　軍縮・核不拡散イニシアティブ（NPDI）は、メンバー国（日本、オーストラリア、ドイツ、オランダ、ポーランド、カナダ、メキシコ、チリ、トルコ、アラブ首長国連邦、ナイジェリア、フィリピン）の外相が参加して、現実的かつ実践的な提案を通じ、核兵器国と非核兵器国の橋渡しの役割を果たし、軍縮・不拡散分野での国際社会の取組を主導する活動である。平成27（2015）年NPT運用検討会議の際には、18本の作業文書とNPT運用検討会議の合意文書案を提出したほか、平成28（2016）年の１月および９月の北朝鮮の核実験に対して、ジュネーブ軍縮会議（CD）や国連総会第一委員会においてこれを非難する共同声明を発表している。

　また日本は、「核兵器のない世界」

日独共催の第９回NPDI外相会合（2017年９月）

（出典：http://www.mofa.go.jp/mofaj/dns/ac_d/page４_003341.htm）

の実現のためには、核兵器国と非核兵器国の協力の下で現実的かつ実践的な措置を積み上げていくことが重要との基本的立場から、平成6（1994）年以降、国連総会に毎年核兵器廃絶決議案を提出している。平成30（2018）年11月に開催された国連総会においては、同決議案が賛成160、反対4、棄権24の圧倒的多数で採択された。一方、平成29（2017）年の国連総会における核兵器禁止条約の採択で棄権票を投じたことは、本書の「はじめに」で紹介したとおりである。

このほか日本は、NPTを基礎とする核軍縮・不拡散体制を支える重要な柱であるCTBTの早期発効を重視し、未批准国への働きかけなどの外交努力を継続している。日本は、平成27（2015）年9月から平成29（2017）年9月までの2年間、発効促進共同調整国としてCTBTの早期発効に向けた取組を主導してきた。さらに、平成28（2016）年9月には、第8回CTBTフレンズ外相会合が開催され、岸田外務大臣はビショップ・オーストラリア外相と共同議長を務めた。また、同月、日本を含む42か国が共同提案国となったCTBTに関する決議（第2310号）が国連安保理において賛成多数で採択された。

米国は、平成26（2014）年12月、核軍縮検証のための方途・技術について核兵器国と非核兵器国が議論・検討する多国間のイニシアティブである「核軍縮検証のための国際パートナーシップ」（IPNDV）を立ち上げた。IPNDVの当面の目標は、核兵器のライフサイクル（核物質の生産・管理、核弾頭の製造・配備・保管、削減・解体・廃棄等）のうち、「核弾頭の解体および核弾頭解体に由来する核物質」の検証の方途・技術に焦点を当てることである。

日本は、IPNDVの趣旨に賛同し、これに参加している。その理由は、①「核兵器のない世界」を実現するためには、核兵器の検証技術・体制の確立が不可欠であること、および②従来は米露2国間の核軍縮条約の履行を確認する目的で検証が行われてきたが、将来に向けて非核兵器国も含めた多国間の検証体制構築を今から検討することは有意義であるとの認識に基づくもの

であり、平成29（2017）年6月、第3回全体会合（26か国およびEUから約100名が出席）を主催した。

　しかし米国は、トランプ政権になって、2018年2月に「核態勢見直し」（NPR 2018）を発表し、自国の核戦力のアンバランスを見直すことにした。同見直しは、露中や北朝鮮など、直面する多様で高度な核脅威に対する抑止力を高めるとともに、核の傘を含む同盟国への拡大抑止を強化するためには、「多様な核戦力を持つことで抑止に向けた柔軟性のある選択ができる」と述べている。（細部については、第2章4（3）「米国の『第3次相殺戦略』とトランプ政権下の核政策・戦略」を参照のこと）

　日本は、米国の核政策・戦略の見直しを受けて、拡大抑止の信頼性を維持するための政策が問われており、また新たな核軍縮・軍備管理政策を追求することを考慮しなければならない。

（3）原子力エネルギーの国内管理体制

　日本の原子力エネルギーは、「原子力基本法」、「核原料物質、核燃料物質および原子炉の規制に関する法律」、「原子力災害基本法」、「原子力損害の賠償に関する法律」など多くの法律により、平和的利用体制が構築され、原発事故対応の法的根拠を定めている。

　日本は、従来、プルトニウムを利用する核燃料リサイクルを確立する政策の下で、使用済み燃料の再処理能力を高め、長期的な経済性と環境面の考慮から、「もんじゅ」等の高速増殖炉の研究開発を推進してきた。「もんじゅ」は、日本原子力研究開発機構（JAEA）が運営する高速増殖炉で28万キロワットの出力を予定していた。「もんじゅ」の優れたところは、プルトニウム・ウラン混合酸化物（MOX）燃料を使い、高速の中性子で核分裂を起こし、発電しながら消費した以上の燃料のプルトニウムを産み出すため、日本の基幹エネルギー源として、その開発が大いに期待されていた。

　しかし、平成6（1994）年に初めて臨界に達したが、平成7（1995）年末

に2次主冷却系配管からのナトリウム漏洩事故が発生して以来、運転の実績は殆どない。また、平成24（2012）年に大量の機器点検漏れが発覚し、平成25（2013）年5月には原子力規制委員会が事実上の運転禁止を命令した。その後、福島原発の事故の経験もあり、JAEAは、平成29（2017）年6月に「もんじゅ」を約30年かけて廃炉にすることなどを柱とした基本計画をまとめた。この基本計画によると、立地地域や国民の理解を得つつ、廃止措置作業は安全確保を優先し、概ね30年で完了することを目指すとしている。

　平成23（2011）年に東日本大地震が発生した。政府は、発生直後に「原子力緊急事態宣言」を発し、原子力災害対策特別措置法に基づいて、菅直人首相を本部長（副本部長は海江田経済産業相）で全閣僚が本部員となる「原子力災害対策本部」を設置したが、同本部は組織的な初動処処に問題があり、被害を拡大させる結果となった。これに加えて、福島第1原発事故では、既存の原子力安全委員会および原子力安全・保安院に加えて、原子力災害対策本部、福島原子力発電所事故対策統合本部、東京電力本社、自衛隊や消防等の現場の組織、アメリカ原子力規制委員会（NRC）、国際原子力エネルギー機関（IAEA）などが対応してきたが、組織的な活動はできなかった。

　日本の原子力エネルギー政策は、東日本大地震までは基本的に、内閣府の原子力安全委員会と経済産業省の原子力安全・保安院が企画立案し、政府がこれを推進することにより実施されてきた。

　内閣府の原子力安全委員会は、原子力の研究や利用に関する行政の民主的な運営を図るため設置されていた。同委員会は、関係行政機関の原子力利用に関する①政策、②事務の調整、③経費の見積りと配分計画、④核燃料物質および原子炉の規制、⑤試験と研究の助成、⑥研究者と技術者の養成訓練、⑦資料の収集、統計の作成、調査、および⑧重要事項などの企画、審議、決定などをその任務としていた。

　経済産業省の原子力安全・保安委員会は、原子力エネルギー政策立案を目的として設立された。同安全・保安委員会は、①原子力の安全のために規制

福島第1原子力発電所事故現場

（出典：http://www.komchadluek.net/news/foreign/93749）

に関する政策、②安全確保のための核燃料物質と原子炉に関する規制、③原子力エネルギー利用に伴う障害防止に関すること、④放射性降下物による障害防止のための基本的な対策、⑤安全確保の規制に関する企画、審議、決定を行うことを任務としていた。

　しかし、平成23（2011）年の福島第1原発事故により、原子力利用における縦割り行政の弊害が露呈し、原子力利用の推進と規制という相反する機能をともに経済産業省が担う矛盾を除去することが必要になった。経済産業省の原子力安全・保安院と内閣府の原子力安全委員会の一元化が課題となった。

　一方、原子力エネルギーの規制については、平成24（2012）年9月に原子力規制委員会法が公布され、環境省の外局として発足した原子力規制庁に原子力規制委員会が設置された。同規制委員会は、内閣総理大臣が任命する委員長および4人の委員で構成され任期は5年で、原子炉や核燃料物質などの使用に関する安全規制、事故発生時の対応、緊急時迅速放射能影響予測ネットワークシステム（SPEEDI）の運用を含む環境モニタリングの司令塔機能などを一元的に担っている。

　前述したように、佐藤首相が言及した原子力エネルギーの平和利用は重要な政策課題である。原子力エネルギー問題については、これを規制するだけでなく推進する方策について検討すべきであり、早期に推進を実現するために国を挙げた一元的な体制作りと取り組みが必要である。

第6章 日本を取り巻く核の脅威

1　日本にとって脅威となりうる核兵器

　日本にとり脅威となりうる核兵器に関して、能力（射程）と意図の面から評価してみる。まず、能力の面からは、中国、ロシアの核兵器は、射程が日本に届くことから、保有する核兵器のすべてが脅威対象となりうる。北朝鮮の核兵器は、一部を除いて、射程上からはほぼすべての核兵器が対象となりうる。

　また意図の面では、中国およびロシアは対日核使用に関する意図を明らかにしていないが、保有する核兵器の一部が日本に向いていることを全面的には否定できない。また北朝鮮は、日本に対する攻撃意図を示しており、意図の面からも明らかに脅威対象である。

　中国は、新STARTやINF条約に縛られていないため、戦略、中・短距離および戦術の各核兵器を有し、核弾頭数では約270発を保有している。その内、戦略核兵器に関しては、米国に対する相互抑止の必要性を優先して配備せざるを得ないであろう。そうすると、日本に対しては中国の中距離以下の核兵器が直接の脅威となる。

　ロシアは、新STARTやINF条約に縛られており、特にINF条約により射程500km〜5,500kmの核兵器は廃絶する義務を負っている。しかしながら、

西側諸国がINF条約違反と判定している地上発射型巡航ミサイル「SSC-8」を保有しており、日本にとっての直接的な脅威となっている。ロシアの戦略核は、米国との相互抑止のための優先配備であり、日本にとっては直接的脅威となる可能性は低い。また、ロシアの戦術核は配備を解き、陸上保管となっているため、日本への即時的な脅威とはならないだろう。

　北朝鮮に関しては、基本的に米国を第一の仮想敵国にしていると思われ、開発中の戦略核（ICBM）は、米国を強く意識していると思われる。一方、中距離以下の核兵器、IRBM、MRBM、SRBMは米国本土でなく、日本および日本国内の米軍基地等を射程内に収めている。北朝鮮は、5年ほど前から、わが国をはじめ周辺国が弾道ミサイルの打撃圏内にあることなどを強調して、挑発的言動を繰り返すなど、攻撃意図を明確にしてきている。また、ICBMに関しても、わが国のBMD能力に対応するため、高角度発射により迎撃されにくくしてわが国を攻撃対象とすることも考えられる。こうした観点から、北朝鮮の核兵器は、短射程ミサイルのトクサを除き、約600〜900基のミサイルが日本にとっての脅威対象となりうる。

　ちなみに、わが国が拡大抑止を期待する米国は、ICBMを約1,800発保有しており、これらがロシア、中国、北朝鮮の保有するICBM並びにSLBMに対して抑止効果をもつこととなる。一方、中距離および準中距離の地上発射型の弾道ミサイルと巡航ミサイルは、INF条約により廃棄された。

　その後、米国は、オバマ大統領の「核兵器のない世界」の方針を受けて、各種トマホークのうち、核搭載海上発射型巡航ミサイル「トマホーク」を2010年の「核態勢見直し」（NPR 2010）で退役させた。その結果、米国には、海中発射型（TLAM-N）と空中発射型（AGM-86B）の巡航ミサイル「トマホーク」がかろうじて残された。

　こうした米国の核態勢に対して、最新のNPR 2018では、米国の抑止力強化並びに同盟国に対する拡大抑止力を強化すべきとの方針の下、必要となる核兵器やインフラ整備を行う旨が述べられている。

日本周辺諸国の主要な核搭載可能ミサイルおよび核弾頭保有数

区分		中 国	ロシア	北朝鮮	米 国
弾道ミサイル	ICBM	DF-5 A/B/C DF-31 DF-31A DF-41 52基	SS-18 SS-19 SS-25 SS-27 RS-24 324基	テポドン2 KN-08 KN-14 KN-22	ミニットマンⅢ 480基
弾道ミサイル	SLBM	JL-2 48基	SS-N-18 SS-N-23 SS-N-32 192基	KN-11	トライデント D-5 336基
弾道ミサイル	IRBM MRBM	DF-3/3A DF-4 DF-21 DF-21A/B/C DF-26 160基	INF条約に基づき廃棄	ムスダン ノドン改	INF条約に基づき廃棄
弾道ミサイル	SRBM	DF-11 DF-15 DF-16		トクサ スカッド B/C スカッド ER	
巡航ミサイル	GLCM ALCM SLCM	DH-10 CJ-10 DF-10	SSC-8（INF条約違反） SS-N-21	KN-09	・INF条約に基づき GLCM は廃棄 ・SLCM、ALCM、は維持・開発継続
核弾頭保有数		270発	4,490発	15発	4,500発

（平成29年版防衛白書等を参考に筆者作成）

2　中国

（1）核兵器計画

　中国は、核戦力および弾道ミサイル戦力の独自開発努力を、1950年代半ば頃から続けている。その戦略は、核攻撃を受けた場合に、相手国の都市などの少数の目標に対して核戦力による報復攻撃を行える能力を維持して、抑止

力を確保することであり、約270発の核弾頭を保有している。また、現在進められている軍改革において、陸海空軍と同格のロケット軍が新設されたことなどから、中国は核戦力および弾道ミサイル戦力を今後も引き続き重視していくと考えられる。

（2）ミサイル戦力

中国は、大陸間弾道ミサイル（ICBM）、潜水艦発射弾道ミサイル（SLBM）、中距離弾道ミサイル（IRBM/MRBM）、短距離弾道ミサイル（SRBM）などの各種・各射程の弾道ミサイルを保有している。このような弾道ミサイル戦力を、液体燃料推進方式から固体燃料推進方式へ更新して残存性および即応性の向上を図っているほか、射程の延伸、命中精度の向上、弾頭の機動化や多弾頭化などの性能向上の努力を行っているとみられる。また、ミサイル防衛網の突破が可能となる打撃力の獲得のため、弾道ミサイルに搭載して打ち上げる極超音速滑空兵器 WU-14の開発を急速に推進しているとみられる。この兵器は、超高速で飛翔し、ミサイルによる迎撃が困難とされている。

ICBM の主力は、これまでは固定式の液体燃料推進方式のミサイル DF-5であった。近年、中国は、固体燃料推進方式で、発射台付き車両（TEL）に搭載される移動型の DF-31およびその射程延伸型である DF-31A を配備している。加えて、DF-41として知られる新型 ICBM を開発しているとみられる。

中国のミサイルと到達範囲

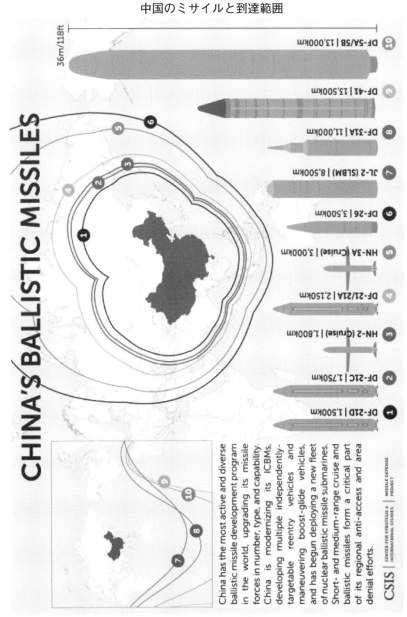

（出典：https://missilethreat.csis.org/country/china/）

SLBMに関しては、射程約8,000kmとみられているJL-2を搭載するためのジン級弾道ミサイル搭載原子力潜水艦（SSBN）が実戦配備されれば、中国の戦略核戦力は大幅に向上すると考えられる。

（出典：https://www.popsci.com/china-ballistic-missile-submarine-type-094a-ssbn）

　IRBM/MRBMについては、TELに搭載・移動して運用される固体燃料推進方式のDF-21やDF-26があり、これらのミサイルは、通常と核それぞれの弾頭を搭載することが可能である。中国はDF-21を基にした命中精度の高い通常弾頭の弾道ミサイルを保有しており、空母などの洋上の艦艇を攻撃するための対艦弾道ミサイル（ASBM）DF-21Dを配備している。また、射程がグアムにとどくDF-26は、DF-21Dを基に開発された第2世代ASBMとされており、移動目標を攻撃することもできるとみられる。

　さらに、射程1,500km以上の巡航ミサイルであるDH-10（CJ-10）、そしてDH-10を搭載できるH-6（Tu-16）爆撃機を保有している。これらは、弾道ミサイル戦力を補完し、わが国を含むアジア太平洋地域を射程に収める戦力となる。中国は、これらASBMおよび長射程の巡航ミサイルの戦力化を通じて、「A2／AD」能力の強化を目指していると考えられる。

SRBMについては、固体燃料推進方式のDF-16、DF-15およびDF-11を約1,200発保有し、台湾正面に配備しており、わが国固有の領土である尖閣諸島を含む南西諸島の一部もその射程に入っている。

一方、中国は2010年1月および2013年1月に、ミッドコース段階におけるミサイル迎撃技術の実験を行ったと発表した。今後も、弾道ミサイル防衛の開発努力を継続すると推測される。

3　ロシア

（1）核兵器計画

ロシアは、2012年のプーチン大統領の年次教書演説によると、新たな経済力・文明力・軍事力の配置を背景に、影響力のある大国になることを重視している。また、2015年改訂の「ロシア連邦国家安全保障戦略」によれば、軍事力の果たす役割を引き続き重視し、十分な水準の核抑止力とロシア連邦軍などにより戦略抑止および軍事紛争の阻止を実施するとしている。

こうした全般的な方針に基づき、ロシアは、旧ソ連より継承した核兵器を基礎にし、国際的地位の確保と米国との核戦力のバランスをとる必要があり、また通常戦力の劣勢を補う意味で核戦力を重視し、約7,000発の核弾頭を保有して核戦力部隊の即応態勢の維持に努めている。

（2）戦略核戦力

ロシアは、米国に次ぐ規模である1,765発の配備戦略核弾頭を有し、ICBM、SLBMおよび長距離爆撃機（Tu-95、Tu-160）を保有して、残存性の確保と対米パリティーを目指していると考えられる。

ロシアは、米国との間で締結した新STARTで定められた戦略核兵器の削減義務を負っており、この枠内で「装備国家綱領」に基づく核戦力の近代化

を優先させる方針に従い、引き続き新規装備の開発・導入に努めている。

2011年3月には、ICBM「SS-27」（トーポリM）の多弾頭型とみられている RS-24の部隊配備を開始している。そして、2013年1月に新型の SLBM「SS-N-32」（ブラヴァ）が搭載されるとみられるボレイ級弾道ミサイル搭載原子力潜水艦（SSBN）の1番艦「ユリー・ドルゴルキー」が北洋艦隊に、2013年12月に2番艦「アレクサンドル・ネフスキー」、2014年12月に3番艦「ウラジミル・モノマフ」がそれぞれ太平洋艦隊に編入されるなど、SSBNの建造・配備が進んでいる。

2016年10月には、オホーツク海のデルタIII級 SSBN およびバレンツ海のデルタIV級 SSBN から SLBM を、また、プレセック宇宙基地から ICBM「SS-25」（トーポリ）をそれぞれ発射する訓練を行った。プーチン大統領は、2016年12月の国防省評議会拡大会合の場で、同年には核戦力の最新装備が約6割に達したことや、翌年の重要な課題の一つとしてミサイル防衛システム（MD）を確実に突破できる戦略核戦力の強化を挙げた。また2018年3月の年次教書演説において、ロシアは MD に捕捉されない原子力推進の巡航ミサイルといった戦略兵器を開発・保有しているとし、ロシアの最新兵器で MD は無意味になると強調した。

日本を取り巻く核の脅威

ロシアの地上発射ミサイル

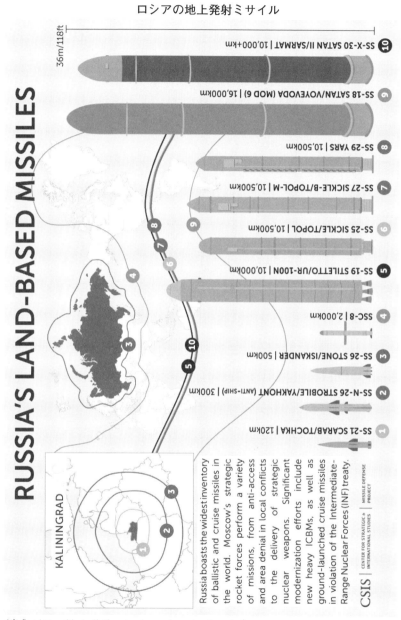

(出典：https://missilethreat.csis.org/country/russia/)

（3）中・短距離核戦力および戦術核戦力

ロシアは、射程500km 以上、5,500km 以下の地上発射型短距離および中距離ミサイルを米国との中距離核戦力（INF）条約に基づき1991年までに廃棄し、翌年に艦艇配備の戦術核も各艦隊から撤去して陸上に保管したが、その他の多岐にわたる核戦力を依然として保有している。こうした中、2014年7月、米国政府は、ロシアが INF 条約に違反する地上発射型巡航ミサイル（GLCM）「SSC-8」を保有している旨の結論を下し、ロシア政府に対し INF 条約違反であるとの宣言を行い、以来条約を遵守するようロシア側に圧力をかけ続けている。しかしながら、ロシア側は否定している。NATO は、このロシアの態度に対して、2017年12月、INF 条約の完全遵守をロシアに要求するとの採択を行った。

米国の2018年「核態勢見直し」（NPR 2018）によると、ロシアは米国による呼び掛けを拒絶し、INF 条約違反をしてでも、非戦略レベルの核兵器の近代化を進めつつ、核戦力への依存を強めていると述べている。

日本を取り巻く核の脅威

SSC-8　GLCM

（出典：https://www.popularmechanics.com/military/weapons/
　　　news/a25215/russia-reportedly-deploys-treaty-busting-missiles/）

4　北朝鮮

（1）核兵器計画の現状

　北朝鮮の核兵器計画の現状は、北朝鮮が極めて閉鎖的な体制をとっていることもあり、その詳細について不明な点が多い。しかしながら、過去の核開発の状況が解明されていないことや、これまで既に6回の核実験（2017年9月時点）を行ったことなどを踏まえれば、必要なデータの収集を行うなど核兵器計画が相当に進んでいるとみられる。

　核兵器の原料となり得る核分裂性物質であるプルトニウムについて、北朝鮮はこれまで製造・抽出を複数回行ったと発表している。2009年6月には、

新たに抽出されるプルトニウムの全量を兵器化すると表明した。北朝鮮は、2007年9月の第6回六者会合で無能力化が合意された原子炉を含む、寧辺のすべての核施設を再整備、再稼働する方針を2013年4月に表明した。2015年9月、原子炉およびウラン濃縮工場を始めとする寧辺のすべての核施設を再整備し、正常稼働を始めていると言明している。当該原子炉の再稼働は、1年あたり核爆弾約40〜60発分のプルトニウムを製造できる能力を有するとの指摘もあり、北朝鮮によるプルトニウム製造・抽出の能力が向上しているとみられる。

また、同じく核兵器の原料となりうる高濃縮ウランについては、北朝鮮は2009年6月にウラン濃縮活動に着手したと宣言した。さらに北朝鮮は、2010年11月に訪朝した米国人の核専門家に対してウラン濃縮施設を公開した。その後、数千基規模の遠心分離機を備えたウラン濃縮工場の稼動に言及した。このウラン濃縮工場は、2013年8月に施設拡張が指摘されており、濃縮能力を更に高めている可能性もある。こうしたウラン濃縮に関する北朝鮮の一連の動きから、北朝鮮は、プルトニウムに加えて、高濃縮ウランを用いた核兵器開発を推進しているとみられる。

北朝鮮は、さらに、核兵器を弾道ミサイルに搭載するための小型化・弾頭化を追求しているものとみられる。2016年3月には、金正恩党委員長が核兵器技術者らと面会し、小型化された核弾頭と主張する物体を視察する様子を公表したほか、2017年9月の6回目の核実験について、北朝鮮は、重大発表と称して「ICMB搭載用の水爆実験に完全に成功した」と発表した。核兵器を弾道ミサイルに搭載するための小型化には相当の技術力が必要とされているが、米国、旧ソ連、英国、フランス、中国が1960年代までにこうした技術力を獲得したとみられることや過去6回の核実験を通じた技術的成熟が見込まれることなどを踏まえれば、北朝鮮が核兵器の小型化・弾頭化の実現に至っている可能性がある。しかしながら、弾頭部の大気圏への再突入技術は未完成のようで、核兵器としての完成には至っていないと判断される。

ストックホルム国際平和研究所（SIPRI）の2017年「軍縮年鑑」によると、北朝鮮の保有する核弾頭数は10発～20発とのことである。

（2）弾道ミサイルの開発

北朝鮮の弾道ミサイルは、大量破壊兵器同様その詳細については不明な点が多い。しかしながら、北朝鮮は、軍事能力強化の観点に加え、政治外交的観点や外貨獲得の観点などからも、弾道ミサイル開発に高い優先度を与えているとみられる。北朝鮮が保有・開発しているとみられる弾道ミサイルは次のとおりである。

①トクサ

トクサは、射程約120km の単段式短距離弾道ミサイルで、発射台付き車両（TEL）に搭載され移動して運用される。北朝鮮が保有・開発している弾道ミサイルとしては初めて固体燃料推進方式を採用したとみられる。

②スカッド

スカッドは単段式の液体燃料推進方式の弾道ミサイルで、TEL に搭載され移動して運用される。

スカッド B は、射程約300km、スカッド C はスカッド B の射程を延長した射程約500km とみられる短距離弾道ミサイルで、北朝鮮はこれらを生産・配備するとともに、中東諸国などへ輸出してきたとみられている。

スカッド ER（Extended Range）は、スカッドの胴体部分の延長や弾頭重量の軽量化などにより射程を延長した弾道ミサイルで、射程は約1,000km に達するとみられており、わが国の一部がその射程内に入る。

③ノドン

ノドンは、単段式の液体燃料推進方式の弾道ミサイルで、TEL に搭載され移動して運用される。射程約1,300km に達するとみられており、わが国のほぼ全域がその射程内に入る。

ノドンの弾頭部の改良により精度の向上を図ったタイプ（弾頭重量の軽量化により射程は約1,500kmに達するとみられる）は、2016年7月19日のスカッド1発およびノドン2発の発射翌日に北朝鮮が発表した画像で、同タイプの弾道ミサイルの発射が初めて確認された。

④ムスダン

ムスダンは、北朝鮮が現在開発中のIRBMで、射程約2,500〜4,000kmに達するとの指摘があり、わが国全域に加え、グアムがその射程に入る可能性がある。スカッドやノドンと同様に、液体燃料推進方式で、TELに搭載され移動して運用される。ムスダンは、北朝鮮が1990年代初期に入手した旧ソ連製SLBM（SS-N-6）を改良したものであると指摘されている。

2016年6月、北朝鮮東岸の元山（ウォンサン）付近から発射されたムスダンと推定されるIRBMが1,000kmを超える高度に達した上で、約400km飛翔し、日本海に落下した。この時の高角度での発射を、通常軌道の発射に換算すると、ムスダンの約2,500〜4,000kmという射程に合致する。ムスダンは、2016年6月の発射を通じて、IRBMとしての一定の技術的進展を得た可能性がある一方、その後の発射は失敗したとみられ、実用化に向けた課題が未だ残されている可能性（2018年2月時点）もある。

日本を取り巻く核の脅威

北朝鮮が保有・開発する弾道ミサイル

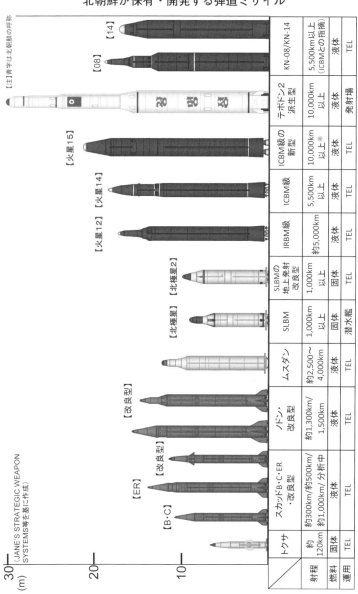

(出典：防衛省 HP
http://www.mod.go.jp/j/approach/surround/pdf/dprk_bm_20180608.pdf)

北朝鮮の弾道ミサイルの射程

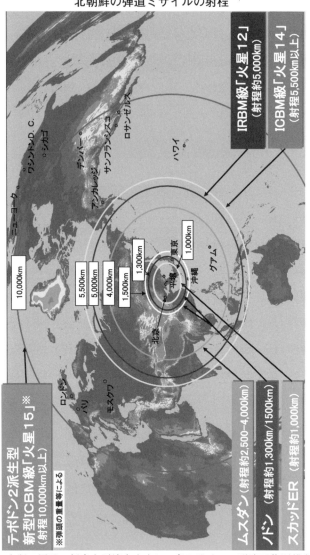

（注1）上記の図は、便宜上平壌を中心に、各ミサイルの到達可能距離を概略のイメージとして示したもの
（注2）「」は北朝鮮の呼称
（出典：防衛省HP
http://www.mod.go.jp/j/approach/surround/pdf/dprk_bm_20180608.pdf）

⑤ SLBM

　北朝鮮は、2015年5月に、北朝鮮メディアを通じてSLBMの試験発射に成功したと発表して以降、これまでに4回、SLBMの発射を公表している。これまで北朝鮮が公表した画像および映像から判断すると、空中にミサイルを射出した後に点火する、いわゆる「コールド・ローンチシステム」の運用に成功している可能性がある。また、2016年4月および同年8月に発射したミサイルから噴出する炎の形および煙の色などから、固体燃料推進方式が採用されているとみられる。

　これまで、SLBMと推定される弾道ミサイルとして、わが国に向けた飛翔が確認されたのは、2016年8月24日に北朝鮮東岸の新浦（シンポ）付近から発射された1発で、発射されたSLBMは約500km飛翔した。この時の高角度の発射を、通常軌道の発射に換算すると、射程は1,000kmを超えると見込まれる。

⑥新型弾道ミサイル

　2017年に入ってから、北朝鮮は、上記のものとは異なる種類の、新型とみられる弾道ミサイルを4種類発射している。

　一つ目は、SLBMを地上発射型に改良したとみられる新型弾道ミサイルである。2017年2月12日および5月21日に1発ずつ発射した。いずれも、約500km飛翔したものと推定されるが、どちらも、約500kmを射程とする弾道ミサイルよりもやや高い軌道で発射されたと推定され、通常軌道での発射に換算すると、射程は1,000kmを超えると見込まれる。2017年2月12日の発射翌日、北朝鮮は、発射した弾道ミサイルを「北極星2」型と呼称し、2016年8月のSLBM発射の成果に基づき地対地弾道弾として開発したと発表している。北朝鮮が発射翌日に公表した画像からは、装軌式TELから発射され、空中にミサイルを射出した後に点火する、いわゆる「コールド・ローンチシステム」により発射される様子や固体燃料推進方式のエンジンの特徴である放射状の噴煙が確認された。当該弾道ミサイルの射程と、北朝鮮が、当

該弾道ミサイルの実戦配備に言及していることから、わが国を射程に入れる固体燃料を使用した新型弾道ミサイルが新たに配備される可能性がある。

　二つ目は、IRBM級の新型弾道ミサイルである。当該IRBMは、2017年5月14日に1発が発射され、高度2,000kmを超え、30分程度、約800km飛翔したと推定される。このような飛翔形態から、当該弾道ミサイルは、高角度発射と推定されるが、通常軌道の発射に換算すると、射程は最大約5,000kmに達する。北朝鮮が公表した画像からは、発射された弾道ミサイルは、スカッド、ノドンおよびムスダンとは弾頭の形状が異なり、装輪式TELに搭載されているが、発射時点の画像ではTELではなく簡易式の発射台から発射されている。さらに、北朝鮮が発表した画像からは、噴出する炎が直線状であり、当該弾道ミサイルは液体燃料を使用しているとみられる。その後、同年8月29日、9月15日にも各1発を発射して、いずれも日本の領空を通過し襟裳岬東の太平洋上に落下した。9月の飛翔距離は、約3,700kmまで延伸されている。

　三つ目は、スカッドミサイルを改良したとみられる新型弾道ミサイルである。当該弾道ミサイルは、2017年5月29日に1発が発射され、約400km飛翔し、わが国の排他的経済水域（EEZ）内に落下したと推定される。北朝鮮が公表した画像に基づけば、装軌式TELから発射される様子や発射された弾道ミサイルの弾頭部に小型の翼とみられるものが確認されるなど、これまでのスカッドミサイルとは異なる特徴が確認される一方、弾頭部以外の形状や長さ、液体燃料推進方式のエンジンの特徴である直線状の炎などは、これまでのものと類似している。

　四つ目は、北朝鮮名「火星14」と推定されるICBM級の新型弾道ミサイルである。当該弾道ミサイル（NATOコードネームKN20）は、2017年7月4日と28日に各1発を発射した。2発とも、高角度で発射されており、当該弾道ミサイルの射程を通常軌道の発射に換算すると、最大射程は少なくとも5,500km以上となる。メインエンジン1基と4つの補助エンジンから構成さ

れ、推進部の下部の形状が液体燃料推進方式のものと確認されることから、5月14日に発射されたIRBM級の新型弾道ミサイルを基に開発した可能性がある。

さらに、2017年11月29日に、北朝鮮発表では「火星15」と名付けられたICBM級の新新型弾道ミサイル（NATOコードネームKN22）1発を発射し、4,000kmを大きく超える高度で、約1,000km飛翔し、わが国のEEZ内に落下した。当該弾道ミサイルの射程を通常軌道の発射に換算すると、最大射程は10,000km以上となる。エンジンの改良や9軸装輪式TELなど7月発射のKN20から改良がみられる。

⑦テポドン1およびテポドン2

テポドン1およびテポドン2は、固定式発射台から発射する長射程の弾道ミサイルである。

テポドン1は、ノドンを1段目、スカッドを2段目に利用した2段式の液体燃料推進方式の弾道ミサイルで、射程は約1,500km以上とみられる。テポドン1については、1998年に、北朝鮮北東部沿岸地域のテポドン地区から発射され、その一部がわが国上空を越え三陸沖に落下したと推定される。テポドン1はテポドン2を開発するための過渡的なものであった可能性がある。

テポドン2は、1段目にノドンの技術を利用したエンジン4基を、2段目に同様のエンジン1基をそれぞれ使用していると推定されるミサイルである。射程については、2段式のものは約6,000kmとみられ、3段式である派生型については、ミサイルの弾頭重量を約1トン以下と仮定した場合、約1万km以上におよぶ可能性がある。テポドン2またはその派生型は、これまで合計5回発射されている。

2016年2月、国際機関に通報を行った上で、「人工衛星」を打ち上げるとして、北朝鮮北西部沿岸地域の東倉里（トンチャンリ）地区から、2012年12月の発射の際に使用されたものと同じ仕様のテポドン2派生型を発射した。その後、同じ仕様の弾道ミサイルを2回連続して発射し、概ね同じ態様で飛

翔させたことから、地球周回軌道に何らかの物体を投入したと推定される。

⑧新型大陸間弾道ミサイル

　2012年4月および2013年7月に行われた軍事パレードで登場した新型ミサイル「KN-08」は、詳細は不明ながら、新型の大陸間弾道ミサイル（ICBM）とみられている。また、2015年10月の閲兵式には、「KN-08」とみられる新型ミサイルが、これまでと異なる形状の弾頭部で登場した。この「KN-08」の派生型とみられる新型ミサイルについて、米国防省は「KN-14」と呼称している旨報じている。テポドン2が固定式発射台から発射するのに対し、KN-08およびKN-14はTEL搭載式であり、発射兆候の事前の把握を困難にしている。

　今後も、北朝鮮は、弾道ミサイルの多様化、長射程化、精密誘導化、迎撃されにくい多様な発射形態（ロフテッド軌道）など技術的な問題を解決し、即応性・残存性の向上を目指していくものと推測される。

第7章 | 英仏独の核戦略と核政策

1 英国の核戦略と核政策

（1）米国依存と独自の核戦力の模索

　英国の核保有は、戦略不在のまま政治的意思先行で決定された。1946年には、情報も不十分な状況で、目標は敵の産業か人口に関連したものとの大まかな仮定で英国の独自の核兵器所要が研究されたが、焦点となったのは目標ではなく、将来の核分裂物質の必要性であった。

　1947年7月に英国国防政策研究委員会は、ソ連攻撃用の核爆弾の必要数を1,000発としたが、それは十分に検討された結果ではなかった。ソ連が英国を敗北させるには25発の核爆弾が必要とみているとの情報を得ていたため、ソ連は国土面積が40倍あることから1,000発が必要と算定されたにすぎなかった。

　英国では将来の核能力について、ソ連の侵略に単独で立ち向かうとの前提ではなく、米国の核能力に近い能力をもつものと理解されていた。米国でさえ対処できないような、ソ連のすべての目標に対する攻撃を計画する必要はなかった。

　首相に返り咲いたチャーチルに対し1952年1月に、また同年に参謀長に対し「きわめて個人的なつながり」に基づき、米側から米国の戦略爆撃計画に

171

ついての説明がなされた。そして英国は、同年10月に初の核実験に成功している。

その結果、英側が確認できたことは米国の核備蓄量の増加ぶりであった。この頃には米国の核作戦計画担当者たちは、ソ連の西欧への進撃を阻止するのと同様に、「核戦争遂行能力」に関連する目標の選定が重要であるとみていた。当時の実際の核打撃の目標は、ソ連の液体燃料、発電所、原子力関連施設など、防護力に欠けた軟目標であり、米国は最初の大量核打撃でこれらの目標を壊滅させることを意図していた。

目標リストは無差別攻撃にはなっていなかったため、米国のソ連に関する当時の情報収集能力や戦略攻勢能力から見て、このような大量核打撃による目標壊滅の可能性については疑問が持たれた。

しかし、米国のルメイ戦略空軍（SAC）司令官の影響のもとに、明確に定義されていない都市・産業目標への攻撃が強調された。1952年に英国は自らの核計画を創ろうとしたが、米国からの高度な情報の完全な欠如によって阻まれた。しかし米側の計画そのものもまだ検討途上であった。

他方、このような状況下でも、単に都市を破壊するだけではなく、戦術的目的に役立つような様々の型の爆弾を開発しなければならないことが認識されるようになった。米国はそのような要求に基づき、ソ連の大半の目標を破壊するのに十分な核兵器を備蓄していた。かくして、英国の核戦力の役割も明確にされなければならなくなった。

1952年夏に作られた英国の「世界戦略文書」（GSP-1952）では、参謀長が英国の核戦力の合理性を訴えているにもかかわらず、その考え方は1950年代を通じて引き継がれた。英国としては、主要な抑止力は米国に依存せざるを得なかったが、それでも米国の直接的な戦略的利害に関わらない目標に対しては、独自の攻撃能力を維持する必要性があった。

その理由は、もし英国が、「冷戦における抑止力の主体にも、世界戦争における同盟国の唯一の攻勢作戦にも加わらなければ、米国の冷戦と戦時にお

ける政策と計画作成に対する英国の影響力は著しく弱まる。そのことは英国が攻勢作戦の政策にも計画にも何の発言力も得られなくなることを意味する」との懸念があった。

チャーチル首相も1955年に、「我々も自ら何らかの貢献をしなければ、他の大国の資源が緊急時にわれわれの望むように計画されているか、最初の数時間において我々を最も脅かしている目標に我々の望むような優先度が与えられているかはわからない」と述べている。

この発言には、すでに核戦力を保有していた英国が、自国の核戦力のみでは対応できないソ連の脅威に対処するには、米国の拡大抑止力に期待するしかなく、誓約履行を米国に保証させるには、基地用地の提供など何らかの対米貢献が必要となるなど、その後の英国の対米政策を示唆する内容が含まれている。

チャーチル首相の自国のみではソ連の脅威に対応できないとの懸念は、1954年にソ連の戦略爆撃機 Tu-16 が作戦可能になり英国に対するソ連の直接的な脅威が高まったことで、さらに深刻になった。その後のソ連の急速な中距離核戦力の増強にともない、英国が単独でソ連の脅威に対応できるかについても疑問が出るようになった。

当時米国は、対ソ戦略として大量報復戦略をとり、米本土に弾道ミサイルを、同盟国に中距離爆撃機を展開していた。そこで核攻撃の全般構想策定と実行面における米国との協力に対する期待が英国内において論じられるようになった。

英国は、1956年にバルカン爆撃部隊を編成することにより、初めてソ連領土に対して深刻な核脅威を与えることができるようになった。それでも英国の核計画を巡る大半の議論は、依然として米側の計画に関する知識の欠如により妨げられ、仮定に基づくものでしかなかった。さらに米ソでは熱核兵器の開発が進み、威力が KT 級から MT 級に増大したため、英国は、米側と熱核兵器以外の大量破壊兵器（WMD）について検討することは困難になった。

（2）熱核兵器の開発とポラリスの保有による米核戦略との一体化

　英国は、1957年5月に初の熱核兵器の実験に成功した。その結果ソ連の都市に対する核脅威が対ソ抑止力になるとの仮定が成り立つようになり、対外政策の自由度が得られるようになった。チャーチル首相は、1958年に「我々は英国からスターリングラードとモスクワの12の都市を壊滅させることができる。この力はスエズ動乱の頃にはなかったものだ。我々は再び大国に復帰した」と語っている。

　熱核兵器の開発に成功して以降、英国は独自の核政策、核戦略を描く余地を得た。当時の英国の核爆弾保有数は60発程度であったとみられている。

　1954年に原子力エネルギー法が米議会を通過し、核兵器の外部的な特性が同盟国と共有されるようになってからは、米側からの情報提供の不足という状況は改善されるようになり、50年代末には、英国は米国の助けを得ることなく独自の核で対応できることが確認され、米側との共同作業での緊密な関係を築くことが可能になった。

　しかしそれでも戦時には英国の爆撃機に米国の核兵器が搭載される可能性は残っており、英国にとり極めて重要な目標を米英どちらの爆撃機で対応するかについては、まだ何の調整もされていなかった。このように米側の戦時の核作戦計画等については依然として伏せられたままであった。

　英国は、1955年に、米国と核兵器の防衛計画と作戦計画に基づく訓練など、核エネルギーの軍事的側面の情報交換に同意する2国間協定締結に成功した。その結果、英爆撃機部隊から米戦略空軍司令部（SAC）の知識を得るための要員が米国に派遣され、初めて統一した目標計画が作成された。1957年にアイゼンハワー大統領とマクミラン首相は、米国のソァ（Thor）IRBMを英国に「二重キー」方式で配備することで合意した。これによりスエズ危機以来の米英関係は改善された。57年には両国の空軍は共同訓練、通信、相互訪問などにより関係を深めた。

　SACは英国の爆撃隊司令部を訪問し、「双方の利益に基づく核打撃計画の

調整を目的とし、共同作戦計画の作成、目標設定その他の共通的関心事項」について協議した。攻撃目標の細部については明らかになっていないが、爆撃機は「ソ連の主要都市の大半を破壊できる」とされていることから、対都市攻撃が主体であったと推察されている。

ただし、米英それぞれの攻撃からどのようにして最大の効果を引き出すかを保証する、調整された計画の作成手順は不明である。このようにして英国は米国のSACとの関係を深め、その目標戦略と計画作成過程に取り込まれていくことになる。

1960年に米国で最初の単独核作戦計画（SIOP）が作成されその攻撃目標リストが明らかになったが、その頃は爆撃機が戦略核戦力の主体であったため、米英の目標の優先度に食い違いのあることが問題となった。

攻撃目標地域については、英国にとってはソ連の欧州戦域内の目標の方が優先度は高かった。それに対し、米側のSACはソ連国内内陸部の軍事目標に対する打撃を優先していた。

もしも英国の爆撃機を米国のSACと一体で運用するのであれば、英国の爆撃部隊は、ソ連国内の軍事目標を攻撃しなければならない。その際、英国の爆撃機は米国の部隊よりも5時間早くソ連に到達できるため、第1派としてソ連の防空部隊を優先的に攻撃すべきことになる。

もしも英国単独で行動するのであれば、ソ連の核能力にはほとんど打撃を与えられないので、軍事目標ではなく対都市攻撃を優先することになる。ただし、米国よりも先にソ連に到達できるため、英国を目標とするソ連のミサイル基地など、英国にとり死活的に重要な軍事目標を攻撃することも優先されねばならなかった。

この優先度、目標の食い違いという問題については、SACと英空軍との間でその後相互調整がなされたとみられる。結局、最初の打撃は、対軍事目標、対都市目標双方を含むさまざまな目標に指向されることになった。またソ連の人口集中地域を攻撃できる十分な予備も確保されるようになり、1960

年代初めには、この二兎を追うアプローチが完全に実行可能な態勢になった。

　ただし、この目標の優先度の食い違いという問題が最終的に解決されたのは、英国による米国製潜水艦発射弾道弾（SLBM）が導入されるようになってからである。以上の経緯は、戦略の相互調整の重要性を示す事例と言えるだろう。

　英国は、1956年のスエズ動乱で米国から恫喝を受けて撤退を余儀なくされたため、その後の米英関係は冷却化していた。他方、当時英国は独自の核弾道ミサイル開発を進めていたが、計画は頓挫し自力核開発の限界に突き当たっていた。

　核計画への米国への依存度の大きさと、キューバ危機で自国の影響力がないことを痛感した英国と、これ以上対英関係を悪化させることに懸念を抱いた米国は、米英関係を修復するためマクミラン首相とケネディ大統領との間でナッソー会議を開いた。その結果、英国は米国製のポラリスSLBMを購入することを許された。ここに、米英間では実質的な核共有が確定することになった。

　その後、爆撃部隊が核打撃を担わなくなり、ポラリスが1969年以降完全に核打撃任務を引き継ぐようになり、英国のポラリスは1962年のナッソー協定に基づき、米国の一部の戦略部隊や戦術部隊と同様の役割を割り当てられた。その結果、目標の調整という課題は解決されたのであった。

　英国の戦略爆撃部隊、後のポラリスを搭載した弾道ミサイル搭載原子力潜水艦（SSBN）艦隊は、目標選定、戦争計画、核打撃の調整、演習のすべてをNATOの欧州連合国最高司令部と共同で作業を行うことになった。通常3人の英軍士官を含む欧州チームは、計画作成に参加し、基本となる目標選定計画である核作戦計画（NOP）を作成した。NOPはさらに、欧州連合国最高司令官の隷下にある核兵器の運用を含む核打撃実行計画として具体化された。

　これらの計画の目標には選択的なものと全般に共通したものがあったが、

英国の核兵器は全般に共通した目標向けとして有用であった。これらの目標は、さらに政治的打撃計画と戦術的打撃計画に区分されたが、NOPは常にSIOPと一体で全面的に実行されることになっていた。このようにして計画面でも目標リストの面でも融合が達成された。

しかしこのような目標は爆撃機には適しているが、ポラリスには向いていないと見なされた。それは、当時のポラリス搭載型SSBNは柔軟性に欠け、指揮通信の確保が困難であり、軍事目標を攻撃するにはポラリスSLBMの精度が悪すぎたためである。弾頭数の削減と柔軟性の欠如により、英国のポラリスは、核エスカレーションの初期の段階での都市などの対価値目標攻撃または予備的使用に適しているとみられた。

ポラリスは、英国の国家統制下にあり、そのことはナッソー協定でも認められていたが、NATOに対する核抑止力の提供という役割がますます強調されるようになった。その結果、英国の国家安全保障の最終的手段としての核兵器の役割とのジレンマが生じた。

一方、英国の核破壊力については、キューバ危機の頃ピークに達していた。1961年には熱核爆弾の利用が可能になり、1963年には180機のビクター、バルカンおよびバリアントの3種類の爆撃機（3機種の頭文字からV爆撃機と呼ばれた）が英国とキプロスに展開し、各機に1MTの出力の核兵器を搭載していた。1962年のキューバ危機の時に、英国爆撃部隊が保有していた核爆弾の総出力は230MTで、230の目標に使われ、その大半が目標に到達できるとみなされていた。

英国はこの水準の作戦用核弾頭をそれ以降保有することはなかった。1964年当時の英国の核弾頭の備蓄数は1,000〜1,500発であったとみられている。なお、英国の戦略核弾頭備蓄数は1960年代以来100〜200発に抑えられてきたが、戦術核弾頭数は1960年代末までに400発に、1982年までには550発以上に増加したとみられている。

（3）米国の核戦略との矛盾解消とポラリスの重視

　1963年には、米国製の弾頭を載せた60基の液体燃料式のソァIRBMが廃棄された。さらに翌年、金属の劣化によりバリアント爆撃機の飛行が中止になった。その後も爆撃機の偵察任務、給油任務への転用が続き、1966年には核作戦用爆撃機は80機となり、この水準は1967年まで維持された。

　英国爆撃部隊は、ソ連防空網に対する突破力に限界があるとみられていた。1968年に核作戦用爆撃機からビクターが退役しバルカン56機のみとなり、翌年からバルカンは戦術任務に移行して1982年までそのまま残ったが、同年までに核作戦任務は爆撃機部隊からポラリス搭載型SSBN艦隊に移行されていた。

　また、英国独自で進めたブルーストリーク中距離弾道ミサイルの開発は、敵の第1撃からの残存性の問題等から1960年代に入り中止され、米国のスカイボルト空対地ミサイルを購入することになった。しかしその計画も1962年に米側が打ち切ったため、英国政府は、核作戦用運搬手段をポラリス搭載型SSBNに全面的に依存することを決定した。

　ポラリス搭載型SSBNに移行することで残存性と突破力は向上したが、攻撃できる目標地域の範囲は狭くなり、全体の核弾頭数も3分の2に減った。また、爆撃機は昼間には50％、夜間でも40％が即応できる状態であったが、潜水艦は全数が常時哨戒できるわけではなかった。5隻を購入することになっていたが、そのうち2～3隻しか哨戒できなかった。

　さらに1965年には購入数は4隻に減り、哨戒できるのは1～2隻になった。また核弾頭もポラリスA-2 SLBMは1MTだったが、1964年には各250KTの核弾頭3発を搭載したポラリスA-3 SLBMを導入することが決定された。その結果、突破力は上がったが総出力は下がった。もしも1962年当時と同等の威力を求めるとすれば、ポラリス搭載型SSBNを20隻保有しなければならなかったため、代替案にはなりえなかった。

　結果的に60年代は投射可能な弾頭の数と目標の範囲は低下することになっ

た。すなわち、それまでの200目標が16目標に低下した。また予備を保有するのが極めて困難になり、さらに敵の対潜作戦への対処も必要になった。一方、突破力のあるポラリス SLBM に一本化されたことにより、目標の優先順位の問題は解決された。1962年以来の英国の核兵器搭載兵器システム数の変遷は表のとおりである。

英国の核兵器搭載兵器システム数の変遷

年	1962	1963	1964	1965	1966	1967	1968	1969	1970
V 爆撃機	170	180	180	120	80	80	56	–	–
ソァIRBM	60	–	–	–	–	–	–	–	–
ポラリス SLBM	–	–	–	–	–	–	16	48	64
合計	230	180	180	120	80	80	72	48	64

　ナッソー協定の第6条では「英国爆撃部隊からの配当分は、NATO の核戦力の一部として割り当てられ、NATO の計画と一致して目標選定がされる」と規定されている。この規定により、英国のポラリス SLBM は、米国の一部の戦略、戦術核戦力と同等の役割を果たすことになった。しかし、ポラリス SLBM 導入後も米国の核戦略に「巻き込まれる」ことと、英国の本来の戦略的利害との矛盾は解消されず、目標選定が極めて重要な課題となった。

　ポラリス SLBM は、破壊力は大きかったが、目標選定には量的質的に限界があり柔軟性に欠けていた。ある試算によると1 MT の核爆弾搭載型ポラリス SLBM を16発発射できる SSBN 2 隻で10都市を破壊できると見積もられた。哨戒中の SSBN 1 隻では3〜4都市を破壊できるか、16発で16の個別目標を破壊できる程度の能力であろう。この能力は、ソ連側の対潜作戦と弾道弾迎撃（ABM）システムの効果を計算に入れると、モスクワを攻撃した後にはほとんど使用可能な弾頭は残されないことになる。また、民間防衛システムを持つモスクワをどこまで破壊できるかについても疑問があった。

また別の計算によれば、ポラリス搭載型 SSBN の総出力は23〜33MT であり、1,500万人から2,000万人、産業能力の25％に脅威を与えることができると見積もられた。この水準の破壊力は、ソ連のような大国に対しても、国家としての存続に「耐え難い」ほどではなくとも重大な影響を与えることは間違いない。ただし、まだ最小限抑止と言える水準ではなかった。

　これに加えて軍事目標には、固定レーダ施設など比較的脆弱な目標もあれば、ABM、早期警戒管制レーダなど破壊効果の評価が難しい目標もあった。

　他の問題もあった。英国政府はモスクワに対する攻撃能力を極めて重視していたが、1968年にはモスクワだけが ABM で守られる都市になりそうなことが判明し、モスクワを目標にすれば、すべての SSBN の搭載核兵器をモスクワ攻撃に集中しなければならなくなる可能性が高くなった。

　この問題は、ガロッシュABM が64基から32基に削減されたことでいくぶん緩和されたが、それでも英国の目標選定の柔軟性を制約した。

　その頃、新型のポラリス弾頭が完成に近づいていた。この新型核弾頭は、２個の実弾頭を載せた機動型爆弾とおとり弾頭から成っており、モスクワの防空網を突破する能力があった。

　1972年の ABM 条約締結と同時に保守党がこの弾頭の開発を決定した。その後コストが上昇したにもかかわらず、1974年に労働党はこの決定を追認した。この弾頭は1982年から作戦可能になった。その導入により攻撃できる目標の数は増えなかったが、攻撃成功の確率は高まった。しかし多数の弾頭とおとり弾頭が同一地域に同時に到達するため目標への効果は評価が困難になり、その後10年間は目標選定の柔軟性が失われたままになった。

（４）トライデント SLBM の導入と対ソ最小限抑止確立

　しかし、その後トライデント SLBM が導入されたことにより、状況は一変した。当初のトライデントⅠ（C-4）および新型のトライデントⅡ（D-5）は、各ミサイルがそれぞれ８発と14発の複数弾頭を搭載しており、かつ

常に２〜３隻のトライデントを搭載した SSBN が哨戒可能とみられ、発射可能な弾頭数は、長期修理の制約下で384発、制約なしでは672発に急増した。ポラリスの31〜61発に比べ10倍以上の増加率であった。

　このようにトライデントの導入により、SSBN 艦隊の打撃能力は飛躍的に向上したが、それにともない目標選定を見直す必要性も生じた。英国政府は、「英国の抑止力はソ連の国家としての枢要な側面に対して潜在的な脅威を加えることに寄与しており、緊急事態の（核作戦）計画にいくぶん柔軟性が加わる」とみていた。

　トライデントの具体的な目標が何かは明らかにされていないが、住民を目標とする対都市目標のみに使用することには人道的な問題もあり、対都市目標だけではなく対兵力目標も含めた幅広い目標であろうと推定されている。また軍備管理の制限から、D−5 の弾頭数は C−4 と同数に抑えねばならなかった。

　主な目標は、指揮通信中枢とモスクワ、さらに ABM と防空レーダであったとみられる。このような目標選定にすれば、人的被害は局限でき、これらの目標を破壊すればソ連の軍事力発揮に大きな影響を与えることができたとみられた。トライデントの導入により、英国の対ソ最小限抑止は確保されるようになったと言える。

　ただし、トライデントの高い能力を前提としたときに、英国のトライデントが、自国防衛を優先する立場に立つのか、米国の核作成計画と一体となり NATO に積極的に核抑止力を提供するのかが問題となってくる。

　仮にソ連が中部欧州で核戦争に訴えることなくその目標を達成したとしても、いきなり英国に攻撃を仕掛けてくるとは思われない。その前にフランスを攻撃するかどうかを決定することになろう。逆に欧州大陸がソ連の支配下に入れば英国は自ずとその影響下に入るであろう。

　したがって、英国としては核戦力が「最後の拠り所」とは言っても、その実はソ連に対してある程度の打撃を与える程度の脅威を与えられれば良く、

必ずしも圧倒的な脅威を与える必要はない。

　また英国は米国と異なり、西ドイツのために核戦争を自らすすんで行う必要はない。NATO も、最初からソ連の戦力の源を直接攻撃することはしないであろう。

　それにもかかわらず、英国は、初期段階でのエスカレーションに対してNATO への核抑止力提供を示唆している。このことは、英国が上述した問題をあまり真剣に熟慮していないか、本音を隠し、建前上 NATO への核抑止力提供を誓約しているにすぎないとの疑念を抱かせるものといえよう。

　したがって、英国の核兵器は、NATO に組み込まれているとはいえ、その目標選定に関連する前提や主な計画も NATO の計画に適合したものにはなっていないとみるのが自然であろう。

　英国の地上配備の核兵器は、すべて二重キー方式になっており、米国が同意しない限り使用できず、戦略ミサイルは、英国の国家防衛のための予備とされている。仮に英国が米国とともに全面核戦争を行うとしても、その攻撃が成功するとしても英国が中心的役割を果たすとは考えられない。英国にとっての NATO のための核兵器の利点は、同盟のために何らかの目標を攻撃することではなく、戦場に近い米軍基地を提供していることにより自国の領域を聖域にすることにあると言える。

　英国は、トライデントが導入される1982年までは、計画上は NATO への兵力の割り当てが任務とされていたにもかかわらず、攻撃能力の不足からモスクワに攻撃目標を集中せざるを得なかった。このように英国の NATO に対する核抑止力の提供にはおのずと限界があった。

　半面、英国自らの国益を考えると、ソ連に対して圧倒的優位に立って脅威を与える必要性は薄く、欧州大陸での戦争に際して国土を聖域化するため、最後の拠り所となるような、ある程度の損害をソ連に与えられる程度の抑止力で十分とみられる。

　その意味では、英国の核戦力の規模と質がトライデント導入後も増強され

ず、軍備管理交渉の枠内で維持されているのは合理的選択であると言える。また独自核の保有にこだわるフランスと異なり、米国との特殊な関係にある英国は、米国からトライデント SLBM を導入して、十分な報復攻撃力を持つことができた。

しかし、本質的には NATO に対する核抑止の提供能力には限界があり、自国の防衛、国土の聖域化のための最後の拠り所として核戦力を位置づけざるをえない立場にあり、この点はフランスと共通している。

英国は、拡大抑止の信頼性という点では、自ら核を保有しつつ、米国の拡大抑止にも依存しており、その意味では最も信頼性の高い抑止態勢をとっているといえる。戦力面でもこれまでの分析から明らかなように、対露抑止力を維持するには十分と評価できる。

英国は、1997年に労働党政権下で出された「戦略防衛見直し」において、今後トライデント搭載型 SSBN の作戦可能な核弾頭数を半分に削減し、総爆発出力を30%削減するなど、核軍備管理に努める姿勢を強調している。しかし「英国も NATO も核兵器への依存は劇的に削減しているものの、現状において核抑止は、大規模な戦略的軍事的脅威の再出現に備え、核による強要を防止し、欧州での平和と安定を保つ上で、依然として重要な貢献を果たしている」として、英国は、必要な核戦力を維持することを明言している。

英国では、トライデント搭載型 SSBN による抑止のための哨戒活動を停止する、あるいは核弾頭をミサイルから外して保管するなどの案が検討された。しかし、抑止のための哨戒活動の停止については、再び哨戒が必要な情勢になった際にかえって哨戒活動再開により新しい危機水準の高まりを招く恐れがあるとの理由で採用されなかった。

冷戦終結後、欧米は核兵器への依存を減らす政策をとってきたが、中露は一貫して核戦力の増強近代化、特に、ロシアは INF 条約違反の地上発射式新型巡航ミサイル SSC-8 の配備を、また中朝は戦域核戦力の増強などを進めており、米国の核戦力の優位性は損なわれつつある。このような危機感に

立ち、トランプ政権は再び核戦力強化に乗り出している。この米国の動きに連動し、英国の核政策が今後どのような方向に向かうのかが注目される。

2　フランスの核戦略と核政策

（1）フランスの基本的核戦略としての「比例的抑止」

　フランスの「比例的抑止」はフランスの戦略核計画の当初からの基本的概念であった。フランスの現在の核戦力はすべてドゴール大統領の時代に計画されたものであり、彼の概念がフランスの核戦略の基本方針となっている。

　ドゴールは1964年に「比例的抑止」について次のように語っている。「我々が投射できるメガトン数は米露に比べると対等ではない。しかし一度一定の核能力に到達すれば、それぞれの手段の比率は全く価値を失う。人間も国家も一度しか死なないのであり、潜在的な侵略者に一度でも致命傷を負わせることができるようになるや否や、抑止は有効となる。抑止力を全面的に発揮させるには相手にそれを確信させねばならない」。

　この声明の趣旨を踏まえて、「比例的抑止」の理論または「弱者による強者に対する抑止」では、以下のような主張がなされている。

　　フランスはソ連（冷戦終了後はロシア）の都市を目標として核報復することにより、ソ連がフランスを占領または破壊して得られる利得を超える損害を与えることができることから、フランスの核報復の脅威によりソ連は抑止できる。

　　またフランスが米国の拡大抑止に依存することを避けようとするなら、この能力を獲得し維持しなければならない。米国の保証に依存するのは、もしも試されれば米国はその保証を守ろうとはしないであろうから、戦略的に賢明ではなく政治的にも恥ずべきことである。米国

はその戦略核戦力をおそらく自国を聖域化するためにのみに使用する
であろう。
　したがってフランスの戦略核戦力こそ自国領土を聖域化するために
最も信頼できる手段である。

　このような考え方に立ちフランス国防省は、1960年代末に「比例的抑止」
の概念を具体化するために細部にわたる理論化を進めた。
　その中では、様々な抑止概念が提唱された。フランスにもソ連にも死活的
利益の程度があるということから、「政治的戦略的希望」という概念による
抑止も唱えられた。その考え方は、フランスによる報復の脅威をもってソ連
に対しフランスへの侵略を思い止まらせる上で、核抑止に信頼性を与える。
なぜなら、ソ連にとりフランスを征服し破壊することは、フランスのソ連の
都市に対する報復の可能性を考慮すれば、周辺的な利益にしか過ぎないから
である。抑止は、弱者と強者それぞれの利害の非対称性を前提としており、
弱者にとり死活的なものは、強者にとり周辺的なものでしかない。
　当時、フランスの対都市攻撃によるソ連の損害は、残存性、信頼性、突破
可能性などを考慮して約半数の核兵器だけが使用された場合でも、1,300万
人から1,400万人の死者が出ると見積もられていた。また、ソ連に対し報復
核攻撃の恐怖を与え侵略を高い信頼度をもってやめさせるためには、核攻撃
によるソ連側が被る死者数としてほぼフランスの人口に匹敵する5,000万人
の死者を出すことが必要との見積りも出されている。
　冷戦時のフランスの「比例的抑止」理論でいう対都市攻撃戦略は、ソ連の
経済と行政のインフラストラクチャーを破壊することを強調している。この
点は国防省の計画局がソ連の民間防衛により不確実性がもたらされたため、
経済的資産に目標を選定したとの発言からもうかがわれる。このような政策
転換は1979年になされたと推定される。
　この点を解決するため、ソ連の人口に集中的に損害を与える「対人口戦

略」も提案された。ソ連の100〜150の大都市が破壊され、数千万人の住民が殺害されるような事態は、ソ連の指導者にとっても耐えがたいであろう。そうであれば、多数の中程度の出力、できれば1MT以上の核弾頭をM-4 SLBMに搭載し、選択された都市に対して多数の核攻撃を加えることにより、民間防衛を施したソ連に対しても核抑止は機能するはずであるとする戦略である。攻撃目標には、産業や経済のアセットとともに行政インフラも加えられた。このような「拡大対都市攻撃戦略」に基づく目標選定は、作戦上より効果的で信頼が置けるとみられた。その狙いは敵対者の政治的な枠組みを破砕することであり、ソ連の指導者にとっては、人口の損失よりも行政機能や経済力の損失の方が恐ろしいであろうという推測を前提としていた。

　フランスは、ソ連以外の敵に備える全方位抑止のためにICBMを開発するという武装中立戦略や、米国の戦略核戦力の西欧への保証を実行させるための「引き金」を持つという戦略はとらなかった。

　特に「引き金」論は、ドゴール大統領のどの国も自国のためだけにしか引き金はひかないという理論に反していた。ソ連に損害を与えることにより対米均衡を決定的に崩壊させる能力を持つことで、抑止力とするという考え方も提唱されたが、それほどの損害をソ連に与えるのはフランスの能力を明らかに超えるものであり、この考え方もフランスの戦略には採用されなかった。

（2）「比例的抑止」戦略に対する代案としての「限定的戦略核攻撃」戦略の提唱とその否定

　米国が1960年代に初めて対兵力攻撃を選択し都市攻撃を回避するとの目標戦略を採用した際に、フランスはミラージュⅣ戦闘機による対都市報復攻撃を追求した。しかし、フランスの戦略核兵器の限界によりもたらされた技術的制約は、核戦略に決定的影響を与えた。1964年から71年までフランスにはミラージュⅣしかソ連に対する核投射手段がなく、同機は60KTの核爆弾しか搭載できなかった。また、航続距離の面から、空中給油をしても1回しか

目標を攻撃できなかった。

このような技術的制約および財政上の制約のため、フランスは米国を模倣するのは困難であった。しかし米国が1974年以降、限定的な戦略核攻撃という選択肢を追求し始めると、フランスは M-4 SLBM を多弾頭化し精度を向上するなど、核戦力の増強を始めた。このことは、フランスにとっても目標選択の柔軟性が重要な課題であったことを示唆している。

核弾頭の数を増やし精度を向上させることにより核目標の選択をより柔軟にすることについて、フランスでも、①最初の核使用の決定が下される前に自己抑制する可能性が減少するため、抑止の信頼性が高まる、②戦争中の抑止と戦争後の交渉のための対都市攻撃用予備を控置できる、③ソ連の限定的な核攻撃などへの対応が準備できるため限定核攻撃を抑止する潜在能力が高まるなどの利点を挙げ、その必要性を主張する声が高まった。

このような核目標選択の柔軟性、言い換えれば「限定的戦略核攻撃」戦略については、以下のような理由からも必要性が主張された。

柔軟反応戦略で強調された、柔軟な核使用の「段階（ラダー）」の一つとして、「警告射撃」という概念がある。この「段階」では、もし要求を受け入れなければ都市などに本格的な攻撃を加えると脅すために、警告として核兵器が使用される。この場合、被害を招きにくい洋上や過疎地などに対する限定的な核攻撃にとどめられる。

フランスによるソ連に対する最初の戦略核攻撃は、戦術核による「警告射撃」の拡大という効果ももっており、戦術核兵器による国家抑止作戦の目的とも合致する。ソ連はフランスの核兵器使用の意志を疑った場合に侵略に踏み切るであろう。したがって、フランスが限定的な戦略核攻撃を加えれば、ソ連側にこのような誤算に気付かせることになり、侵略という選択を放棄させることになるであろう。

大国に侵略意志を放棄させれば、中級国家にとっては勝利である。最初から全核戦力を使用するという、零かすべてかという方式では中級国家にとっ

て全面的敗北を招くことになる。計算された一部の核戦力による最初の打撃は、フランスに核手段の大半を予備として維持することを可能にする一方、大国に対しては侵略を放棄するように促すことになるであろう。

　さらに、フランスの限定的な核攻撃に対してソ連が対処するとすれば、非合理かつ感情的な復讐的動機か威信への考慮からであろう。しかし多くの場合、中級国家の能力の限界は公平に評価することができ、また大国にとって、復讐への動機や威信への配慮は、侵略を敢えて行うほど強くはないであろう。要するにフランスの初期段階での限定的な核打撃は単独でも成功しうるとみられていた。

　以上のような主張が、「限定的戦略核攻撃」戦略採用の理由とされた。しかし、フランス政府は受け入れを拒否した。

　その理由は、第1に、フランスには、現在の核弾頭や投射手段のみならず財源の面でも、対兵力攻撃を含めて限定的な核攻撃をする手段がないことである。第2に、ソ連側の対兵力攻撃能力の優位性によりフランスはどうしようもない劣勢な立場に置かれることになり、仮にフランスが精度の高い限定核攻撃を行っても、ソ連側の一部の部隊を撃破できるだけだが、ソ連は間違いなく直ちに報復攻撃に出るであろう。したがって「限定的な最初の対兵力攻撃」という考え方は「完全な愚策」であるという点にあった。

　初期に限定的な戦略核攻撃を行うという威嚇が抑止になる、ということが議論の前提となっている。ソ連が限定的であれ核攻撃を受けた場合にフランスに対して報復をしないという見方は、ソ連の持っている能力と戦術核兵器を大火力の一種として運用するとの教義などから見て、非現実的である。むしろ、限定核戦争が米国も巻き込んだエスカレーションに至るか、ソ連側の報復攻撃を受けてフランス側の一方的な降伏に終わる可能性が高いであろう。

　さらに、「限定的戦略核攻撃」戦略については、別の主張がある。限定的な戦略核攻撃に際し、ソ連の都市に対する報復核攻撃に徹底すべきだ。なぜなら、ソ連によるフランスの都市に対する核攻撃を抑止できる信頼の置ける

脅威はソ連の都市の破壊のみであるから、とする主張である。

この主張もフランス政府により、「ソ連はそのような限定的な核攻撃に関心はなく、少なくとも300KTの核弾頭各1発により100のフランスのすべての核兵器システムに対して攻撃を加えることに関心を持っている。このようなソ連の核攻撃は、フランスがソ連の都市に対する報復攻撃を正当化できるとみている侵略そのものである。限定核戦争における報復論を支持する、典型的な誤解に基づく議論である」と反論された。

フランスの公式的立場は、精度が求められず、少数でも大きな損害を与えられ、フランスの生存の可能性に見合う手段を残存させられる損害水準を保証できるなどの理由から、最大限の対都市攻撃が唯一の採るべき戦略であるとされている。限定的な核攻撃などの柔軟な目標選択が拒否された最終的な理由は、当初から制限的な打撃しか与えないと宣言すれば、ソ連に対してフランスの報復には何とか対応できるとの予見を与えることになるとの危惧にあった。

また別の理由として、フランスが最大限の報復をすることはないと示唆すれば、抑止の効果が減殺されソ連側に主導権を奪われると考えられたからである。限定核攻撃という戦略は、戦略的報復に依存するとの大統領の決断に対し疑いをもたせ、結局は強者に対する弱者の抑止への信頼性をなくさせることになる。このような理由から限定核攻撃という選択肢は公式的なフランスの核戦略としては採用されなかった。

フランスの抑止態勢に信頼性を持たせるには、単純に、対都市攻撃を決心していることを明確にすることである。一方、技術的には、柔軟な目標選択を可能にする長期間にわたる核指揮統制通信システム（NC3）能力が欠けているという問題もあった。

またSSBN艦隊の一部に分割発射させた場合、ソ連側がそれを逆探知するおそれもあった。そのためにSSBNの残存性が損なわれることになり、それを回避するには、一斉に発射させねばならない。

ただし、ロシア北西部ムルマンスク州のコラ半島に対しては、ソ連の潜水艦部隊の指揮・通信中枢や司令部機能などのソフトな軍事目標が存在することから、フランス政府は、その証拠はないが、ある危機管理や交渉段階では限定的な先行対兵力核攻撃という選択肢を準備していた可能性がある。

　以上から、フランスの抑止の基本は、初期の段階から最大限の核戦力で対都市攻撃を行うという脅威を与えることにあったことは明白である。それは軍事戦略的合理性と同時に技術的制約からもフランスにとり必要な選択であった。

（3）フランスの最小限の対露抑止能力

　フランスの物理的な抑止能力は、保有する核兵器と投射システムの残存性、突破力、信頼性、精度を左右する要因とそれらを不利な状況下でも指揮統制する能力により決定される。冷戦期、ソ連の第1撃からは、地上配備のIRBMも爆撃機も港のSSBNも残存できず、残存できるのは洋上に出ているSSBNのみであると見積もられていた。

　その残存する搭載弾頭のみでフランスの大都市の数と同じ数のソ連の人口の多い100から150の「死活的な中枢」を報復核攻撃することにより抑止力とする戦略が提唱された。「死活的な中枢」について明確な定義はないが、このような目標を破壊するフランスの能力は限られていた。

　1980年頃までのフランスの核戦力は、単一核弾頭搭載のミラージュIV×34機（弾頭数34発、1MTの単一核弾頭搭載のS-3 IRBM×18基（弾頭数18発）、1MTの単一核弾頭のM-20 SLBM（弾頭数80発）、一基150KT×6核弾頭のM-4 SLBM（弾頭数96発）であり、総弾頭数は228発であった。

　当時フランスは、16基のSLBMを搭載できる潜水艦（SSBN）6隻を保有しており、全潜水艦が作戦中との非現実的な仮定を置いても、発射可能弾数は96発である。また、総弾頭数228発のうち1MTの出力を有していたのは98発（うちSLBM80発）にすぎなかった。

100から150の「死活的な中枢」を確実に破壊するには１か所に１MT弾頭２発以上が必要であるとすれば、明らかに弾頭数が不足するし、それにSSBNの可動率を加味すれば、さらに発射できる弾頭数は少なくなり、戦略の実効性には大きな疑問符が付けられることになった。

1980年から1990年までのフランスの抑止力の技術的信頼性は、NC３の堅固化、ASMP中距離空対地ミサイルの展開、M-4 SLBMの導入にともない向上した。フランスの戦略核ミサイル部隊の司令部はパリ郊外の地下60mに設置され、いくつかの重複した通信設備により、エリゼ宮殿、国防省、戦略空軍司令部、IRBM、SSBN部隊とつながっている。さらに同様の司令部がリヨンの戦略部隊の国家司令部にある。

SSBN部隊は、二重キー方式で発射命令が管理されている。しかしフランスの戦略核部隊の数は少ないためNC３は米ソのシステムに比べて比較的単純であり、脆弱でもある。この脆弱性を改善するため、フランスは1980年代にNC３を搭載した航空機を飛行させ、地上の同システムを強化するなどの計画を進めた。また電磁パルス対策もとっている。

18機のミラージュⅣ戦闘機はASMPを搭載して1992年から94年まで就役していた。ミラージュは機数が削減されるに伴い、ASMP搭載核弾頭の出力が強化されて倍増し、防空網の突破能力も高まった。新型のミラージュ2000NにもシュペールエタンダールにもASMPが搭載されている。

M-4 SLBMの精度の向上およびMIRV化、SSBNの７隻から８隻態勢への移行、移動式IRBMの開発なども進められたが、地上配備のIRBMについては冷戦後廃棄された。移動式IRBMについては、警護、補給、通信などの困難性が増し、分散のための適切な警告時間が得られなくなるといった問題点が指摘された。

フランスには総合的にみて、前述したソ連の都市への十分な報復力を持つ「拡大対都市攻撃戦略」に必要な損害を与えるだけの技術力がまだ不足しており、究極的には冷戦崩壊後の好都合な戦略環境に依存している面があった

といえよう。

　ただし現在は、ロシアのかなりの数の死活的中枢に対して損害を与えることができ、M-2 を改造した M-20 SLBM を装備した 3 隻の SSBN が残存するだけでも、48発の 1 MT の核攻撃をソ連の主要な都市に対して加えることができる。

　英国でも「英国の核部隊はロシアの主要な12都市を人質にとる能力を持っており、それで適切であり、それ以上能力を向上させる必要はない」と当局者が表明している。また英国やフランスのような中級国家の場合は、「現在のポラリス級の能力、25〜30MT 相当の抑止能力」以上の能力は必要がないとの意見もある。

　しかしフランスの場合は、米国との特殊な関係を利用できる英国と異なり、SLBM など米国の最新の軍事技術や戦略情報などを取り入れることもできない。フランスは、独自で情報を収集し情勢を判断して決断し、自らの責任で行動しなければならない。フランスの場合は、SSBN など最先端分野の技術でも自力で国際的水準を維持しながら、核使用が予想される各種の状況を考慮して独自の核作戦計画を作成し、そのための核戦力態勢を自力でとらねばならない。対米依存を回避し、独立的核戦力を維持するために払わねばらない代償でもある。

　したがって、フランスの「比例的抑止」に必要な核兵器能力は、25〜30MT よりも大きくなるであろう。ストックホルム国際平和研究所のデータによれば、2017年 1 月時点でフランスは英国の215発よりも多い、約300発の核弾頭を保有しているとみられている。半面、独自核を持つ以上、その使用は最終的にはフランス政府の判断に従うことになり、核使用の信頼性は政治的意思の面では100%と言える。

　ただし、米国の巨大戦略核戦力とのリンケージについての保証はなく、確実に行使できるのは自国の核戦力のみである。その点で能力的に対露抑止力としては十分に信頼が置けるとは言えない。

（4） フランスの冷戦終了後の核政策に見られる NATO への歩み寄り姿勢

　今日、欧州防衛とフランスの核抑止力を関連付けることについては、フランスと米国およびその他の欧州諸国との間にはコンセンサスがある。しかし、1992年以前の政権担当者は、フランスの核抑止力が欧州の防衛にまで拡大されることを断固として拒否し、欧州をフランスの拡大抑止でカバーすることに否定的だった。米国による安全保障は万全ではないと判断していたからである。

　欧州に対する譲歩として「国防白書」の中で、「（フランスの）抑止力の目的は、フランスの死活的国益の保護に限られているが、死活的国益の境界は状況に応じて必然的に変わっていく。それによって潜在敵国は情勢を評価しづらくなり、抑止力の効果が増す（略）。故にフランスの核抑止力は、欧州防衛において決定的役割を担う永続的ファクターであり、西ヨーロッパ地域は直接的にフランスの抑止力の恩恵をえることになるだろう」と記されている。

　この方針は1992年まで変動はなかった。転換期になったのは1992年１月に開かれた欧州会議であった。ミッテラン大統領が同会議における演説で、「ヨーロッパ（核）戦略構築の可能性はないだろうか？」と述べ、ヨーロッパ共通の安全保障政策が形になりつつある状況で、フランスは抑止力の拡大論議に加わる用意がある、という意思表示を行った。

　1992年頃、NATO の欧州連合軍最高司令部（SHAPE）の機構改編に伴い核計画グループが廃止され、核計画については防衛計画委員会で協議されるようになった。フランスは核計画グループに入っていなかったが、防衛計画委員会には入っている。

　1995年１月にアラン・ジュペ外相は「主要な関係国と協調した抑止力の検討」を呼びかけた。しかしフランスのこの提案は、ヨーロッパ諸国から熱狂的歓迎を受けたわけではなかった。この協調的抑止力とでもいうべき考え方は、フランスの核兵器と欧州防衛戦略を結びつける考え方である。核実験再

開の折に執拗にこの論理が持ち出されたため、ヨーロッパ諸国の中には、実験再開の責任の一端を負わせようとする見え透いた企みととる者もいた。

また、核抑止力に関する考え方も同一ではない。ヨーロッパ、特にドイツではフランスなどの核抑止力はロシアとの関係やドイツの核不拡散の立場にとり脅威とみられるか、あるいは核兵器国への従属とみなされた。非核保有国は欧州域内の核兵器国に従属することを嫌ったため、フランスは抑止力拡大論に応じる姿勢を見せるに止まった。

欧州核抑止力は共通政策の要となりうるが、ヨーロッパ共通の政策が確立されない限り、共通外交はありえず、共通外交が実現しない限り、ヨーロッパの抑止力は存在しないことをフランスは認識せざるをえなかった。

冷戦崩壊後、フランスは核軍縮でイニシアティブをとっている。1992年にはNPTに正式加盟し、1995年以前にプリュトン短距離弾道ミサイルの解体などの一方的軍縮措置をとった。1996年1月には核実験の終了を宣言し、CTBTの「ゼロ・オプション（例外なき禁止）」項目を受け入れ、ムルロア環礁の核実験施設を永久に閉鎖した。

しかしフランスの国防の根本的な原理は、「核軍縮と抑止力保持を両立させることは不可能ではない。冷戦崩壊後核兵器は東西対立当時のような中心的役割を果していないが、無益だと考えるのは誤りである。抑止力が果す機能はただ一つ、フランスの国土と死活的国益を守ることである。

国際情勢がどのように変わろうと、核兵器が「国境外作戦」と呼ばれる軍事行動に使用されてはならないが、一国の安全保障に限って言えば、「要」であることに変わりはない。フランスの国土と死活的利益を守る上で、核抑止力は絶対的効果を持っているとするものである。

したがって、核兵器はフランスとヨーロッパの安全保障に必要不可欠であることに変わりはない。核兵器が敵視されているのは、抑止力よりも実際の使用ばかりが議論されているためである。抑止力の論理が正しく理解されていない。抑止力の正当性を保つためには、核兵器は政治的兵器でなければな

らない。軍事的信憑性よりも政治的信憑性が重要なのであるとするのがフランスの現在の独自の核抑止に対する基本的な考え方と言える。

　フランスの「国防白書」が、2008年に14年ぶりに出された。2025年までを視野に入れており、新しい多様な脅威に対応できる効率的で機能的な国防能力を目標としている。

　同白書では、「核抑止力は国家安全保障にとり依然として不可欠の概念であり、フランスの安全と独立を究極的に保障するものである。核抑止力の唯一の目的は、いつ、いかなる形態であれ、わが国の死活的利益に対する他国による侵害を防止することにある」としている。

　また運搬システムについては、フランスが直面する状況の多様性に対応して抑止の信頼性を維持するためには、「SSBNと核能力をもった戦闘機に搭載された空中発射ミサイルの二つの戦力要素が必要である」としている。

　なお、「大西洋両岸関係の改革」として、NATOについて、「EU同様に包括的組織」であり「多様な脅威に対する対応力を提供している」として評価し、「国際的な戦略変化に適応し続けねばならない」と述べている。

　さらに、同白書は、NATOの改革について、以下の三つを目標として、協議することを提案している。

　①同盟の任務を含む、新しい脅威に関する統合の評価を行うこと

　②米国と欧州のより良い責任分担について定義すること

　③計画策定と指揮構造に関する合理化に力点を置くこと

　フランスは、2009年の第60回北大西洋同盟首脳会談でNATO改革について議論することを提案し、同会談でフランスはNATO統合軍事機構に復帰した。サルコジ大統領は演説で、フランスの「信念」を改めて明らかにすると同時に、「我々は家族である」、「我々は同盟国であり、友好国である」ことを明確にし、「NATOは平和のための機関である」ことを強調している。

　なお、同白書の2025年までの産業・技術の優先事項の章では、核戦力について、「核兵器の設計、開発、生産能力は、その安全性と信頼性の保障と同

様に、全面的な至高の優先事項である。その優先権とは、研究機関、科学的
研究、生産施設に、我々の核抑止戦略に必要とされる人的、技術的、産業的
資源を配当することを意味している」と述べ、国家安全保障上、最優先して
核抑止力の維持に努めることを明言している。

このようにフランスは、NATO 軍事機構へ復帰し自国防衛のみを対象と
した核政策、核戦略から転換の兆しを見せつつも、依然として、独自の核抑
止力の基盤を維持し続けるとの決意を表明している。

また欧州は、NATO は別に、欧州独自の軍事機構としてマーストリヒト
条約により、西欧同盟（WEU）の軍事機構化を目指している。フランスの
核抑止力は、欧州独自の核抑止力の中核としての地位も兼ねており、フラン
スはその位置づけを保持しようとしている。

3　ドイツの核政策

（1）1960年代までの対ソ核戦略をめぐる米独対立とその克服

西ドイツのアデナウアー首相は、狭い国土が核の戦場になることを避け、
信頼性のある核抑止力を維持するには、ドイツ国防軍に核兵器を保有させる
ことが必要と考えていた。しかし、敗戦国である西ドイツが独自の核を保有
することは、英国などの反発もあり、実現は困難であった。

「大量報復戦略」がとられていた1950年代、NATO の基本戦略は、大規模
なソ連機甲部隊の侵攻を阻止するには、戦争の初期の段階で戦略的および戦
術的な核兵器を使用するしかないとの考え方に立っていた。

この基本戦略に基づき、1950年代には欧州での核兵器使用を前提とした演
習が行われた。1955年の「カルテ・ブランシェ（Carte Blanche）演習」では、
355発の核兵器が使用され、米国の戦略核は使用されないまま、NATO 軍は
反攻に成功するとの結果が出た。しかし、核の戦場になったドイツでは170

万人の死者と350万人の負傷者が出ると見積もられた。

特に憂慮されたのは、米国の拡大抑止の信頼性であった。米国は、欧州での戦争に巻き込まれることを避けるため、自国を守るためだけにしか自国の戦略核兵器を使用しないのではないのかという疑念が、欧州のNATO同盟諸国の間で高まった。

核使用の統制権を他の欧州諸国と共有するしかないと考えたアデナウアー首相は、1957年11月、フランス、イタリアとの間で、中距離弾道ミサイルと核弾頭の共同生産に関する協力について協議した。フランスは当時、独自の核保有を決定していたが、そのための財源と技術を確保するため、高度成長していた西ドイツとの協力に前向きであった。

しかしこの協議は米国の警戒を招き、フランスでは翌年第4共和政が倒れ、復帰したドゴール大統領の反対で、共同生産案は立ち消えになった。

同盟国の局地的な紛争に起因した望まない核戦争の危機に巻き込まれることを回避しようとしたマクナマラ国防長官は、1965年にNATO同盟国に対し、米大統領が「核の引き金」を独占するとの核統制権の限定を提唱した。

米国は、同盟国の反発を和らげ同盟国の意見も聞いているとの印象を与えるため、核計画作業グループを設けて核目標や核態勢について詳しく説明した。ドイツは当初核使用の統制権への参加を要求したが、後にしぶしぶマクナマラの提唱に従い核計画作業グループへの参加に甘んじるようになった。

これ以降の核計画作成段階では、巻き込まれることと対ソ核戦争へのエスカレーションをおそれる米国と、米国の戦略核とのリンケージの確保を求めるドイツ、英国との戦略的な利害対立が先鋭化した。

核計画策定にあたりドイツは、核の先行使用後は米国の戦略核とリンケージさせるため、直ちにソ連領内に対して核脅威を与えるよう計画することを要求した。戦略計画の議論の焦点は戦術核と米国の戦略核の役割に絞られた。

見積りでは大きな被害はドイツのみに生ずるとされていたため、ドイツは強く反発し米国の核作戦計画の前提となっていた大量報復を否定した。また

ドイツは計画のみではなくハードウエアにも参加することを求めたが、まだ対独警戒心の強かった英国はこれに反対した。

その後ドイツは、ソ連軍を国境地帯で阻止するため、設置式の核爆破資材（ADM：Atomic Demolition Munitions）を計画化するよう要求したが米国は反対した。

そこで独英は、米戦略核とのリンケージを確保するため、柔軟反応戦略の枠内で戦域核戦力（TNF：Theater Nuclear Force）の使用指針を共同で作成することになった。その成果は1969年に発表され、その中ではTNFの最初の使用に関する指針とその手続きについて言及されていた。

それに対し、ドイツはソ連領内へのTNFの使用を要求したが、米国は対ソ核戦争へのエスカレーションと巻き込まれることをおそれ、指針に示された地域よりも広い地域での核使用に反対した。また独英の案は、核の最初の使用だけではなくじ後の使用にも言及していたが、これにも米国は反対した。意見はまとまらず、最終案は単に選択肢を示すのみとなった。

ドイツも米国も、核が使用しにくいように核の敷居を上げることには賛成だったものの、ドイツは速やかにエスカレーション・ラダーを上げることによる抑止を主張したが、米国はエスカレーションによるコミットメントを回避しようとし、逆に通常戦力の強化策を要求した。

マクナマラが去った後、最終的には核の閾を上げ戦略核へのエスカレーションを回避しつつ、戦術核を作戦上の選択肢と位置付けることで一応合意が成立した。ただし英独は柔軟反応戦略には賛成したものの、核の閾を上げ通常戦力を整備することには、米側から同盟国側に対する人的戦力の増強、財政負担の要求が高まることが予想されたため、反対であった。

ドイツの立場には矛盾があった。ドイツは、できる限り早期の核使用を求めながら、自国が核の戦場になるのをできるだけ回避するため、核を使用する段階では極力少量の使用を求めた。しかしそれでは阻止効果がなく、また抑止の信頼性も劣った。

この核使用の閾をめぐる米独の対立は、地政学的な条件の違いがいかに国益と安全保障戦略の対立を生むかということの一例である。このような状況では容易に拡大抑止の信頼性は確立されない。

ドイツは、狭い国土で強大なソ連軍と地続きで国境を接しており、米国の被保護国である。当時は、国土も分断されたままであった。核の戦場となることは避けねばならないが、同時に狭い領土がソ連の機甲部隊に占領される前に、戦術核を使用して侵略を食い止め、米国の戦略核による拡大抑止を機能させねばならないという矛盾した安全保障上の要請を抱える立場にあった。

一方の米国は、欧州同盟諸国の防御国として大洋を隔ててソ連と対峙している。その意味では欧州の戦場での紛争にはできるだけ関与せず、むしろ通常戦力の負担を欧州に求めることになる。核は一度使用すればエスカレーションを統制できる保証はなく、戦略核を用いた全面戦争に拡大するおそれがある。そのため、核使用の閾をできるだけ高くし、核の先制使用と核戦争へのエスカレーションを回避し、できれば欧州内での紛争に止めたいとするのが米国の立場である。

米独の立場にはこのように本質的な対立、矛盾がある。その間に拡大抑止の信頼性を確立するのは容易ではない。結局、敗戦国であり分断国家の西独が常に譲歩を強いられる形で決着することになるが、本質的な矛盾が解決されることはなかった。

それでも拡大抑止が機能してきたのは、NATO としての核作戦計画の策定や戦略調整が、複雑な国益の対立を抱えつつも、米国主導でまとめられ、一応の統一性を維持しえたためとみられる。その点で英独が1960年代に入り基本的に協調的な姿勢をとるようになったことは、拡大抑止の信頼性と安定性を維持する上で重要な要因であったと言えよう。

特に敗戦国とはいえドイツは、国益の観点から主張すべき点は主張し、また時には東方外交を展開するなど米国に対し同盟組み換えの脅しも使いながら、それでいてフランスのように米国と決裂するまでに至ることもなかった。

199

その背景には、安全保障を米国に依存せざるを得ないという制約があったとはいえ、ドイツが、基本的には自制を維持し同盟国としての義務を果たすという、米国の拡大抑止に依存する国として合理的な対応をとったという事情がある。こうしたドイツの姿勢も拡大抑止の機能維持に大きな役割を果たしたと言えよう。また、このような米独間の柔軟反応戦略の適用をめぐる、双方の政治的意志と軍事的能力の厳しい交渉は、結果的に、米独間の信頼関係を高める効果を持ったことになる。

（2）70年代から80年代の SS-20展開への対応

1950年代の米国は、戦略核戦力を欧州に展開し、それに対してソ連は、戦域核戦力の増強を優先した。さらにソ連は1960年代には大陸間戦略戦力を大規模に拡大した。ソ連の戦略は第2次世界大戦の教訓に基づいており、核兵器も大火力の一種であった。そのようなソ連にとり戦域核戦力（TNF）には、米国の前方展開戦力を攻撃でき、かつ欧州を人質にとって米国を抑止できるという利点があった。

ソ連のドクトリンでは、東西対立時には当初から核を使用することが前提とされていた。しかし1960年代後半になると非核戦力が重要になり、TNFには新たな役割が与えられ、エスカレーションに組み込まれるようになり、TNF の改良が不可欠になった。

また TNF は、欧州と並ぶ重要な戦域である中国向けの核戦力の中核でもあった。1975年には SS-11が開発されて350基が配備され、そのうちの120基が極東に配備された。潜水艦から発射される SS-N-6 も480基が配備された。しかし START I では、SS-11も SS-N-6 も戦略核兵器に計上されることになり、ソ連の戦略展開が制限されるようになった。

そこでソ連は SS-20と Tu-22M バックファイアー戦略爆撃機を配備するようになった。Tu-22M は、核・非核の両用兵器であり、START I で戦略システムとして取り上げるか否かで米ソ間の論争になった。1977年には、精

度良好で3発の個別誘導弾頭を搭載したSS-20の配備が開始された。

　このSS-20は、ソ連の戦域の定義から見れば戦域全般に使用するための戦略的兵器であったが、西側の立場からは、戦域核か戦略核かの定義が困難であった。この点はソ連が米国と戦略核のパリティを達成するに伴い、西側で意識されるようになった。特にドイツは、ソ連領土が欧州での戦争において「戦場にならない聖域」となることには反対であった。英国もドイツの反対に理解を示した。

　ドイツの歴代政権は、ソ連の戦域核に対して米国の戦略核以外でソ連領土に届く核ミサイルを配備することを要求していた。しかしソ連の軍備管理政策の重点は、米国の対ソ封じ込めのための海外基地に反対することにあった。特に米国のTNFは警告時間がなくソ連にとり脅威となっていた。他方英独は米の前方展開基地、特にその航空機の維持を要求し、米ソ間の協議の枠外とすることを求めた。

　その後米ソ間の交渉は、前方展開基地以外にバックファイアーや巡航ミサイルの扱いを巡り紛糾した。ドイツは、米国の核戦力が優位なころから、ソ連の戦域核の戦略的役割を認識していた。特にドイツはICBMによりTNFが戦略的に代替され、それらの戦域ミサイルが爆撃機、ミサイル、砲兵などの投射手段によって近代化されることを憂慮していた。このドイツの見方はソ連さらにロシアのその後の戦力整備の趨勢をみると的確であったと言える。

　1976年にこのソ連のTNFの近代化問題が取り上げられた。その年の米国の報告では、ワルシャワ条約機構（WPO）軍のすべての展開部隊を含む敵縦深への打撃が強調された。特に迅速に前進するWPO軍に対する支援に必要な兵站部隊への長射程核戦力による攻撃の重要性が強調された。

　その結果、ランス・ミサイルの導入、155ミリ榴弾砲の近代化、ナイキ防空システムの見直しなどの近代化が盛り込まれた。また米国の戦略核とリンクするための手段としてポラリスの後継のポセイドンSLBMの割り当て増加が米側から提起された。

201

しかし、WPO 軍の戦術核の増大により抑止が損なわれることが危惧され、核エスカレーションのリスクは現実的なものと解釈されていた。特にドイツの作戦計画担当者は、抑止力はエスカレーションの恐怖によりもたらされるもので、抑止には小型核やポセイドンでは不十分であり、エスカレーションの意思を見せつけ、敵領土深くを攻撃できる地上配備の核兵器が必要であると主張した。

さらに十分な数の軽核戦力が NATO の戦域核戦力を補強するために必要とされた。そこで初めてパーシング II ミサイルがとり上げられた。パーシング II は、精度が高く堅固な目標も攻撃可能で射程も延伸されており、欧州における柔軟反応戦略を実行するための枢要な要素とみられていた。

このようにして1976年にドイツにおいて最初の長射程 TNF の構想が生まれた。この TNF 近代化計画では、TNF は、①安全で残存性があること、②できるだけ多くの NATO 加盟国が参加し同盟の結束を見せつけること、③エスカレーション手段となるようにできるだけ多様な選択肢と柔軟性のある射程を持つこと、④二次被害を最小限に止めること、⑤できるだけ広範囲に、多くの NATO 加盟国に展開すること、⑥最善の混合武器体系、予備、損耗品の交換、使用の多様性に対応できる十分な数を保持することなどの条件を満たすべきものとされた。

1976年の東西の TNF 交渉では非対称性、特に SS-20 の配備が問題になった。欧州にとり米ソの戦略兵器削減交渉（SALT）で欧州の抑止が軽んじられないことが死活的利益であった。西独のシュミット首相は、安定性と均衡を重視した。シュミット首相は、戦略核は米ソの最終的な国益と生存の拠り所となっており、柔軟反応戦略という米ソの核戦力に基づく戦略は信頼することができず、通常戦力のバランスが重要であるとした。そのためには軍備管理か兵力の増強が必要である。そこで二重決定という考え方が唱えられるようになった。

シュミット首相は水上艦艇に乗せた巡航ミサイル案を出したが、明らかに

米国の戦略核との識別が可能でありデカップリング（戦略核とのリンクの崩壊）を招くとして、フランスはこれに反対した。

米国は、戦略核の数は圧倒的に優位にあり、欧州防衛に当てても戦略的パリティは維持でき、全ソ連の目標をカバーできるから、中距離ミサイルは必要がないとの考えであった。しかしSS-20に何らかの対応が必要なことは米国にも明らかであった。

そこで、TNFの大量配備は政治的に不可能であることから、新技術の導入により機動性があり精度の高い長射程TNFを開発配備することになった。配備案としては、地上配備巡航ミサイル、パーシングⅡの改良型、F-111爆撃機、潜水艦発射巡航ミサイルなどがあげられた。

このうち、海中配備案は、目に見える抑止力ではなく、柔軟な運用に欠けて、コストがかかり指揮統制が困難であることから否定された。大陸国が主体の欧州NATOには、最終的に200基から600基の地上配備巡航ミサイルとパーシングⅡ改が配備されることになった。

その配備数は、①攻撃目標の数、②ソ連の先制攻撃や防御への影響、③ソ連を軍備管理に追い込むのに十分な数であること、④逆に、強くなりすぎると米国の戦略核攻撃が発動されないまま欧州内で戦争が終結する可能性が高まるので、欧州のTNFと米戦略核とのデカップリングを招くほど多くないことなどの条件を踏まえ、1979年末までに決定されることになった。

柔軟反応戦略とTNFをめぐる英独協力によりTNF配備は決定されたと言える。英国は、ソ連の攻撃に対し航空機は脆弱なこと、柔軟反応のためには長射程のTNF特に巡航ミサイルが必要なこと、SS-20に対応しデカップリングを阻止する必要性などの観点から配備に賛成した。日本も中朝のTNF配備に対し対抗手段をとらねばならず、当時の英国と似た立場にあると言えよう。

ドイツも、基本的に英国と同じ考えであったが、国内でのTNF配備反対や東方政策への影響も考慮しなければならなかった。このような経緯を経て、

203

NATO は79年12月、軍備管理とパーシングⅡ改などの配備を並行的に行う二重決定に至ったのである。

　以上の経緯から明らかなように、二重決定に至ったのはドイツのイニシアティブによるところが大きい。英国もそれに反対はせず、米国も当初は必要なしとの姿勢であったが、SS-20への対応の必要性を認めて、パーシングⅡ改などの配備に合意した。その際の英国の協調姿勢も配備決定に大きな力になった。

　また共通の戦略的な構想、計画作成といった経験を通じて培われた認識の統一、相互の信頼関係の影響も大きい。1970年代後半頃にはNATO の同盟関係も成熟し、冷静な相互調整と合理的な議論により妥当な結論に落ち着き、一致協力して実行できるレベルに達していたようである。

　このような合理的思考に基づく協議の結果として共同の計画が立案されることが、能力と意思の伝達面での同盟国間の拡大抑止の信頼性を根本から支えていると言えよう。

　NATO は二重決定後、ゼロ・オプションによりソ連に対し SS-20を撤去させることに成功した。このことは、①相手の目に見える形で対称的な核能力（この場合は戦域核戦力）を配備すること、②デカップリングのおそれもなく、第１撃から残存し報復攻撃により相手国中枢に確実に致命的ダメージを与えうる核能力を持つこと、および③それにともなう同盟国内での相互の意思統一、必要な核能力の展開、配備、運用面での緊密な調整が、拡大抑止への信頼性維持のために必要不可欠であることを実証するものと言える。

　なお、東アジアでの拡大抑止の信頼性向上施策として、NATO で検討された二重決定に至る検討案は参考になる。地上配備と水中配備の抑止効果の差異、指揮統制の信頼性の問題などは、検討する上での軍事的技術的側面の要因として重要である。また配備数の決定要因も参考になる。ただし、四面環海の日本の場合は、地政学的条件が NATO とは異なっている点を考慮しなければならない。北朝鮮の非核化をめぐる米朝交渉などでも、日本は、米

国とのデカップリング（切り離し）を招く北朝鮮の短・中距離ミサイルの完全撤去を要求すべきであることは、NATOの教訓に照らしても明らかである。

（3）ドイツの核共有の継続と核廃絶の推進

冷戦時の西ドイツの核政策は、米国の核兵器の共有体制にあった。1960年代にはまだ西ドイツの核武装に対する他の同盟国の疑念が強かった。これに対し西ドイツは、このような態度はソ連側の西側同盟分断のための宣伝によって乗じられるものであり、したがって西ドイツは独自の核保有の意思はないと言明している。

西ドイツは、ソ連軍の中部欧州における狭い侵攻経路上に位置しており、戦術核兵器を配備しておくことにより、ソ連軍の集中を妨げることができ、その意味で核戦力は重要であると認識していた。

その半面、人口稠密であることから、自国領土で核兵器が使用されることは極力回避すべきであり、核戦略にも柔軟な反応が必要であること、また、強力な報復力としてよりも抑止力としての核戦力が重要であり、万一核が使用されても最小限に止めて、国民の損害を回避することが最も肝要であると主張した。

政治的統制のための組織としては、米英仏とNATO事務局長による意思決定機関およびNATO理事会の権限強化案が提示されていたが、何よりもNATOの結束が重要であると強調していた。

このような協議の後、西ドイツ（当時）、イタリア、カナダ、オランダ、ベルギー、ギリシア、トルコの7か国（後、カナダは1984年に、ギリシアは2001年に脱退）は、核不拡散条約（NPT）における「非核兵器国」の立場のまま米国と秘密協定を結び、核抑止力を確保するという道を選んだ。

すなわち、平時から核兵器を保有することはないものの、核作戦計画策定時の目標選定への参加、核関連情報の共有などを行い、米軍からの核兵器使用に関する訓練を受けておき、有事になれば米国の合意の下、指定された核

205

兵器に関する使用権を行使するという方法を採った。

現在の NATO で協定に基づき指定されている核兵器は、F-15、トルネード等の戦闘爆撃機に搭載する核爆弾と核巡航ミサイルのみである。これらの核爆弾は、平時においては米軍の核爆弾補給管理専門部隊である「弾薬支援隊」（ammunition support unit）の厳重な管理下に置かれており、核兵器の保管、情報共有、展開・使用、第3国での保管については、協定に基づき厳密に規定されている。また計画上、核使用はもともと在欧米軍の責任対象地域内に限定されていたが、冷戦崩壊後は域外にまで拡大されている。

このような協定に基づき、平時から目標選定と情報提供、訓練のみを受けておく核共有方式では、有事には「米国国家最高指揮権限者」である米大統領の命令に基き、核爆弾の譲り渡し（hand-over）が行われる。米国の指揮・管理下にある核戦力としての実態に本質的変化はない。なお、同盟国の核作戦に関する指揮権限について、キッシンジャーは「象徴的なもの」と発言している。

4　日本の核抑止力強化の参考としてみた場合の英仏独の核保有態勢の特性

現在の日本は核抑止力を全面的に米国に依存している。しかし近年、中露の核戦力の増強近代化、北朝鮮の核開発・ミサイル発射など、北東アジアにおける米国の拡大抑止の信頼性の低下を招く事態が周辺国で相次いで起きている。

トランプ政権は、核戦力の増強近代化を進めると表明している。しかし、その効果が出るまでには時間を要し、対する中露朝の核戦力増強の速度は速く、今後の北東アジアの核戦力バランスの推移は、日本にとり不利な方向に傾く可能性が高い。

このような情勢下で、日本が核抑止力を強化するため、核を保有するとした場合には、その選択肢として、NATOにおける英仏独の核保有態勢が参考となるであろう。

このうちドイツ型は、非核三原則を見直して米国の核兵器の日本領土内への持ち込みを認めなければならないが、実行は英仏式に比べ容易である。

しかしNATOでの経緯からも明らかなように、ドイツは核使用の統制権への参加を望んでいたが果たせず、ドイツ型は、その代替案として米国から強要され、しぶしぶ受け入れた形だけの核共有の方式である。

核使用の統制権は米国の大統領に一任されることになり、実質的な拡大抑止の信頼性強化にはつながらない。逆に日本領土内に新たに核攻撃目標を増やすことになり、有事には国土に二次被害を招くおそれが高まる。

運搬手段としては、英仏独の教訓から見て、SSBNの採用が望ましい。SSBNは一般に、指揮連絡が困難で、SLBMの命中精度が劣り、発射後は発見・撃沈され易いため、先制核攻撃には適さない。しかし、SLBMを発射しなければ発見されにくく、敵の先制核攻撃に対して最も残存性に富んでいる。

さらに、日本は島嶼国で良港が多く、水深の深い広い海域に取り囲まれており、SSBN展開のための地政学的条件にも恵まれている。抑止戦略上も、国土が狭く人口が海岸部に密集している日本の特性から、相互確証破壊水準の核戦力の展開は困難であり、自衛的な最小限抑止のためのSSBNの保有が望ましいと言えよう。

このような核戦略態勢は、英国とフランスが採用している。ただし、フランスは戦闘爆撃機搭載型の核巡航ミサイル・核爆弾も保有しているが、戦略核抑止力はSSBN艦隊が担っている。

英国型とフランス型では、指揮統制権の独立性、米国との戦略核戦力システムや戦略核作戦計画の共有度に違いがある。

すなわち、英国は、SSBN本体と核弾頭は国産とし、弾道ミサイルSLBMは米国から導入している。また核指揮統制通信システム（NC3）は米国と

共用しつつも、英国首相が直接指揮するための独自の NC 3 を維持している。

　英国の SSBN は米国の核作戦計画の一部に組み込まれているが、英首相の指揮命令で独自の行動をとることもできる。

　それに対しフランスの場合は、SSBN、SLBM、核弾頭いずれも国産の独自システムであり、核作戦計画も NC 3 も独自のものである。

　以上の英仏独の核保有態勢の特性を参考にした日本の核保有の選択肢については、第 8 章 4 項で詳しく述べるが、日本としては、英国型を追求し、米国の戦略核とのリンケージを確実にするとともに、拡大抑止の信頼性を最大限に確保するのが望ましいであろう。

　ただし、英国型の実現が困難な場合に備え、フランス型の独自の核保有も可能になるように、少なくとも潜在的能力は保有しておくべきであろう。

第8章 | 日本の核政策・核戦略のあり方

1 核抑止のための核政策

（1）理想と現実を見据えた日本の核政策

　日本は、唯一の戦争被爆国であり、核兵器の不拡散と核軍縮を世界に向けてアピールするとともに、核エネルギーの平和利用を推進する核政策を維持してきた。その一方で、日本政府は、核兵器を「持たず」、「作らず」、「持ち込ませず」とする非核三原則を堅持しつつ、現実の問題として、周辺国からの核の脅威に対しては、米国の拡大抑止に依存する核政策を追求してきた。換言すると、日本は、核政策として、核不拡散・核軍縮に向けて世界をリードする基本政策と、米国の拡大抑止に依存するヘッジ政策、すなわち、核廃絶の理想に向けた努力と直面する核の脅威を抑止するという現実対応を均衡させつつ、併進する政策を採ってきたのである。

　その際、日本の歴代政権は、「核兵器のない世界」を目指す核廃絶政策を追求する一方で、時として米国の拡大抑止が現実に実効的でなくなった場合等についても広く議論を行ってきたことは、第5章に見たとおりである。「核兵器のない世界」の実現は最も望ましいことはいうまでもないが、日本の周辺には核保有国があり、これらの国の核兵器の存在を前提とした現実的な安全保障政策は、国民の安全に責任を有する政府として当然のことである。

これまで日本がリードしてきた核不拡散や核廃絶の分野では、2017年に「核兵器禁止条約」が採択され、これに貢献したとしてICANがノーベル平和賞を受賞した。日本政府は、「核兵器禁止条約」が核兵器国と非核兵器国との隔たりを深めることになり、「核兵器のない世界」の実現をかえって遠ざける結果になるとして、同条約に参加しなかった。このことに対し、日本のマスメディアはこぞってネガティブキャンペーンを張り、日本政府の態度を批判したことは周知のとおりである。

　今日、核兵器国が増加しつつある「恐怖の核時代」において、非核兵器国の一方的な論理だけで核不拡散・核軍縮が実現されると考えるのは、現実の核環境に目を向けていないと言わざるを得ない。核兵器国に囲まれた非核兵器国の日本は、周辺核兵器国の意思次第で攻撃されることになる可能性を無視できず、米国の拡大抑止に依存しない限りその生存と安全を確保できないからである。

　日本は、これまでのように現実を見据えて、核兵器国と非核兵器国の双方に働きかけるリード・バット・ヘッジ政策を強力に推進し、「核兵器のない世界」の実現を追求すべきなのである。しかし、北朝鮮は核兵器技術を放棄しないと外務大臣が述べ、国連事務総長は核兵器の脅威が現実に高まっていると表明している中で、日本の国会議員や国民の間で核政策が現実を踏まえたものであるかどうかの議論が見られないのは不思議な現象である。

（2）核環境の変化を踏まえた核政策の修正

ア　「一国非核兵器地位」の選択

　日本政府が核不拡散・核軍縮を主導している中で、核兵器禁止条約への不参加表明は、米国の拡大抑止に依存せざるを得ないとしても、日本の核政策に対する不信感あるいは不透明感が否めないところである。また、非核兵器国である日本が核兵器国に働きかける余地が少ないことも、これに拍車をかけている。しかしながら、第3章でみたように、非核兵器国が核兵器国に働

きかけた消極的安全保障である「非核兵器地帯」への取り組みは、現実を踏まえた日本の核政策に大きな示唆を与える。

安全保障の現実派は、日本が周辺国の核脅威に対するヘッジとして米国の意思に依存していることに対して不安感を表明する。とりわけ、米国におけるトランプのような一国平和主義を標榜する大統領の登場は、拡大抑止の有効性に対する疑問を否応なく醸し出し、日本の核政策の実効性に対し不信感を抱かせるようになったこともまた事実であろう。このような不満や不信感は、日本が主権国家として安全保障に責任がある以上、核保有をせざるを得ないとの現実派の主張を後押しすることになる。

しかし、これまで核不拡散と核軍縮を主導してきた日本が、「恐怖の核時代」に入ったからと言って、180度逆方向の核保有を選択することは、あまりにも唐突で現実的ではない。また、わが国が主張する核軍縮・核廃絶の動きは明らかに頓挫しており、これを一歩でも前進させるためには新たに有効な対策を模索する必要に迫られている。その現実的な選択肢として、日本は非核兵器国が核兵器国に働きかけたモンゴルの努力を参考にしたい。モンゴルは、現在、国連を巻き込んで「一国非核兵器地位」を獲得しつつある。

核兵器国およびいわゆる分断国家が混在する北東アジアには、非核兵器国が主体となって非核兵器地帯を構想できないことは、前述したとおりである。同様に、核保有国のロシアと中国に挟まれ1992年に独立したモンゴルは、複数の国家で締結される伝統的な非核兵器地帯の設立条約を締結することができない。このためモンゴルは、現在、「一国非核兵器地位」を獲得するために中国やロシアをはじめとする核兵器国と条約を締結し、非核兵器状態が尊重される地位を確保するよう努力している。

イ　日本の「一国非核兵器地位」獲得に向けた手順

日本は、歴代政権による核政策検討の結果、非核三原則を堅持し、原子力エネルギーの平和利用を推進するために、NPTに加盟したことは、第5章に見たとおりである。「一国非核兵器地位」を獲得するために、日本は、先

ず、国連総会で「一国非核兵器地位」を目指すことを高らかに宣言する必要
がある。すなわち日本は、国連総会の場で核爆発装置の研究、開発、製造、
貯蔵、取得、所有、管理、実験を行わないことを表明し、「一国非核兵器地
位」を目指す宣言を行うとともに、核兵器国に対し、非核兵器国としての日
本の地位を尊重し、消極的安全保障すなわち核兵器の使用禁止措置を求める
のである。

　日本が「一国非核兵器地位」を宣言するにあたっては、非核三原則を政策
として堅持するだけでは不十分で、非核三原則の国内法を制定し、日本の非
核政策の覚悟を国際社会に受容してもらう必要があろう。現実主義の立場を
とる核兵器国は、国会決議ではあっても、単なる政策の表明と理解される非
核三原則の堅持を主張するだけでは、消極的安全保障の提供を躊躇すると思
われるからである。

　次の段階として、モンゴルがそうしたように、国連の場における外交交渉
を継続し、すべての核兵器国と多くの非核兵器国の賛同を得た後に、国連総
会で「非核三原則法」を示し、国連総会決議の形式で国連加盟国の賛同を獲
得する。国連総会で決議が採択できれば、核兵器国と消極的安全保障につい
て外交交渉を継続し、逐次これを条約化していく手順を踏むことになる。

　さらに日本は、核兵器国から非核兵器状態尊重の地位を確保するために、
非核兵器国と個別に行う条約締結交渉の経緯や結果を国連総会に報告するこ
とで、透明性を確保することが重要である。このような透明性の確保は、条
約締結前から非核兵器国のコミットメントを保証できるからである。これら
の努力を積み重ねた結果、すべての核兵器国と国際的拘束力のある2国間条
約および条約所定の議定書が締結されることになり、日本の「一国非核兵器
地位」を獲得できることになる。

　このようなプロセスは決して平坦ではなく、時間がかかると思われるが、
唯一の戦争被爆国であり、リード・バット・ヘッジを旨とする核政策を主導
してきた日本が、「一国非核兵器地位」を獲得することによって、「恐怖の核

212

時代」の現実に即しつつ、より核廃絶の理想へと近付く核政策の修正となる
だろう。

　一方、このような日本の努力にもかかわらず、日本が条約化を目的として
消極的安全保障について外交交渉を行うプロセスで、これに賛同しない核兵
器国が存在する可能性は十分に予測しうる。このような核兵器国は、日本に
対する潜在的核攻撃国になる可能性があるため、日本はこれに対する核戦略
を再検討しなければならない。

　従来と同様、米国の拡大抑止に依存し続けるのか、あるいは、米国の相対
的地位が低下し拡大抑止に疑問が生じる場合は、NPT を脱退して核兵器国
となる核政策も選択肢の一つとなる。周辺核兵器国からの脅威が明確になっ
た以上、日本の核保有はやむを得ない選択肢として、多くの国からの理解や
支持を得ることもできるのではないだろうか。

2　核の脅威を抑止（ヘッジ）するための核戦略と同盟戦略―その意義と日本の現状―

　核の脅威を抑止（ヘッジ）するための核戦略は、一般的に、攻勢戦略と防
勢戦略に区分される。攻勢戦略は、「積極攻勢戦略」と「残存報復戦略」に、
防勢戦略は「積極防勢戦略」と「消極防勢戦略」にそれぞれ区分される。こ
れら４つの核戦略にはそれを遂行し、あるいは支える戦力や機能・手段が必
要である。

　一方、わが国の場合は、同盟国アメリカの拡大抑止（「核の傘」）に大きく
依存している。このため、「同盟戦略」が、上記４種類の戦略と一体不可分
の関係にあり、わが国の核戦略における不可欠の要素を構成する。

　本章の以下の各項では、まず、上記５つ（４＋１）の「核戦略の区分」に
沿って日本の核戦略の現状を分析し、攻勢戦略不在で MD による積極防勢

戦略に偏重している日本の核戦略の問題点を明らかにする。

次いで、その問題点を是正するため、現行憲法下における政府の核・防衛政策の枠組みを前提として、わが国が採り得る戦略のあり方について論じる。

最後に、米国の中露に対するバランス・オブ・パワーの優位性が崩れつつあるとの認識や北朝鮮の核ミサイル開発にともなう動向などを踏まえ、日本を取り巻く国際安全保障環境の変化に対応して、わが国が核政策を転換し、核兵器の保有を余儀なくされる場合がある得ることを想定し、英仏独の核戦略・核政策を参考に、その選択肢を提示することとする。

（1）　4つの核戦略

ア　積極攻勢戦略

積極攻勢戦略は、予防的または自衛的な先制攻撃を含む、積極的な攻勢打撃を追求する戦略である。この戦略を遂行するための戦力としては、突破力と破壊力に優れ、即応性の高い ICBM などが用いられる。

日本は、憲法の制約によって、基本的に積極攻勢戦略を採用できないとの立場である。

日本政府の憲法第九条の趣旨に関する解釈によれば、「性能上専ら相手国国土の壊滅的な破壊のためにのみ用いられる、いわゆる攻撃的兵器を保有することは、直ちに自衛のための必要最小限度の範囲を超えることとなるため、いかなる場合にも許されない。たとえば、ICBM、長距離戦略爆撃機、攻撃型空母の保有は許されない」と考えられている。

このため日本は、積極攻勢戦略を遂行するための戦力は核、非核を問わず、全面的に米国に依存してきた。ただし、弾道ミサイルの発射基地など敵国の基地や拠点などを攻撃する「敵基地攻撃能力」については、限定的だが憲法上でも可能であるとの趣旨の次のような政府答弁がなされている。

　　　　　わが国に対して急迫不正の侵害が行われ、その侵害の手段としてわ

が国土に対し、誘導弾等による攻撃が行われた場合、座して自滅を待つべしというのが憲法の趣旨とするところだというふうには、どうしても考えられないと思うのです。そういう場合には、そのような攻撃を防ぐのに万やむを得ない必要最小限度の措置をとること、たとえば誘導弾等による攻撃を防御するのに、他に手段がないと認められる限り、誘導弾等の基地をたたくことは、法理的には自衛の範囲に含まれ、可能であるというべきものと思います。（鳩山一郎首相答弁、船田中防衛庁長官代読、昭和31年2月29日衆議院内閣委員会15号）

　この答弁の趣旨に基づけば、敵が攻撃に着手した時点で自衛のために先制攻撃を行う、いわゆる今日でいう「先制的自衛」（pre-emptive self-defense）は可能であるとの解釈が成り立つ。

　ただし、日本の現状では、移動でき地下化された敵ミサイルの位置をリアルタイムで把握し、それを確実に制圧破壊する能力を持ち合わせていない。また、敵基地攻撃に先立って、敵防空ミサイル網を無力化する必要があるが、そのための空中早期警戒管制機（AWACS）、電子戦、対レーダミサイル攻撃、空中給油など総合的な攻勢航空作戦能力も十分に備わっているとは言い難い。

イ　残存報復戦略

　残存報復戦略は、相手の先制攻撃に対して自国の核戦力の一部を必ず残存させ、報復攻撃で相手を確実に破壊できる第2撃能力を確保することによって核攻撃を抑止しようとする戦略である。この戦略を遂行するための代表的戦力には、海中深く展開され秘匿残存性に優れたSSBNがあるが、この点についても積極攻勢戦略同様に、日本は全面的に米国に依存してきた。

　一方、前述の「敵基地攻撃能力」に関する国会答弁での「敵の攻撃が行われた場合」の「反撃」（counter attack）という意味であれば、この残存報復攻撃能力に該当し、そのような能力の保有は憲法上否定されていない。

　その際の報復攻撃手段は航空侵攻作戦とは限らず、現代では、陸海空配備

の発射母体から発射された長射程巡航ミサイルによる敵防空網のエリア外からのアウト・レンジ攻撃も有効である。ただし残存性と突破力という点では、SSBN に搭載された弾道ミサイル SLBM が最も優っており、次いで、地下に格納された地上発射の移動式弾道ミサイルとなる。

　なお、残存報復作戦についても、日本には潜在能力はあるものの、現有能力では実行困難であろう。

ウ　積極防勢戦略

　積極防勢戦略は、敵が攻撃してきた各種ミサイル、特に突破力に優れ破壊力の大きい弾道ミサイルを空中で迎撃し、破壊するか無力化することを追求する戦略である。それを可能にする戦力・手段は、米国、日本、韓国、サウジアラビアなどが配備している、極めて複雑で高度なミサイル防衛（MD）システムがこれに該当する。

　現在の MD システムとしては、米国製の「地上配備中間コース防衛（GMD）システム」、「終末高高度防衛（THAAD）ミサイル」、イージス艦搭載 SM-3 ミサイル Block Ⅰ・Ⅱシリーズ、これを地上配備型にしたイージス・アショア、近距離防御用の PAC-3 などがある。

　ロシア製の防空ミサイルシステム S-300、S-400、S-500 もミサイル防衛能力を備えており、中国もロシア製 MD を導入する一方、自らも開発を進めている。イスラエルは MD 用としてアロー・ミサイルを配備し、ロケット弾、追撃砲弾などの迎撃破壊に使用している。

　日本の MD システムは、イージス艦搭載 SM-3 ミサイル Block Ⅰ・Ⅱシリーズ、PAC-3 から構成され、近年中にイージス・アショアを導入する予定で、米国に次ぐ水準にあり、日本の積極防勢戦略の骨幹となっている。

エ　消極防勢戦略

　消極防勢戦略は、万一敵の核攻撃を受けた場合に一般国民への被害を局限し、国家機能を維持するための戦略であり、そのための機能・手段として「民間防衛」の体制作りが重視される。

216

諸外国では、体制や国家の大小を問わず、冷戦時代に大規模な核シェルター建設がすすめられた。主要国では平均すると、国民の6～7割程度を収容できるだけの核シェルターが整備されている。

しかしこの点で、日本の核シェルター普及率については、正確な統計はないが、0.2%以下とみられている。唯一の被爆国でありながら、ほぼ無防備に等しい状況に置かれている。

わが国では、防災用として各種の非難施設や物品などが重点的に整備されている。しかし現在の防災用では、核・生物・化学・放射能汚染・電磁パルスなど、有事に予想される一般国民への脅威に対する備えとしては不十分である。

有事用としては、核爆発直後の衝撃波の風圧や熱線に耐えられる強度をもった二重の遮蔽扉、除染室、エアフィルター付換気装置を備えた避難施設（シェルター）、大量の浄水と汚染されていない食糧、特殊な防護用衣服・薬剤・検知器、防護マスク、負傷者・汚染患者の隔離室と輸送手段などが必要になる。また、シールドで覆うなどの電磁パルス対策を施した堅固な通信施設や大規模な非常用電源も必要になる。

既存の地下施設や防災用施設などを改良すれば、低コストでの核シェルター整備も可能であろう。

法制面では、『国民保護法』が整備され、武力攻撃事態等における対処措置について、具体的な法的責務を国・地方公共団体の双方が負うことになった。同法を受けて、国民保護のための計画が市町村単位まで整備され、自衛隊・警察を含めた訓練も実施されている。

また、「武力攻撃事態」や「緊急対処事態」などに際して住民の避難・救援に必要な場合、私有地の一時的な提供、医薬品や食料の保管指示、交通規制などに従わなかった場合に罰則が科されることがあるなど、一定の範囲で私権を制限することを容認し、住民に対する避難指示や救援活動は都道府県中心で行うこととされている。

ただし、避難・疎開・輸送・物資の調達などに関する強制的な統制権限は限られており、武力攻撃事態などの緊急時に混乱なく避難や収容ができるのか、必要な物資を過不足なく適切に調達・輸送・配分ができるのかなどには多くの課題が残されている。

（2）同盟戦略 —日本の核戦略の「要」となる戦略—

わが国は、「非核三原則」を国是として堅持しているため、同盟国アメリカの拡大抑止に大きく依存している。つまり、わが国の核戦略において、同盟戦略は不可欠の要素を構成し中心的役割を果たしており、その実効性を担保することは日米間の大きな課題である。

既述のとおり、米ソ（露）はINF条約によって地上発射型の中距離核戦力を廃棄した。さらに米国は、オバマ大統領の「核兵器のない世界」の方針に従って、各種トマホークのうち、核搭載海上発射型巡航ミサイル「トマホーク」も退役させた。その結果、米国には、海中発射型（TLAM-N）と空中発射型（AGM-86B）の巡航ミサイル「トマホーク」がかろうじて残ったが、中距離核戦力の大幅低下は否めない現実がある。

一方、東アジアでは中国と北朝鮮が多くの中距離核戦力を保有しているため、米国と中朝との間に非対称性が生じ、米国の拡大抑止、特に「地域的核抑止」の実効性が危ぶまれる事態を招いている。

また、核戦略上の大きな柱であるBMDについて、米国の防衛対象は、第一に米本土、第二に在外米軍基地、そして第三に同盟国・友好国となっている。そのうえ、米国自身がBMD能力の限界を率直に認めていることから、同盟国・友好国のBMDは自力で賄うことを促していると理解しなければならない。

そのため、日米同盟下において、日本に対する米国の拡大抑止の実効性を高める努力を行いながらも、その提供には限界があることを十分に認識し、わが国は自らの力で核抑止力を高め、即応態勢を維持するための各種施策を

積極的に推進しなければならない。

3　日本の核戦略の問題点

　以上、核戦略の区分に従った日本の現状について述べたが、改めてその問題点をまとめると、以下の諸点が指摘される。

（1）攻勢戦略の不在

　核戦略のうち、防勢戦略のみについて施策し、攻勢戦略はほぼ全面的に米国に依存してきた。そのため、敵基地攻撃能力保有について憲法解釈上容認されているとはいえ、実際の防衛力整備には反映されず、現状では攻勢戦略のための能力は皆無に等しい。

（2）MD システムへの偏重

　防勢戦略については、MD システムの整備に偏重し、「民間防衛（国民保護）」体制については不十分であり、積極防勢戦略と消極防衛戦略のバランスを著しく欠いている。

　特に、核シェルターの整備は世界の標準に比べ著しく立ち遅れている。法制面でも、避難・疎開・輸送・物資の調達などに関する強制権限が弱く、実効が上がるか問題である。

（3）MD システムの問題点

ア　大規模な弾道ミサイルの集中攻撃（飽和攻撃）への対応能力不十分

　米国防総省が2010年に発表した『弾道ミサイル防衛態勢報告』では、「現在の米本土の地上配備型迎撃ミサイル（GBI：Ground Based Interceptor）システムは、北朝鮮やイランのような<u>局地的で限定的な弾道ミサイル攻撃に</u>

219

対処するためのものであり、中露による大規模な弾道ミサイル攻撃に対処する能力を持つものではなく、中露との戦略的安定に影響を与えることを意図したものではない」として、MDシステムの能力の限界について明記している。（下線は筆者）

　米国が、わが国より大規模かつ組織的なMDシステムを整備していることに対比すれば、中国、北朝鮮による弾道ミサイルの飽和攻撃に対するわが国の対応能力が不十分であることは明らかである。

イ　撃墜確率の限界

　弾道ミサイルの撃墜確率については、警告時間、敵の弾道ミサイルの速度、方向、高度、レーダーの配備、性能など様々の条件により左右され、一概には言えないが、100％確実に撃墜できるわけではない。

　一般に、短射程の速度の遅いミサイルは迎撃が容易で、射程約600kmの在来型のスカッドならばSM-3で8割から9割は撃墜できるとみられている。しかし、射程が伸び速度が速くなるほど撃墜確率は下がり、日本を目標とする射程約1,300kmのノドンなら7割から8割程度に低下するが、敵ミサイル1発に対し複数の迎撃ミサイルで迎撃すれば、9割以上の確率で撃墜できるとみられる。ただしその場合も、多数同時あるいは連続発射の飽和攻撃を受け、あるいは、おとり弾頭を使われれば、打ち漏らしを生ずる恐れが高まる。

　さらに、大気圏内に音速の25倍程度で再突入してくるICBMに対しては、日本が2021年に配備開始予定のSM3 Block ⅡBを待たなければ、迎撃困難とみられている。

ウ　予算の効率的使用に対する阻害

　攻撃側の弾道ミサイル1発に対し防御側は数倍以上の価格の迎撃ミサイル（システム）をもって迎撃することになる。

　一般的に、いわゆる「専守防衛」政策に基づく防御手段の整備には多大の財政負担を伴うが、わが国の安全保障の目標を達成するためには、避けられ

日本の核政策・核戦略のあり方

ない負担といえよう。

　この際、相手国がミサイルの能力を強化すると、それに対応して、わが国のMDシステムの能力を改善強化しなければならないというイタチごっこに陥る。その場合、わが国の財政負担が加速度的に増大するため、MDシステムだけでなく積極的手段についても検討すべきである。

---

column

対外有償軍事援助（FMS）による装備品等および役務の調達

　わが国の限られた防衛予算において、MDシステムの整備は大きな負担になっている。平成28年度予算案を含めると、整備開始以来の13年間のMDシステム関連費用は累計で約15,800億円に上るとの報道もある。

　またMDシステム関連予算の大半は、対外有償軍事援助（FMS）による装備品等および役務の調達（「FMS調達」）により行われている。FMS調達は、国産品等の調達契約と異なり、武器輸出管理法等の米国政府の法令等に従って行われ、価格は米国政府の見積りによること、支払は原則として前払い、納期は予定となっているなど、米国政府から示された条件によるものとなっている。このためFMS調達では、日本側にとり不利な条件での調達を余儀なくされ、日本国内に予算が還流されず、調達装備品に関する防衛技術の蓄積もできないなどの問題点が指摘されている。

　日本側に代替しうる国産装備品等がない以上、FMS調達に頼らざるを得ないのが現状であるが、MDなどFMS調達の装備品の正面装備品調達予算全体に占める比率は近年7割程度に急増しており、日本独自の要求に沿った国産装備品等の調達予算を大きく圧迫している。

4 日本の核戦略のあり方

（1）検討の前提

日本は、主権国家として、自らの判断と責任において、わが国の平和と安全を維持し、その存立を全うしなければならない。

日本政府は、「自衛のための必要最小限度を超えない実力を保持することは、憲法第9条第2項によって禁止されておらず、したがって、右の限度の範囲に止まるものである限り、核兵器であると通常兵器であるとを問わず、これを保有することは同項の禁ずるところではない」との解釈を採ってきた。

しかし、「憲法上その保有を禁じられていないものを含め、一切の核兵器について、政府は、政策として非核三原則によりこれを保有しないこととしており、また、法律上および条約上においても、原子力基本法および核兵器不拡散条約の規定によりその保有が禁止されている」とし、憲法第9条の法的解釈とは全く別の問題として、実質的に核兵器を保有しないこととしている。

したがって、現行法制下におけるわが国の核戦略は、核兵器を保有しないことを前提としたものでなければならない。そのため、中国や北朝鮮などによる核の脅威に対するわが国独自の核戦略は、攻勢戦略のうちの残存報復戦略と、防勢戦略の積極防勢戦略および消極防勢戦略を基本に核戦略を構築し核抑止力を強化することが焦点となる。

この際、攻勢戦略のうちの積極攻勢戦略については、「日米防衛協力のための指針」（ガイドライン）に定めるように、「米国は、引き続き、その核戦力を含むあらゆる種類の能力を通じ、日本に対して拡大抑止を提供する」との取り決めによるものとする。

なお、日本の核戦略のあり方の案出に当たっては、前述の日本の核戦略の問題点を踏まえ、その対策と新たな作戦空間（ドメイン）や技術的可能性などを検討し、そのあり方を述べることとする。

（2）基本的な考え方

　日本の核戦略の基本は、米国の提供する拡大抑止の一層の信頼性の強化に努めるとともに、防勢戦略を重視した自らの対核防衛力の強化と国内体制の構築により、日本に対する核攻撃を抑止することである。この際、従来は全面的に米国に依存していた攻勢戦略の分野においても、非核手段を用いた敵基地攻撃力等を持つことにより抑止効果の一層の向上に努める必要がある。

　万一、核攻撃が行われた場合の対処は、4つの戦略に基づき準備したあらゆる手段を駆使して、被害の局限に努めることになる。

　各戦略に必要な自らの防衛力等の整備に当たっては、同盟国米国との共同連携に留意するとともに、現状の陸海空統合の防衛力を基盤として、宇宙・サイバー空間等を加えたすべての作戦空間（ドメイン）における所要の手段を整備し、官民一体となった対核防護体制を確立することが重要である。

　また、以上の戦略の実効性を確保するためには、4つの戦略を行うに当たって新たに必要となる防衛予算を確保するとともに、自衛隊の即応態勢の維持および官民一体となった対核防護体制のための法整備、並びに国民の理解・協力を得るための広報等を積極的に行うことが必要である。

（3）核戦略の枠組み

　上記の基本的な考え方に基づく日本の核戦略の枠組みは、積極攻勢、残存報復、積極防勢、消極防勢の4つの戦略に加え、米国との同盟戦略とで構成される。

　4つの戦略のうち、積極攻勢戦略および残存報復戦略については、米国の拡大抑止に期待する部分が多く、その信頼性確保が不可欠である。一方、積極防勢戦略および消極防勢戦略は、日本が主体的に行う部分であり、そのためには、まず自らが核の脅威に立ち向かう決意を堅持するとともに、日本自身の能力とそれを発揮し得る基盤を強化し、変化する状況に能力を適応させていくことが必要である。

核兵器を持たないことを前提とした場合の日本の核戦略の枠組み

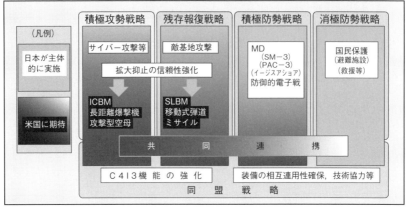

(筆者作成)

（4）枠組みを構成する主要戦略

ア　4つの核戦略

（ア）積極攻勢戦略

　日本は、憲法の制約を前提とする限り、ICBMや戦略爆撃機など性能上もっぱら他国の国土の壊滅的破壊のためにのみ用いられる攻撃的兵器は保持できない。

　一方、現代の軍隊は、情報通信技術（ICT）の発展によって、情報通信ネットワークへの依存度を増し、精密誘導の高性能電子兵器システムを多用するようになっている。これに対して、その弱点につけこんだサイバー攻撃は、敵の強みを低減できる非対称的な戦略として重視されるようになっている。また同攻撃は、軍事目標に限定した非物理的攻撃が可能であるため、日本の攻撃的兵器の定義やカテゴリーからも除外されるものである。

　つまりサイバー攻撃は、これまで積極攻勢戦略の手段を欠いてきたわが国にとって、敵の弾道ミサイル（BM）用C4ISRを無効化できる極めて有効か

つ新たな手段であるので、これをわが国の核戦略の一環として位置付け、サイバー戦の体制を充実し能力を強化して、積極的にサイバー空間の活用を追求することが必要である。

（イ）残存報復戦略

日本の残存報復戦略の課題は、敵基地攻撃能力の保有である。

北朝鮮の核ミサイル開発と中国の核戦力の増強近代化が続けられる中、日本政府は敵基地攻撃も可能なミサイルを、日本として初めて保有する方針を固めた。

政府が購入する予定の装備は、ノルウェーなどが開発中の最大射程500km以上の空対艦・空対地の能力を持つ巡航ミサイル「JSM：Joint Strike Missile」で、今年度から航空自衛隊に配備される最新鋭ステルス戦闘機「F-35」に搭載される予定である。さらに、射程が900〜1,000km程度の米国製空対地ミサイル「JASSM-ER」と、遠距離から対艦、対地攻撃ができる「LRASM」も平成30（2018）年度予算案に計上する方針で、日本海上空からでも北朝鮮を攻撃でき、敵基地攻撃能力の有力な手段となり得る。

しかし、移動式あるいは地下格納（サイロ）式になっている敵核ミサイル基地を攻撃するに当たっては、核ミサイルの所在（目標情報）をオンタイムかつピンポイントで把握しなければならない。その目標情報は偵察衛星を含む長距離 ISR ネットワークなどのハードウェアのみで偵知することは困難で、最後は特殊部隊や潜入工作員（例えば米国の CIA）などのヒューミントに依存せざるを得ない。また、攻撃後の戦果の確認も重要であるが、それも又、ヒューミントの役割である。

つまり、敵基地攻撃能力を保持するためには「目標発見→捕捉追随→攻撃→戦果確認」のサイクルをしっかり確立しなければならず、日本は、目標を発見・捕捉追随し、戦果を確認する決め手となるヒューミントの能力を欠いており、その整備が大きな課題である。

また、導入予定の敵基地攻撃能力を保有する装備は、空中発射の巡航ミサ

225

イルに限られている。しかし、航空機の運用には、航空優勢の帰趨や天候気象条件に左右されるなどの問題点や課題があり、地上発射あるいは海上・海中発射の対地攻撃ミサイルなど、多様な手段を準備し、相互に補完・強化できるようにしておくことが重要である。

　例えば、航空自衛隊に無人攻撃機を配備する。また、陸上自衛隊は地対艦ミサイル（SSM）と呼ばれる巡航ミサイルを装備しているが、その射程を伸ばし、対地攻撃能力を持たせ、さらに、海上自衛隊の水上艦艇や潜水艦に、米国のトマホーク巡航ミサイルを搭載するのも有力な選択肢である。

　政府の決断次第で、日本が敵基地攻撃能力を保持することは可能であるが、それを実効性ある戦略に高めるためには、「戦場の霧」を晴らすなど、措置対策の多いことを重々認識し、日本の敵基地攻撃能力を多角的システムとして整備することが必要である。

（ウ）積極防勢戦略

　現在、日本のBMDは、イージス艦による上層での迎撃とパトリオットPAC-3による下層での迎撃を、航空自衛隊の自動警戒管制システム（JADGE）により連携させて効果的に行う多層防衛を基本としている。また、日本は、弾道ミサイル対処に当たり、従来から、米国の早期警戒情報（SEW）に依存している。

　一方、北朝鮮の核ミサイル開発の進展や中国の核ミサイルの増強近代化など、日本を取り巻く核の脅威は複雑化・深刻化の度合いを増している。

　そのため、日本は、以下に述べる「多層・多様防衛体制」の構築が必要である。

　まず、日本にとって死活的脅威を及ぼす中朝などの戦域内の弾道ミサイル情報については自ら入手できる能力を持つべきである。それによって、米国との競合をきたすというより、両国の情報を重ね合わせることで、より正確かつ確実な情報活動を可能とし、日米双方にとって一段と相乗効果を高めることができる。

226

また、陸上自衛隊にイージス・アショアが導入されることも踏まえ、陸海空の防（対）空とミサイル防衛を統合一元化するため、統合防空・ミサイル防衛（IAMD）システムを整備しなければならない。同時に、このシステムに米軍との連接性を持たせることによって、切れ目のない態勢で日米共同対処能力を高めることができる。

次いで、日本の積極防勢戦略では、ブースト段階、ミッドコース段階そしてターミナル段階での多層防衛体制かつ異種火器・ミサイルの長所・短所を組み合わせた多様な防衛体制を構築する取組みが必要である。

この際、敵が核ミサイルによる飽和攻撃を行った場合、ブースト段階およびミッドコース段階での完全撃破は困難と見られることから、ターミナル段階で、政経中枢や重要インフラなどの重要防護対象を最終的かつ確実に防護できる体制を確立することが求められる。

また、多層・多様防衛体制に掲げる物理的手段に、非物理的手段としての電子戦を併用し、積極防勢戦略の目的をより効果的に遂行することが必要である。

なお、多層・多様防衛体制を構築するための主要装備の候補は以下のとおりである。

◇ブースト段階：無人攻撃機や空中発射レーザー（ABL）などの導入

◇ミッドコース段階：イージス艦の増勢と能力向上型迎撃ミサイル（SM‐3ブロックⅡA）の導入、イージス・アショアの導入

◇ターミナル段階：THAADシステムの導入、PAC‐3能力向上型ミサイル（PAC‐3MSE）の導入

この際、日本において、小型大出力発電機の開発に目途が立ち、「指向性エネルギー兵器」のうち、電磁砲（レールガン）、電磁波（EMP）弾、レーザー兵器などの開発が視野に入ってきたので、装備化について分析検討する。

上記主要装備に加え、電子妨害などの目に見えない手段によって敵BM用C4ISRの無効化・盲目化を追求することは極めて効果的である。

その具体例として、シリアに展開したロシアの防御システムが挙げられる。

ロシアは、シリアにあるロシア空軍基地を使用して軍事作戦を行ったが、その基地を敵のミサイル攻撃等から防護するため、電子戦を活用したと言われている。

ロシアは、空軍基地の周辺に2～3両の新電子戦システム（Krasuha-4、車載型）を配置して半径約300kmの「電子戦ドーム」を構成し、この防御網の中で安全を確保しつつ作戦を実施した模様である。

わが国にも、優れた電子戦の技術・能力があることから、早急に類似装備品の研究開発を進め、レーダーや電波放射装置に強力な電波妨害（ジャミング）をかけ、巡航ミサイルやその他の精密兵器の誘導システムおよび人工衛星の無線電子装置を制圧できる車載型の電子戦装置を装備化し、それを日本列島全域に展開して、核ミサイル攻撃に関わる兵器や装置の無効化・盲目化を目指す「日本列島電子バリアー構想」を推進する必要がある。

この際、多層・多様防衛体制の構築に当たっては、BMD関連経費が防衛予算全体を圧迫していることを重視し、各種火器・ミサイルの最適組み合わせを慎重に検討して、最大限に費用対効果を追求する。

（エ）消極防勢戦略

消極防勢戦略の課題は、民間防衛（国民保護）体制の整備である。特に、核シェルターの普及整備と「国民保護法」における緊急時の各種権限の強化を図ることとする。

イ　同盟戦略─米国との共同連携─

同盟戦略における最大の課題は、前述の通り、東アジアにおいて米国の中距離（戦域）核戦力（INF）が手薄となり、「地域的核抑止」の弱体化が懸念されている現実である。

この解決には、米国が、本地域にINFを再配備し、中国および北朝鮮の戦域・戦術核ミサイルを相殺する態勢作りが急務であり、そのため、INF全廃条約の適用対象を米露の二国間に限定するか、適用範囲をNATO正面に

限定するか、あるいは同条約を廃棄するか等の見直しが求められる。

　もし、米国の政策変更が実現せず、現在の状況が続くならば、日本は自ら「地域的核抑止」を確保する懲罰的抑止手段としての核開発に追い込まれる可能性もある。そのため、本章第5項に「日本が核政策を転換し核兵器の保有を余儀なくされる場合の選択肢」を提示しているので、それを参照していただきたい。

　一方、日本の「非核三原則」は、米国が保有する抑止機能を徒らに縛っており、安全保障上の大きな損失となっている。

　日本および周辺地域における核抑止を確保するには、米空母や潜水艦、あるいは戦略爆撃機の運用上の要求による核の持ち込みを認めなければならない。また、情勢緊迫時には、戦域レベルのパーシング・ミサイルシステムの日本配備を求めることも有力な選択肢の一つである。つまり、「非核三原則」のうち「持ち込ませず」を廃止して「非核二原則」にするか、その見直しが不可能ならば、有事（情勢緊迫時）を例外として、核の持ち込みを可能にする政策の柔軟な運用が欠かせない。

　日米両政府は、2015年4月に新「日米防衛協力のための指針」（ガイドライン）を了承した。その中で、平時から緊急事態までのあらゆる段階における自衛隊・米軍の活動に関連した協議・調整のための「同盟調整メカニズム」の設置などに合意し、11月初めから運用を開始した。今後、同メカニズムにおいて「核抑止の強化」を協議の主要テーマとして取り上げ、共同戦略を構築するとともに、統合幕僚監部と太平洋軍司令部の間で組織される「日米共同情報・運用調整所」などを常設して、共同の情報収集、警戒監視および偵察（ISR）活動を継続し、弾道ミサイル発射などの情勢変化に即応できる体制を確立することが必要である。

　米国は、航空自衛隊車力分屯基地（青森県）および米軍経ヶ岬通信所（京都府）に最新型ミサイル防衛用「Xバンド・レーダー」を配備している。また、米軍のパトリオットPAC-3が嘉手納飛行場と嘉手納弾薬庫地区に配備

されている。

　日本に米国の BMD 施設やシステムを配備することは、日本のみならず周辺地域の核抑止・対処体制の強化に資するものである。併せて、いわゆる「トリップ・ワイヤー」として米国の拡大抑止の信頼性・信憑性を高める上でも効果的であり、今後、このような施策を積極的に推進・拡大することが必要である。

　一方、日本の BMD システムを効率的・効果的に運用するためには、在日米軍をはじめとする米国との協力が必要不可欠であり、日米共同作戦体制を強化することが必要である。

　日本は、米軍側から早期警戒情報（SEW）を受領するとともに、米軍が日本に配備している BMD 用移動式レーダー（TPY-2 レーダー）やイージス艦などを用いて収集した情報を共有することが必要であり、そのような BMD 運用情報および関連情報の常時リアルタイムでの共有のため、日米共同情報・運用調整所（あるいはネットワーク）を構築しなければならない。

　また、日本に欠けている積極攻勢能力について、米国には敵基地攻撃やブースト段階での核ミサイル迎撃などでの任務・役割分担が求められる。

　さらに、日本の BMD 能力を向上させるため、すでに着手している BMD 用能力向上型迎撃ミサイルの日米共同開発のように、共同技術研究開発を積極的に推進することが必要である。

5　日本が核政策を転換し核兵器の保有を余儀なくされる場合の選択肢

（1）日本が核政策の転換を迫られる国際安全保障環境などの条件変化

　国際安全保障環境がわが国の安全を脅かす状況、特に日本に対する核兵器による脅威があるにも拘わらず、核抑止の信頼性が極度に低下している状況

になれば、「非核三原則」の核政策を見直し、核兵器の保有を真剣に考えることは主権国家として当然の成り行きである。

しかしながら、そもそも論として、日本は、現在進行中の国際秩序構築に賛同している。やみくもに自力で核兵器を開発・保有することによって、NPT体制を崩して国際秩序を乱したり、脱退することによる国際的孤立への道を歩むことは考えていない。

こうした基本理念を前提として、中国、ロシア、北朝鮮の核兵器の脅威に対して核抑止力を確保しなければならない。現状では米国の拡大抑止により日本としての核抑止力を維持しているものの、日本が自ら核兵器を保有する状況とは、日本が現在依存している米国による拡大抑止の信頼が著しく損なわれる状況である。

日本に対する米国の拡大抑止力の信頼性は、日本を攻撃目標としているとみられる中国、ロシア、北朝鮮の核戦力と米国の核戦力との総合的なバランスと米国の国家意思とにより評価しなければならない。

日米欧の国防費と中国、ロシア、北朝鮮の国防費を比較すると、冷戦終結直後（1991年）には日米欧が約9倍の優位にあったものの、2013年現在では約3倍にまで縮まっている。核戦力バランスも、その趨勢の中にあるものと推測され、戦力格差が縮小していると見るのが自然であろう。さらに、以下の諸要因などが重なり、今後も米国にとり不利な状況が続くとみられる。

①中露は、米国の覇権への挑戦という点では戦略的利害を共有しており、戦略核兵器の攻撃目標を中露相互間では最小限度に抑え、共に対米に集中している可能性が高いとみられること

②中露の核戦力は、移動化、地下化、水中化、複数弾頭個別誘導化などが進み、威力と残存報復力が向上していること

③中国の人口規模に対する都市化率が低く、主として軍事目標をターゲットとしている米国の核弾頭威力が比較的小さいなどの理由で、米中間で核兵器の使用による応酬が生じた場合は、米側の損害が4,000万人から5,000万人、

中国側の損害が2,600万人程度と見積もられる。したがって、米国は中国に対して戦争にエスカレートする恐れのある軍事的挑戦はできなくなってきていること

④ロシアは、多数の戦術核を保有するとともに、各種核兵器の MD 突破力の向上などの近代化を進め、先制核使用の可能性を示すなど、今後さらに深刻な脅威になるとみられること

⑤北朝鮮は、米本土に届く ICBM を近く完成し今後その数も増加すること。また日韓などを狙う中距離以下の弾道ミサイルも現在の800〜900発から、今後その数も威力も増大するとみられること

⑥今後イランの核ミサイル保有の可能性もあり、欧州、中東の米同盟国に対する拡大抑止の提供もさらに必要性が高まること

このように中国、ロシア、北朝鮮に対する核兵器の比較優位が低下しつつある米国は、自国に対する核抑止力、特に中国、ロシア、北朝鮮の ICBM や SLBM に対する核抑止力の維持を最優先するであろう。一方、米国本土には到達しないが日本領土には到達する中国、ロシア、北朝鮮の中距離以下の核戦力を対象とした米国の日本への拡大抑止については、提供するだけの資源配分ができず、当事国の自助努力に委ねられる可能性が高くなろう。NPR 2018では、「同盟国に対する拡大抑止を提供し、信頼を得る」との記述はあるものの、INF 条約により著しく低下している米国の中距離以下の核戦力の現状をみれば、すでに、コントロール困難な非対称の状況が生起しつつあると認識せざるを得ない。

このような状況は、むしろ改善されるというより悪化する可能性が高いと見られ、米国の拡大抑止の信頼性がさらに低下した場合には、すでに日本に対して飽和攻撃を敢行できる数のミサイルを保有している中国、ロシア、北朝鮮の核の脅威に対し、MD のみでは日本の安全を守ることはできなくなる。これが、現在日本の置かれている北東アジアの核脅威の実態であり、状況が更に悪化した場合、日本は、核兵器の保有に踏み切らざるを得なくなるであ

ろう。すでに度重なる核実験やミサイル発射実験を行い核保有を自ら宣言している北朝鮮が朝鮮半島の「完全な非核化」をいかに口にしようとも、北朝鮮が核の完全破棄を具体的に実行し、あわせて中国、ロシアの核軍縮が進まない限り、この現実が変わることはない。

（2）日本が核兵器を保有せざるを得ない状況に至る3つのシナリオ

以上のような認識に立ち、以下、わが国が核兵器を保有せざるを得ない状況に至る場合を、対中国関係、対ロシア関係、対北朝鮮関係の面から見た3つのシナリオを提示する。

ア　第1のシナリオ―対中国関係―

中国は、既に米国に比して大きく上回る数量の中距離以下の核兵器を保有しており、アジア太平洋地域では米中間の戦域核・戦術核の非対称性による核戦力上のアンバランスを生じている。その下で、中国の東シナ海への海洋侵出の先鋭化、特に尖閣諸島に対する覇権的で無法な行為、あるいは日本と運命共同体である台湾の統一を巡る一方的な行動などを端緒として、日中間では偶発的に、時として計画的に軍事紛争へと拡大する恐れが十分に考えられる。

このような場合、日本に対して中国が、核兵器を背景に通常戦力による力での解決を図る、もしくは核兵器による恫喝により政治外交的解決を図るといった、核を使用した選択肢を採る可能性がある。これに対して、米国が、日米安保条約を発動して、海兵隊および海空軍による支援を行うなどの通常戦力を展開する可能性はある。しかしながら、アジア太平洋地域において中距離以下の核戦力が極度に劣勢な米国が戦略核兵器の先制使用を前提とした拡大抑止の提供を決意する可能性は極めて低い。その結果、日本は、中国の核兵器による恫喝をまともに受けることとなり、このような事態を何としても回避するためには、日本として核兵器の保有を選択せざるを得なくなるであろう。

233

イ　第2のシナリオ―対ロシア関係―

ロシアは、すでに INF 条約違反と言われる SSC-8 を保有している。その下で、日本とは北方領土問題をはじめ、漁業権などを巡っての国家間紛争の種が存在している。こうした中、米露冷戦の再燃や朝鮮半島を巡る東アジア情勢の悪化等が日露関係に波及し、外交交渉の拗れや北方領土周辺での偶発的な事件等をきっかけに、日露間の紛争が顕在化することが考えられる。その際、ロシアが、SSC-8 や戦術核を背景にして、通常戦力で北海道および同地域の島嶼などに対して直接圧力をかけたり、侵攻意図を示して恫喝してくる可能性がある。そうした場合に、米国は、日米安保条約を発動して空母艦隊の出動等を含む通常戦力による介入の姿勢を示すことはあるであろう。

しかしながら、第1のシナリオと同様に、米国が ICBM などによる拡大抑止を提供する可能性は極めて低い。更に、米国の通常戦力による来援の可能性が低下する場合には、日本はロシアからまともに核恫喝を受けることとなる。この状況に陥ることを避けるには、ロシアの SSC-8 に対抗できる米国の中距離核兵器の日本周辺への配備や日本本土への持ち込みによる地域的核抑止力の提供が必要となる。こうした状況の改善がなければ、日本として核兵器の保有を選択せざるを得ないであろう。

ウ　第3のシナリオ―対北朝鮮関係―

対北朝鮮関係では、平成30年冬の平昌オリンピック以降、初の米朝対話など融和ムードが流れているものの、北朝鮮が核兵器を放棄することを前提とした安全保障政策を選択することは極めて危険である。北朝鮮は、すでに核保有を自ら宣言しており、日本を射程内に収めるミサイルを多数保有していることは明らかである。

その北朝鮮が、たとえ「完全な非核化」に合意したとしても、完全な核廃棄が終わるまでには10年以上はかかるといわれており、廃棄の途中でいつでも、合意を反故にして核保有の方向に再転換することは十分に考えられることである。

北朝鮮は、2007年の六者協議において、軍事転用可能なプルトニウムを製造する寧辺の核施設の稼働停止・封印を受け入れ、見返りに重油を提供してもらうなどの新たな合意を行った。それにもかかわらず、2008年には寧辺核施設を再稼動したことを忘れる訳には行かない。

このことは、南北関係そして米朝関係が融和ムードにある現在は考えにくいようであるが、これまでの北朝鮮の対外的な動きからは、いつまた国際社会を裏切り、緊張状態に逆戻りするか予断を許さないところであり、失敗の歴史を繰り返す愚を重ねてはいけないのである。

したがって、対北朝鮮関係の面から描くシナリオは、北朝鮮が既にある程度の核戦力を持っており、当分の間それが存在し続けることを前提として考えるべきである。

日本にとっての北朝鮮の脅威は、米国との同盟関係にある日本および在日米軍基地を狙った核ミサイル攻撃、そしてサイバー攻撃やゲリラ・コマンド攻撃を組み合わせての対日攻撃が考えられる。今後、米朝関係が再び悪化した場合には、すでに核武装した北朝鮮が、日本に対して核恫喝にでるか、「ならず者国家」の指導者による突発的な核攻撃の可能性があることも考えておく必要があろう。

しかしながら、前述の通り、米国のアジア太平洋地域における中距離以下の核バランスの悪化が改善されない限り、北朝鮮の核ミサイルが米本土に到達できる状況においては、拡大抑止が確実に提供されるという保証はないであろう。

北朝鮮は、日本を射程内に収める中・短距離ミサイルを多数持っており、したがって、それらを使った日本に対する直接的・間接的な核使用が行われた場合、米国は北朝鮮からのICBMによる反撃を恐れて、日本に対する拡大抑止の提供を躊躇する可能性があることを念頭に、核政策を検討しなければならない。つまり、北朝鮮の核脅威に対する日本への拡大抑止の提供のためには、日本本土および周辺海域に対して、中距離以下の核兵器の配備が必

要となるが、日米間の政治外交的課題などの諸問題の解決が困難である場合には、日本は核兵器の保有を余儀なくされるであろう。

　以上、日本が主権国家として自らの判断と権限に基づいて核兵器を保有する３つのシナリオについて述べた。

　しかし、日本が、核兵器を持つことは、わが国が署名したNPTに抵触することになり、その結果、NPT体制の崩壊を誘発し、また国際的孤立を招くことになりかねない。それらを避けるためには、いずれのシナリオにおいても、以下のような政治・外交的対策を注意深く講じることが必要である。

　NPTはその第10条で、「各締約国は、この条約の対象である事項に関連する異常な事態が自国の至高の利益を危うくしていると認める場合には、その主権を行使してこの条約から脱退する権利を有する」と明記し、脱退手続きを定めている。

　そこで日本は、同条約の脱退手続きに従って、現下の情勢は、わが国固有の領土や主権、国の平和と安全、国民の生命・財産などの「至高の利益」を危うくしている「異常な事態」であり、核兵器を保有し、もしくはその実現に向けて核兵器開発を促進する以外に解決の手段がないことを、国際社会に向けて明確に宣言する。

　そして、日本はNPTから完全脱退するのではなく、緊急避難的かつ暫定的措置として一時的に脱退するものであり、「異常な事態」が解消されたならば、速やかにNPT体制に復帰するとの立場を明示することが重要である。

　また、核兵器保有に当たっては、「先制不使用」を宣言し、最小限抑止水準までの核戦力の整備に止めるものとする。

　同時に、脅威対象国や周辺関係国との間で核兵器の軍備管理の枠組を作り、軍縮から核兵器廃絶への道筋をつけられるよう外交努力を行うものとする。

　こうした国家意思を表明し国際社会の理解を得る最大限の努力を行うことを前提として初めて、日本国として核兵器の保有を可能とする諸条件が整う

236

ことになろう。

（3）日本が核兵器の保有を余儀なくされる場合の選択肢

ア　基本的な考え方

　日本が核兵器を保有するにあたっては、先制核攻撃を前提としない最小限抑止戦略を可能にするレベルの核戦力を保持することとし、核兵器非保有国への不使用を基本とする。

　このための核運搬手段としては、残存性が最も高く、四面環海というわが国の地政学的条件に適したSSBNを採用することが望ましい。この際、SSBNおよび搭載核の運用に関わる指揮統制権については、自らの国家統制下に置く英国型（第7章参照）を追求し、米国の戦略核とのリンケージを確実にして拡大抑止の信頼性を最大限に確保する。また、核戦力の構築に当たっては、SSBNは努めて国産とするが、抑止に機能停止期間が生まれないよう、少なくとも初期は米国から導入することも考慮する。SSBNに搭載するミサイル（SLBM）は米国製を導入するが、核弾頭は国産にする。SSBNの乗組員その他必要な要員は、海上自衛官の定員を増加し確保するものとする。SSBNの数については、3,000キロに及ぶ日本列島に隣接する複数の脅威対象国に対処するためには、常時2隻以上が哨戒できる態勢を維持する必要があり、最小限4隻は保持するものとする。

　SSBNおよび搭載核の運用に関わる指揮統制権について、米国の同意が得られない等で、英国型が採用できない場合には、フランス型（第7章参照）の核兵器の保有を追求することになろう。

　核兵器の保有に当たっては、SSBNの建造が間に合わない場合でも、国産ロケットのイプシロンを改造した射程8,000キロ程度の固体燃料弾道ミサイルを開発し、移動式にして地下に展開する。また、ステルス型戦闘／爆撃機に核爆弾および核巡航ミサイルを搭載し、敵基地を攻撃できる態勢を維持することも追求すべきであろう。

フランス型の核兵器保有もできない場合、核兵器製造に関するわが国の潜在能力を誇示することにより、核抑止力を確保することが必要であろう。

何れの場合にも、米国の核爆弾を譲り受けるドイツ型（第7章参照）は採用しない。

イ　核戦力の構築・維持のための主要施策

ア項の「基本的な考え方」を実行するためには、核兵器の開発・製造・管理を担当する新たな組織を創設するとともに、専従の警備部隊を配置する必要がある。また、国際的にも通用する秘密保護法を制定しセキュリティ態勢を強化することも必要となる。

これらに従事する科学者、技術者は、新たに募集することとなろうが、その際、家族を含めたセキュリティチェックを厳格に行うことが極めて重要である。

核兵器の開発・製造、SSBN の建造、ミサイルの製造等には、年間2〜3兆円程度の防衛予算の増額が必要であると見込まれる。

また、核兵器の開発・製造に当たっては、ウラン濃縮、プルトニウム抽出等が必要となる。そのための施設は、既存施設からの転用が可能であるとみられるが、民用と兵器用に要求される濃縮度の違い等から、所要の増改築が必要である。さらに、プルトニウム抽出専用の原子炉を建造することも検討課題である。核兵器製造工場を含むこれら関連施設は、テロ等を含む各種攻撃に耐えうる強度と高度な情報保全の態勢が必要であり、極力地下化することが望ましい。

ウ　核保有に当たっての技術的な課題等

基本的な考え方において、まず SSBN の建造を目指し、努めて国産とするとしたが、それが技術的に困難な場合もありうる。この場合、SSB（弾道弾搭載型通常動力型潜水艦）までは現行技術で建造可能であるので、SSBを改良し SSBN 並みの性能に近づけることも検討すべきであろう。また、残存報復能力の保持による抑止を狙う日本にとっては、米国製ミサイル

238

（SLBM）導入と並行して国産ロケットのイプシロンの技術を活かし、潜水艦発射型弾道ミサイルを開発、搭載するための検討が必要であろう。これらの国産技術応用のための環境作りを早急に始めることが次の課題となる。核大国において行われている潜水艦への巡航ミサイルの搭載も、技術的には、日本にとって可能であるが、巡航ミサイルは突破力と射程に欠け報復用核運搬手段としては不適である。

　核兵器の開発等に当たっては、核弾頭はシミュレーションにより設計し、部品製造をメーカーに依頼し国の管理施設内に必要数を分散保管することが適当であろう。このためには、要員・施設の確保、官民一体の研究態勢の構築などの超えねばならない多くの課題がある。

　これらの課題を克服して核抑止力を整備し、わが国独自の核抑止を確保するためには、わが国周辺に複数の核保有国が存在するという現実を深刻に受け止め、政治指導者のみならず広く国民が、その脅威に打ち勝つ強い意志を持つことが不可欠である。

　その上で、本章でこれまで述べてきた核戦略のあり方に基づく施策を早急に実行に移し、核防衛体制を構築することが肝要である。

終　章 | # いかに核の危機を克服するか
—「キューバ危機」から北朝鮮問題を考える—

1　危機管理を「キューバ危機」に学ぶ

　2017年11月、アジアを歴訪したトランプ米大統領は、11月8日に韓国国会で北朝鮮問題について重要な演説を行った。

　その中で、北朝鮮を「監獄国家」、「カルト国家」と呼び、核ミサイル開発を進める同国を「地球規模の脅威」と断じた。そして、「我々を甘くみるな。米国に挑戦するのは止めろ」と語気鋭く迫り、「力による平和をめざしている」と警告した。また、金正恩朝鮮労働党委員長に対しては「核兵器はあなたを安全にしない」と指摘し、「待てば待つほど危険は増大し、選択肢は少なくなる」と述べ、金委員長のみならず、中露にも迅速な決断を迫った格好である。

　国の統治作用としての政治の役割の中で、最もその真価の発揮が求められるのは、危機の時であり、政治指導者の強力なリーダーシップでいかに危機を克服するかが、国の命運あるいは未来を左右する決定的な要因となる。

　米国と同様、いま日本は、核実験やミサイル発射を繰り返す北朝鮮の脅威ならびに強大な軍事力を背景とした中国の覇権的拡張の大きなうねりがもたらす、戦後最大の国家安全保障・防衛上の危機に直面している。

　特に、北朝鮮は、「日本列島の4つの島を、核爆弾で海中に沈めるべき

だ」などと公言して憚らず、日本は「かつてなく重大で、眼前に差し迫った脅威」に曝された。いうまでもなく、日米が主導してこの危機をいかに克服するかが、当面する喫緊の課題となった。

その後、2018年6月12日に初の米朝首脳会談が行われ、「朝鮮半島の完全非核化」を盛り込んだ共同声明が出された。危機は一旦緩和された感があるが、今後の行方は予断を許さない。

今般の北朝鮮をめぐる危機は、戦後の日本にとっては、これまで未経験ともいえる緊迫した事態であり、そのために確かな羅針盤を持ち合わせていない北朝鮮発の核ミサイル危機に対して、その解決への道筋をどのように描いたらよいのか。

この難題を解く鍵は、人類社会の過去から現在に至る来歴や世界に重大な影響を及ぼした事案を取り扱う「歴史」を振り返ってみること以外になさそうである。

最も類似する先例を探してみると、東西冷戦下の1962年に米ソの対立によって発生し、世界を核戦争の瀬戸際にまで追い込んだ「キューバ危機」にまでさかのぼることになる。この核ミサイル危機は、発生からすでに半世紀以上が経過しているが、深刻さを増している北朝鮮問題を打開し、地域の平和と安全を取り戻すにあたって、多くの教訓やヒントを与えてくれるのではないだろうか。

2　キューバ危機の概要と米国の対ソ連オプション

（1）キューバ危機の概要（経過の骨子）

「キューバ危機」（Cuban Crisis）は、1962年10月16日に始まった。

ケネディ米大統領は、U‑2偵察機などの情報でソ連が米国を攻撃しうる核弾頭を備えたミサイル基地をキューバに建設中であることを知り、これを

世界中に公表し、ソ連にミサイルおよび同基地の撤去を求めると同時に、ソ連からキューバへのミサイル搬入を阻止するために海上封鎖を命じた。

ソ連はこれを拒否し、ミサイルを積載したソ連の船舶はキューバへの航行を続け、同時に同盟国キューバも臨戦態勢に入った。

これに対し、米国はキューバからの攻撃があった場合にはソ連による攻撃とみなして報復するとの声明を出した。そのことによって米ソの緊張が一挙に高まり、危機は全面核戦争寸前までに高まり、世界の終末までが囁かれる事態へと拡大した。

この間、ウ・タント国連事務総長や中立諸国の首脳が積極的に動き、また米ソ間でも文書の交換など水面下で危機回避の努力がなされた。そして、10月28日、ソ連のフルシチョフ書記長は、米国の要求を受け入れソ連船舶に引き返すよう命じるとともに、米国がキューバを攻撃しないことを条件にミサイル基地の撤去を約束し、米国もそれに応じて海上封鎖を解除した。

その後、この危機を契機として、1963年には米ソ間のホット・ラインが開設され、次いで部分的核実験停止条約（PTBT）が成立するなど、両国間では平和共存と緊張緩和（デタント）が進展した。

このように、キューバ危機は、13日間という短期間で世界を核戦争の恐怖に陥れるまでに危機を増幅させた。ソ連がキューバでミサイル基地を建設中であることをアメリカのU−2偵察機が発見したことに始まり、それを阻止するために、アメリカが海上封鎖を敢行してキューバをソ連から隔離（Quarantine）し、次いで、米国がキューバを攻撃しないという条件で、ソ連側がミサイル撤去に同意したことで核戦争への現実的で、切迫した危機を回避することに成功した歴史的大事件であった。

この間、米国は、海上封鎖（Blockade）という言葉には、戦時封鎖（戦時に敵国に対して行う封鎖）と平時封鎖（平時、不法行為をした国に対し被害国が復仇として行う封鎖）があり、戦争行為と解釈されることを避けるため、前述のとおり、隔離（Quarantine）という言葉を使用し、危機をいたず

らにエスカレートさせないよう配慮した。

　また、ケネディ米大統領は、キューバからミサイルを撤去させる代わりに、ソ連の裏庭であるトルコに置いていた米国のミサイルを撤去するとの裏取引を、司法長官であった弟のロバート・ケネディに密かに交渉させ、柔軟な対応の用意があることを示唆した。

　これに対し、フルシチョフ首相は「トルコの米軍基地の清算まで達成できれば我々の勝ちだ」と語っている。

　このように、米ソ両国は、対等な主権国家かつ大国として、どちらか一方が譲歩したということではなく、双方が妥協したような形に収めることで、お互いの体面を保ちつつ外交的解決に導くことが出来たのである。

（2）米国のソ連に対する行動オプション

　ソ連がキューバに米国を射程内に収めるミサイル基地を建設中との非常事態に対し、米国がそのまま手をこまぬいて何もしなければ、米本土は直接その脅威にさらされることになり、同国の生存と安全を根底から揺るがすことは誰の目にも明らかであった。

　10月16日午前にバンディ国家安全保障担当補佐官からU-2偵察機が収集した詳細な情報について報告を受けたケネディ大統領は、直ちに国家安全保障会議（NSC）を招集する決定を下した。しかもこの会議にはいつものメンバーに加えて、さまざまな経歴や意見を持った専門家が集められ、後に国家安全保障会議執行委員会（Executive Committee of the National Security Council：ExComm、エクスコム）と呼ばれたが、危機打開の中心的役割を果たすことになった。

---

column

国家安全保障会議執行委員会（ExComm：エクスコム）の主要メンバー

ジョンソン副大統領、ラスク国務長官、ボール国務次官、マクナマラ国防長官、ギルパトリック国防次官、マコーン CIA 長官、ロバート・ケネディ司法長官、ディロン財務長官、スティーヴンソン国連大使、テイラー統合参謀本部議長、マクジョージ・バンディ補佐官、オドンネル大統領特別補佐官、ソレンセン大統領顧問、アチソン元国務長官、ラヴェット元国防長官など

エクスコムのメンバーで検討された米国の対ソ行動方針として、次の選択肢（オプション）が挙げられたが、最終的に「海上封鎖」が採用された。

① ソ連に対する外交的圧力と警告および頂上会談（外交交渉のみ）

② キューバのカストロ首相への秘密裡のアプローチ

③ 海上封鎖

④ 空爆

⑤ 軍事侵攻

⑥ 何もしない（しばらく成り行きを見守る）

大統領顧問であったセオドア・C・ソレンセンの著書『ケネディの道』（1965年）や「キューバ危機」に関する先行研究によると、危機が発生した初期の段階では、主に国務省関係者を中心に①の外交交渉と⑥の何もせず、しばらく成り行きを見守る、の二つのオプションが論議されたようである。しかし、ケネディ大統領は、事態の切迫度にかんがみ、①と⑥のいずれも却下し、また、②のカストロ首相への秘密裡のアプローチも、主要な交渉相手はキューバではなくソ連であることで排除された。

大統領は、④のキューバへの空爆が最善であると考えていた。大統領の弟であるロバート・ケネディ司法長官は、さらに過激に、⑤のキューバ侵攻を主張した。彼の『13日間―キューバ危機回顧録』では、自分はあくまでハト

派的に、キューバ危機に慎重に対処したことを誇らしげに語っているが、これは正しくないことが現在の研究で明らかになっている。

マクナマラ国防長官は、空爆の必要性を認めながら③の海上封鎖を優先させるべきとの意見であった。ボール国務次官、アレックス・ジョンソン国務次官補、ラスク国務長官、ラヴェット元国防長官などがこの意見を支持した。

ケネディ大統領は、「侵攻は最後の手段であって最初の手段ではない」と述べ、その意見がほぼ全体のコンセンサスとなり、残るは③の海上封鎖か④の空爆で、最初は空爆が有力であった。

ではなぜ、アメリカは「海上封鎖」を最良の手段として選択し、それに踏み切ったのであろうか？

すでにミサイルはキューバに持ち込まれ、臨戦態勢にあったため、選択肢から排除された⑤の軍事侵攻はもちろんのこと、限定的であれ④の空爆を行った場合、キューバからの報復攻撃の可能性は大いに存在した。実際のところ、カストロ首相がソ連の反対を押し切り、感情に任せてそのような報復行動に出る確率は非常に高いと見られていた。

そして、海上封鎖であれば、大統領が次に打つ手を自由に選べることと、フルシチョフ首相にも選択の余地を残す利点があり、海上封鎖による米国の意思と力の誇示が、ソ連にミサイル配備について考え直す機会を与えるとの理由が多くの支持を得た。

加えて、ケネディ司法長官の「会議で空爆と結論を出しても大統領は受け入れないだろう」との発言が後押しをして、まず海上封鎖を実行し、事態が進まない場合は空爆を行うという案でまとまった。

結局、ケネディ大統領は、マクナマラ国防長官などスタッフの意見や助言を取り入れ、海上封鎖という選択肢を採用した。そして、海上封鎖に併せて、軍事的威嚇、秘密裡の裏取引を含めた外交ルートによる交渉、国連や中立国の仲介など、核戦争を回避するあらゆる努力が払われ、「キューバ危機」は回避されたのであった。

3　ソ連とキューバの対応

（1）ソ連の対応

　ロシア革命以降、共産党の一党独裁体制が出来上がったソ連では、自らに権力を集中させたスターリン書記長の死後、ごく少数の党員で構成される政治局を最高意思決定機関とした集団指導体制に入るが、依然として書記長は大きな権力を保持していた。

　ソ連圏諸国の閉鎖的態度をさす「鉄のカーテン」に象徴されるように、ソ連の政策決定過程は不透明な部分が多く、公開された第一級の資料も存在しない。

　先行研究によると、フルシチョフ首相とその側近は、キューバへのミサイルの配備に関して、ソ連の米国専門家に米国がどのような行動に出るかを諮ることなく、それを決定した経緯が明らかになっている。

　また、キューバ危機において、フルシチョフ首相は共産党中央委員会幹部会を緊急招集したが、ソ連側の実質的プレイヤーは、ほぼ首相一人だったことが指摘されている。米国が、さまざまな経歴や意見を持つ専門家を招集した国家安全保障会議執行委員会（エクスコム）をもって、危機打開に当たったことと極めて対照的である。

　当時、ソ連は、米国との核ミサイルの攻撃能力で大幅な劣勢に立たされており、キューバへのミサイル配備はその不均衡を挽回するのが主な狙いで、併せてキューバを防衛することであった。

　米国は、本土にソ連を攻撃可能な大陸間弾道ミサイルを配備し、加えて西ヨーロッパ、そしてトルコにも中距離核ミサイルを配備していた。これに対し、ソ連の大陸間弾道ミサイルはまだ開発段階で、潜水艦と爆撃機による攻撃以外にアメリカ本土を直接攻撃する手段を持たなかったからである。

　ソ連は、米国の海上封鎖によって、キューバからのミサイル撤去を余儀なくされたが、キューバを攻撃しないという約束を取り付けた。また、自国に

突きつけられていたトルコのミサイル撤去は、対西側戦略上大きな収穫であった。

　何よりも、世界を核戦争のどん底に突き落とす寸前で米ソ両国が危機を克服した判断は評価される。そして、その後、米国との平和共存とデタント（緊張緩和）が進展し、結局のところ、キューバからのミサイル撤去は、ソ連の国際安全保障環境・戦略環境を格段に改善させる大きな転機となったのである。

（2）キューバの対応

　キューバは、ミサイル危機を通じて、大国の核戦略上の闘争に翻弄された。

　1959年1月のキューバ革命で親米・独裁政権を倒して首相の座に就いたフィデル・カストロは、急速にソ連との接近を強め、米国との対立を深めた。

　米国は、隣接するキューバがソ連と手を組む事態を受け、共産主義国家による軍事的脅威を間近で感じるようになり、そして、キューバが米国の政府や企業、国民が所有するすべてのキューバ国内資産の完全国有化を開始したことなどにより、米国とキューバとの対立は決定的なものとなった。

　そのような情勢の中で、アイゼンハワー大統領は、1960年3月、カストロ政権転覆計画を秘密裏に開始したが、「ピッグス湾事件」と呼ばれたこの作戦は失敗に帰した。

　ピッグス湾事件の7カ月後の1961年1月、米国大統領に就任したケネディは、政権の総力を挙げてカストロ政権打倒を目指す「マングース作戦」を極秘裏に開始した。軍事訓練を施した亡命キューバ人をキューバ本土に派遣し、破壊工作、経済的妨害、心理戦などを隠密行動を主体に実施するもので、その中にはカストロ暗殺計画もあり、1962年10月までにカストロ政権を転覆させる計画であった。

　「マングース作戦」は徐々に速度を上げて進捗したが、急遽中止となった。それは、奇しくもキューバへのミサイル配備計画とほぼ時期を同じくするこ

247

とになった。

その間、キューバとソ連の関係は一層緊密化し、カストロ首相はキューバ防衛のためにソ連に最新鋭のジェット戦闘機や地対空ミサイルなどの供与を要求しはじめた。

一方、ソ連は、1962年夏には、最新兵器の提供の代わりに秘密裏に核ミサイルをキューバ国内に配備する「アナディル作戦」の実施を決め、キューバ側もこれを了承した。そこに、キューバ危機の発端があった。

結局、キューバは、ソ連から「キューバを防衛する」という名目でミサイル配備を持ちかけられたものの、米国の固い意思と力に圧倒されたソ連によって、何ら事前の通告もなく、自国に搬入されたミサイルが撤去されることになった。

米ソ両大国の核戦略の狭間で、踊らされ、振り回された小国キューバの無力さに、カストロ首相が大いに憤慨したのは当然といえば、当然である。

フルシチョフ首相の回想によれば、アメリカの度重なる偵察と海上封鎖に興奮したカストロ首相はフルシチョフ首相に米国を核攻撃するように迫ったとされ、ソ連の方も、核戦争をも厭わない小国の若手革命家と次第に距離を置くようになっていった。

つまり、世界を震撼させた「キューバ危機」全体を制御する観点に立てば、予測不能なカストロ首相があくまで小国の指導者の地位に止まり、米ソ両大国が繰り広げた熾烈かつ神経質で、一刻を争う核戦略上の闘争に、影響力を持つプレイヤーとして参画する余地がなかったことが、世界にとっては幸運だったと言えるのではなかろうか。

4　キューバ危機から北朝鮮問題を考える

（1）全般の動き

ケネディ大統領は、ソ連の攻撃用ミサイルのキューバ配備が、「西半球に対する核攻撃力を提供」し、「全米州国家の平和と安全に対する明白な脅威」であると認識し、それを阻止するため、海上封鎖によって米国の意思と力を見せつけ、全面核戦争までを覚悟し、断固としてソ連に攻撃用ミサイル基地の撤去を要求した。その意志と力、そして大統領の覚悟がソ連の妥協を促し、危機の克服に成功した。

いま、トランプ大統領は、北朝鮮が弾道ミサイルに搭載可能な小型核弾頭と大気圏再突入技術を獲得し、米本土に届く ICBM の完成が目前に迫っていることを、ケネディ大統領と同じように、米国の生存と安全を脅かす「最も重大な脅威」と認識している。

そして、トランプ大統領は、北朝鮮に対し核ミサイル計画の「完全かつ、検証可能で、不可逆的な廃棄」を要求し、そのため、当面、経済制裁による圧力を加えつつ外交的解決を優先する姿勢を強調しているが、最終的には軍事力の行使を辞さない構えである。

キューバ危機におけるケネディ大統領と、北朝鮮問題におけるトランプ大統領の置かれた状況は、きわめて似通っており、ケネディ政権のキューバ危機対応は、トランプ政権の北朝鮮問題対応に大きな示唆を与え、あるいは影響を及ぼしているのは間違いないであろう。

そこで、ケネディ政権のキューバ危機対応の教訓を踏まえ、トランプ政権の北朝鮮問題への対応の予測や留意点について考えてみることにする。

（2）可能な選択肢（オプション）と起こり得るシナリオ

前述のとおり、ケネディ政権で挙げられた選択肢（オプション）は、①ソ連に対する外交的圧力と警告および頂上会談（外交交渉のみ）、②キューバ

のカストロ首相への秘密裡のアプローチ、③海上封鎖、④空爆、⑤軍事侵攻、⑥何もしない（しばらく成り行きを見守る）の6つであった。そして、最終的には、海上封鎖が採用され、それがうまく行かなかった場合は、空爆もあり得るというものであった。

トランプ大統領が「すべての選択肢がテーブルの上にある」と述べた通り、キューバ危機における米国の選択肢は、トランプ政権によってすべて検証されたものとみられる。

その上で、北朝鮮問題はすでに現在進行中であるが、トランプ政権は、13日間のキューバ危機より時間の余裕があることから、遅効性ながら、当時のオプションにはなかった「経済制裁」を重視し、国連を通じた国際社会や中露への働き掛けなどの外交交渉を交えた解決策を模索している。

経済制裁は、じわじわと成果を挙げている半面、北朝鮮に対する中国やロシアの支援が続けられていることから、それをもって、完全に目的を達成できるかどうかは、はなはだ疑わしい。

そのため、「常軌を逸していて、予測不可能」を装う「マッドマン」戦略のトランプ大統領ではあるが、軍事衝突を回避する努力を尽くしながらも、最終的に「軍事力を使いたくはないが、あり得ることだ。そうなれば北朝鮮にとって悲劇の日となる」と警告しており、北朝鮮はその警告を真剣に受け止めなければならないだろう。

いま、米朝の関係は、いよいよキューバ危機における一触即発の段階に近付きつつある。そのような時間切れの段階にあって、ソ連のフルシチョフ首相は、キューバからのミサイル撤去を受け入れる代わりに、キューバを攻撃しないという約束を取り付けるという決断を下した。そして、自国に突きつけられていたトルコのミサイル撤去という戦略的成果も獲得した。

当時のフルシチョフ首相の立場を現在の北朝鮮の金正恩委員長に見立てると、金委員長は、核ミサイルの廃棄を受け入れる代わりに、米国が北朝鮮を攻撃しないという約束を取り付ける。同時に、在韓米軍の撤退を約束させ、

平和協定の締結に漕ぎ着けるということになろう。

　つまり、キューバからのミサイル撤去後、米ソ間には平和共存とデタント（緊張緩和）が進展し、結局のところ、そのことが、ソ連の国際安全保障環境・戦略環境を格段に改善させる大きな転機となったことから連想される、問題解決のシナリオである。

　しかし、金正恩委員長が以上のシナリオを受け入れず、事態収拾ができない場合、米国は次のオプションである③海上封鎖、④空爆、⑤軍事侵攻の軍事的オプションに移らざるを得ない。

　キューバ危機の場合、③の海上封鎖は、四面海に囲まれたキューバには有効であった。しかし、北朝鮮は半島国家であり、陸地部分を隣接する中国との「中朝友好協力相互援助条約」（軍事同盟）そしてロシアとの「露朝友好善隣協力条約」（非軍事同盟）によって支えられている。

　トランプ大統領は、韓国訪問中の国会演説で、改めて、中国、ロシアを含むすべての国に対して国連安全保障理事会決議を履行し、外交関係の制限や貿易の停止を実行するよう呼び掛けた。

　もし、中国とロシアが、この呼びかけに同調し、海上、陸上からの北朝鮮包囲網形成に全面協力するなら決定的な成果を収めることが出来るだろう。しかし両国は、引き続き「対話と交渉による問題解決」を主張しており、その動きは期待よりも懸念の方が上回っている。

　一方、北朝鮮は、軍事境界線沿いに配備された13,600門といわれる大砲や多連装ロケット砲をもって直ちに反撃し、韓国の首都「ソウルを火の海にする」と豪語している。また、大量の生物化学兵器を保有し、その使用の恐れもある北朝鮮の軍事能力は米韓が最も懸念するところである。

　したがって、中露の協力が得られず、海上、陸上からの北朝鮮包囲網が形成できない場合、米国は、最終的に③海上封鎖、④空爆、⑤地上からの軍事侵攻のオプションを総動員する必要に迫られよう。そして、北朝鮮が軍事境

界線沿いに配置した大砲や多連装ロケット砲の一挙制圧、核ミサイルの排除とその関連施設の破壊、斬首作戦、陸海空軍基地や地下に造られた攻撃拠点・兵器弾薬庫の破壊など、北朝鮮全域に及ぶほどの全面攻撃を行うことは避けられないのではないだろうか。

その結果としての、米国が隣人となりかねない地政学的最悪の条件を、中露は受け入れることはできず、そのため、北朝鮮に対して何らかの形で軍事支援を行わざるを得ない状況に追い込まれよう。

一方、米国は、中露との軍事衝突を回避することは必須の条件であり、したがって、中露との間で、米国の軍事行動は核ミサイルの排除とその製造能力の破壊が目的で、北朝鮮の国家破壊・消滅を目的としないことを秘密裏に確約して、両国の介入を阻止する必要があろう。いわゆる、制限戦争戦略である。

キューバ危機では、海上封鎖という選択肢を採用したが、それは大統領が次に打つ手を自由に選べることと、フルシチョフ首相にも選択の余地を残す利点があり、海上封鎖による米国の意思と力の誇示が、ソ連にミサイル配備について考え直す機会を与えるとの理由からであった。

しかし、北朝鮮のケースでは、段階的に軍事的手段をエスカレートして行くというオプションは採りにくく、そのため、戦略に余裕や柔軟性を欠くことが大きな問題であり、その点については、米朝ともに、特に慎重な判断と行動が求められる。

（3）米朝とも体面を保った外交的解決を

国際社会には、大国もあれば小国もあるが、いずれの国も他の国から侵されることのない主権という自己決定権をもつ対等な国家同士から成り立つのが、現在の主権国家体制を基本とした国際社会である。そして、いずれの国も自国の国家利益を追求し、それに伴いお互いの利害が衝突することによって、問題や紛争が起きるのも国際社会の常である。

いかに核の危機を克服するか――「キューバ危機」から北朝鮮問題を考える――

キューバ危機における米ソは、主義思想の違いや利害の対立を乗り越えて、全面核戦争の恐怖から世界を救うことができた。その際、米ソは、対等な主権国家として、どちらか一方が譲歩したということではなく、双方が妥協したような形に収めることで、お互いの体面を保ちつつ外交的解決に導くことができたのである。

その事実は、現在係争中の米朝間にあっても、大国と小国の違いは鮮明であるが、相互に大いに尊重されなければならない。

また、米国にとって、北朝鮮はトランプ大統領がいう「ならず者体制」には違いなかろうが、万一、北朝鮮の体制崩壊を目指すとなれば、そこから生ずる結末については、全面的な責任を負わなければならない。

というのも、米国は、イラク侵攻やリビアのカダフィ大佐追放において、既存の体制を打倒したが、その後のイラクやリビアには無政府状態と内戦だけが残された。日米戦争後の日本の占領政策には、概ね７年の歳月を要したように、もし、一国の体制を崩壊させ、立て直す必要があれば、少なくともその後の約10年間は、当該国の再建に見合う自国の人的・物的・社会的資産を振り向ける覚悟が伴わなければならない。

特に、北朝鮮問題は、その地政学的特性・重要性のゆえに、中国とロシアの懸念に対する十分な配慮を欠けば、紛争が解決した途端、新たな紛争の種、しかも大国間の紛争へと発展しかねない種をまくことに等しいからである。

また、キューバ危機の解決には、国連や中立国の仲介など、国際社会の力が大いに後押しした側面を見逃してはならない。世界のリーダーである米国には、引き続き、日本や韓国などの同盟国はもとより、多くの国の理解と協力を得る地道な努力を惜しまないよう切に望まれる。

5　日本が学ぶキューバ危機の教訓と北朝鮮対策

　キューバ危機で、米軍は、その2〜3か月前からソ連やその同盟国の貨物船が集中的にキューバの港に出入りすることに気づき、キューバ周辺海域やキューバ国内に対する偵察活動を強化していた。また亡命キューバ人やキューバと交易のあるデンマークやトルコ、スペインなどの同盟国の情報機関からも情報が入り、CIAは4,000〜6,000人のソ連人がキューバへ入国していると結論づけていた。

　また、ソ連軍参謀本部情報総局（GRU）の職員で、米国と英国のスパイとなったペンコフスキー大佐からは、ソ連軍の技術仕様書やメーデーの際にクレムリン広場をミサイル搭載車がパレードした際の写真などの情報資料がもたらされた。そして、米空軍のU-2偵察機が撮影した写真が、ソ連のキューバにおけるミサイル基地建設を確認する決め手となった。

　このように、危機管理の第一歩は、異常な変化や不穏な動きなど、危機を察知する情報能力を持つことにある。わが国も、戦後弱体化したヒューミントを再構築し、独自で多様な情報源を確保しなければならない。また、国の各情報機関からの情報を集約一元化する体制を強化することが必要である。さらに、わが国周辺地域や中長期的な軍事動向等の情報を獲得するためには、平素から同盟国の米国や友好国と情報を共有できる体制を構築することが重要である。

　加えて、今後米国は、北朝鮮をはじめ中国やロシア、そして国際社会の反応次第では、行動をエスカレートする可能性があり、その行動に対する北朝鮮のリアクションは一段と厳しさを増すことが予想される。そのため、わが国の危機管理に当たっては、米国が、さまざまな経歴や意見を持つ専門家を招集した国家安全保障会議執行委員会（エクスコム）をもって、その打開に当たったことを、大いに参考としたい。

　危機管理には、政治指導者の強力なリーダーシップが必要である。その外

交的・戦略的判断にわが国の最高の頭脳を結集することが出来れば、一党独裁のドクトリンの下でごく限られたトップ集団に権限が集中しがちな体制の国と比べ、より自由で創造的、より多角的で柔軟なオプションを案出し、状況の特性や変化に適応しつつ国を挙げた対応を可能にすることが出来るからである。そして、それは、直ちに始めなければならない。

　北朝鮮問題については、日本は、米国に比肩する主要プレイヤーではない。しかし、北朝鮮の核ミサイルは日米韓に向けられ、それに対応する米国の行動はわが国の生存と安全に直結するものであり、さらなる緊密な協力と連携が欠かせない。

　そのため、日本は、何よりも、わが国およびアジア太平洋地域の安全保障を確保する上で必要不可欠な日米同盟を堅持する立場を明確にして、米国とともに経済制裁による圧力を緩めず、日米共同訓練や演習などを通じて集団的自衛（相互防衛）のための体制を強化する必要がある。

　そして、朝鮮半島での軍事衝突が切迫したならば、政府は、事態に伴って生起するわが国への具体的な脅威について国民に明示し、「国家非常事態」に対する理解と協力を求めるための当然の責務を果たさなければならない。他方、国民は、政府の立場や決断を全面的に支持し、「自助」「共助」の精神をもって「国家非常事態」に備え、敢然と立ち向かう覚悟と備えが是非とも必要である。

　以上、「キューバ危機」から北朝鮮問題を考え、いかに核の危機を克服するかについて述べてきた。北朝鮮問題解決の正念場を迎えた2018年、現在進行中の朝鮮半島をめぐる現実の動きは、これまで述べてきた「キューバ危機」への対応とは必ずしも一致しない。そこで、最近の朝鮮半島をめぐる米国の動きを中心に、最後に、補足的に述べることとする。

6 朝鮮半島の核をめぐる動き

（1）韓国での「平昌冬季オリンピック」をめぐる動き

　北朝鮮は、2017年に弾道ミサイルを15回発射し、6回目の核実験を強行して11月には「核戦力完成」を宣言した。

　日米韓のみならず「世界にとって最大の差し迫った脅威」と見なされる北朝鮮発の核ミサイルの脅威が日増しに高まる中、問題解決へ残された時間は少なく、2018年はその正念場を迎えることになる。

　ところが、2018年1月早々、朝鮮半島では南北閣僚級会談が開かれ、緊張緩和の兆しも現れてきた。2月9日から25日まで、韓国・平昌で開かれる冬季オリンピックおよび3月9日から18日間の冬季パラリンピックの開催を控え、韓国が北朝鮮に参加を呼び掛け、北朝鮮がこれに応える形で、南北会談が実現したからである。南北会談は、2年1カ月ぶりで、韓国の文在寅（ムン・ジェイン）政権発足後、初めてである。

　北朝鮮が、オリンピック参加を表明する一方、米韓は、例年この時期に予定していた米韓合同軍事演習「フォールイーグル」（野外機動演習、例年、2月～3月の約2カ月間）と米韓合同軍事演習「キーリゾルブ」（指揮所演習、例年、2月末ないし3月初めの約10日間）を3月のパラリンピック終了まで延期することを決めた。

　南北会談によって、関係各国の反応は和らぎ、北朝鮮による米国を射程に収めた核ミサイル開発を巡る戦争の危機は、ひとまず緩和された感がある。しかし、緊張緩和は長続きしない可能性があり、事態打開につながるとの見通しについては、引き続き悲観的である。

　北朝鮮の金正恩朝鮮労働党委員長は、米国の要求に屈してまで、自らの生き残りに不可欠だと考える核兵器開発プログラムの放棄交渉に応じる構えを全く見せていない。そして、過去の「話し合いによる解決」を求めた外交対話がそうであったように、北朝鮮が、南北対話の機会を利用して、核ミサイ

ル開発の時間稼ぎを行い、また、米韓両国のあいだにヒビを入れようとしているだけで、真剣に交渉する意図はないとの見方が支配的である。また、北朝鮮のオリンピック参加には、北朝鮮の体制を宣伝する曲を歌ったり演奏したりする女性グループ「モランボン楽団」を繰り出すなど、政治宣伝の場として悪用しようとする思惑が透けて見えるからである。

（2）最近の米国の動き

　これらの動きを踏まえたトランプ米政権内部の意見は、必ずしも一枚岩ではないようである。

　マクマスター大統領補佐官（国家安全保障担当）は、大統領側近の中でも、より積極的な軍事的アプローチを主張し、一方、ティラーソン国務長官やマティス国防長官と米軍指導部は、慎重に外交的選択肢を尽くすべきだとの立場をとっている模様である。そのためか、ホワイトハウスの米国家安全保障会議（NSC）のスタッフは、「軍事面と非軍事面の双方で、常にさまざまな選択肢を検討している」と述べ、政権内の意見の相違について言及することを差し控えている。

　トランプ大統領自身は、これまで北朝鮮との対話は「時間の無駄」だと述べ、北朝鮮との交渉に否定的な考えを示してきた。「金正恩氏が唯一理解し尊重するのは、顔面へのパンチ一発だ」と確信し、「過去の米政権は、それを実行する勇気に欠けていた」と歴代政権の北朝鮮政策を非難している。複数の政府関係者が、たとえば戦争に発展するリスクがあっても、北朝鮮に対する限定的な先制攻撃を検討したいとトランプ大統領が考えていることを明らかにしている。

　トランプ政権による軍事的選択肢を巡る議論は、中国とロシアを追い込んで北朝鮮への圧力をかけ続けさせるための「心理ゲーム」であり、いわばブラフ（張ったり）に過ぎないと、中露は受け止めている。トランプ大統領は足元を見られ、真剣味が問われているとの見方も、その背景にあるようだ。

また、北朝鮮の体制転覆には、北朝鮮の唯一最大の同盟国である中国の同意が得られないが、体制を転覆させるためではなく、正恩氏に道理をわきまえさせるために、１か所の目標に限定して行う攻撃を中国が請け合えば、全面戦争は避けられるとの議論もあるようだ。

　一方、最終的な判断として、米国が軍事的解決を望まず、止むを得ず対北政策の見直しを行い、北朝鮮の要求に譲歩した形で話し合いによる解決を求めることも検討されているかもしれない。

　本土防衛（Homeland Defense）を最優先する米国の立場から見れば、米本土を攻撃できる ICBM の保有は断じて容認することができない。そのため、北朝鮮がその能力を部分的に放棄するという条件と引き換えに、平和条約の締結や在韓米軍の撤退ないしは削減、軍事演習などの停止に応じるというものである。

　しかし、この選択肢には、日本や韓国を攻撃できる短・中距離核ミサイルの保有を暗黙裡に認める裏取引が行われる恐れがあり、日韓に対する米国の拡大抑止の信憑性を著しく低下させる副作用を生じさせる。

　その場合は、米国が日韓に短・中距離核ミサイルを持ち込むか、日韓が核武装するかの対応を迫られる。しかし、そうすれば、核の拡散防止体制がなし崩しになり、また日本の核武装に絶対反対する中国の反応など、新たな問題に発展することは避けられない。

　米国は、2018年１月後半、北朝鮮の核・ミサイル実験を巡る緊張の緩和を狙いとして、カナダのバンクーバーで20か国の外相会合を開催した。また、平昌パラリンピックの３月閉幕後に、北朝鮮に対する国際圧力の強化を目指す目的で、関係各国の閣僚級会議を開き、経済面と軍事面で北朝鮮対応の選択肢を詰める予定でいた。

　いずれにしても、北朝鮮問題は、予断を許さない「眼前の差し迫った脅威」として、日米韓をはじめとする国際社会の前に突き付けられ「刃」である。地域の軍事バランスを激変させ、平和と安全を大きく揺るがしかねない

いかに核の危機を克服するか──「キューバ危機」から北朝鮮問題を考える──

重大局面を迎え、一時も目が離せない非常事態として推移することになろう。

　つまり、北朝鮮の核ミサイル開発をめぐる問題の結末は、日米韓と中露北朝鮮、さらには国際社会の動きが複雑に絡み合って、「この先どうなるか、誰にもわからない」のであり、あらゆる事態を想定した、万全の対応が求められるのは間違いないのである。

おわりに

　核兵器は、潜在敵国を明示しなくても保有そのものを示唆するだけで脅威を与える特殊な兵器である。そのうえ、非核保有国に対する核の脅威が存在したとしても、国連の集団安全保障の制度は、経済制裁決議はある程度効果的であるとはいえ、軍事的制裁措置までは期待できない。結局、非核保有国は、核の脅威に対して核保有国の拡大抑止に依存せざるを得ないのである。一方、核兵器は、爆発規模とその影響が大きすぎるので、開発直後から使用が可能となる兵器ではなく、相手の軍事行動を抑止する兵器であるとの認識すら存在していることも、また事実である。

　これまで見たように、核保有国にとって核政策・核戦略は最重要の課題である。すなわち自国に対する核脅威に対してどのような核政策・核戦略を採って抑止するのか、そして同盟国に対する拡大抑止をどの程度まで担保するのかについて、あらかじめ戦略的に決定しておく必要があるからである。

　同様に、非核保有国にとっても対核政策・対核戦略は最重要の課題である。核の脅威に対してどのような政策・戦略をもって抑止するのか、すなわち、あくまで核保有国の拡大抑止力に期待するのか、あるいは、自国で核開発を行って対処するのかという選択について、あらかじめ戦略的に決定しておく必要があるからである。

　冷戦の進展とともに核兵器は使用できない兵器であるとする認識が優勢となり、キューバ危機以降は、米ソ間の戦略的安定を図る措置を相互に承認して実施する、軍備管理が中心的な課題となった。米ソ間以外の核保有国の戦略的計算によると、英国とフランスは、米国の拡大抑止の信頼性を担保する目的が大きく、中国と北朝鮮は、自国志向の安全保障政策上の手段として核兵器を位置付けている。潜在敵国である核保有国に対抗するためには、自国の核兵器保有が有効な手段との考えは根強く存在し、インドとパキスタンはこの考慮の下に核兵器の開発を進めたと考えられる。

多くの非核保有国は、核兵器保有の安全保障政策上の意義を否定してはいないが、①核兵器の取得には技術的かつ政治的なハードルが高いこと、②一旦核兵器を取得したとしても、その維持と管理が経済的かつ軍事的に困難であること、さらには③国際社会の核廃絶に向けた規範構築に賛同していることなどの理由で、核兵器の開発や取得に動いていない。

また、核保有国の核抑止力を期待する非核保有国は、拡大核止を提供するか否かという核兵器国の意思に左右されるため、両国間の信頼性の問題と切り離せない。一般的に非核保有国は、自国の安全保障に資する手段として、中長期的には核保有国の核軍縮に期待し、短期的には現実の要請から、核保有国による核抑止の信頼性を担保するために、両国間の信頼関係の強化に動く傾向にある。

本書で繰り返し述べてきたように、核保有国に囲まれた日本の核政策・核戦略は、唯一の戦争被爆国である非核平和国家としての立場と、日米安保体制を安全保障政策の基軸においている立場が共存しており、この立場は複雑かつ微妙に交じり合っているといえよう。したがって、日本は、被爆の実相を含む核兵器の非人道的な影響を重視し、国連や軍縮会議等の多くの場で、たとえば2015年の国連総会で核廃絶決議を共同提案するなど、核軍縮や核廃絶を主導してきた一方で、核の脅威に対しては米国の核抑止力に依存する政策を継続してきた。

2015年の国連総会決議に基づいてジュネーブで開催された、多数国間軍縮交渉の前進に関するオープン・エンド作業部会が提出した報告書案は、2016年8月に採択されたが、日本はこれに棄権した。日本は、「核兵器のない世界」を実現するためには核兵器国と非核兵器国との密接な協力が不可欠と考えており、同報告書案が投票に持ち込まれたことは遺憾であるとして棄権したのであった。また2017年の核兵器全廃条約の採択に際して棄権票を投じたのも、同様の理由からであった。

朝鮮半島の「完全な非核化」が進展したとしても、核廃棄の検証は困難で

262

あり、北朝鮮は、核廃棄プロセスの途中で政策転換を図る可能性も否定できない。また、一旦獲得した核兵器の知識や技術は、これを消し去ることは不可能である。核拡散の脅威は存在し続けるのである。また北朝鮮は、外貨獲得政策として核兵器技術やミサイル技術を輸出する可能性もなしとはしない。「完全な非核化を通じた核なき朝鮮半島」の実現は、画餅に帰す可能性を十分に孕んでいるのである。

　現実の問題として、北朝鮮の核脅威を差し置いても、軍事大国である中国やロシアの核兵器による脅威は存在し続けているのであり、このような核環境の中における日本の対核政策・対核戦略はどのような在り方が望ましいのであろうか。

　本書は、国際社会において核不拡散・核廃絶をリードする一方、現実の核の脅威に対して有効な対策をもってヘッジする、バランスのとれた「リード・バット・ヘッジ政策」の重要性を基底に置きながら、論旨を展開してきた。

　今日、残念ながら、核不拡散・核廃絶の動きは頓挫しており、これに対しては新たに有効な対策を模索する必要に迫られている。また、核保有国である周辺国に対する安全保障戦略としては、米国の拡大抑止に全面的に依存し続けるのか、それとも核開発を目指すのかなど、すべての日本国民がこぞって、真剣に議論しなければならない時期にあるのである。

　2018年12月

　東京神田の株式会社エヌ・エス・アール　日本安全保障戦略研究所

　　　　　　　　　　　　　　　　　　　　　　　（SSRI）にて

　　　　　　　　　　　　　　　　　　　　　　　執筆者一同

巻末参考資料

【巻末参考資料その1】　核兵器の原理と仕組み

　資料1-1　原子と原子核

　資料1-2　核分裂と核融合

　資料1-3　核分裂兵器の原料

　　1　ウランの濃縮

　　2　プルトニウムの生成

　　3　核分裂の連鎖に必要な臨界状態の作為

　資料1-4　核兵器の仕組み

　　1　ガン・バレル方式核分裂兵器（原子爆弾）

　　2　インプロージョン方式核分裂兵器（原子爆弾）

　　3　多段階熱核兵器（核融合兵器／水素爆弾）

【巻末参考資料その2】核兵器の研究開発、核戦略発展等の経緯

　資料2-1　原子爆弾に至る科学の発達に関わる主要事象・人物

　資料2-2　第2次世界大戦後の核兵器開発等の推移

　資料2-3　冷戦間に発展した核戦略の推移（米ソを中心として）

【巻末参考資料その3】核軍縮・核軍備管理に関する主要な条約

　資料3-1　包括的核実験禁止条約（CTBT）

　資料3-2　核兵器不拡散条約（NPT）

　資料3-3　米ロ間の戦略兵器削減条約（第1次から第3次START）

【巻末参考資料その１】　核兵器の原理と仕組み

【巻末参考資料その１】　核兵器の原理と仕組み

【資料１‐１】　原子と原子核

　原子は、英語でアトム（atom）という。アトムとはギリシャ語で「分けられないもの」を意味する。我々が通常接している物質は、すべてこの「分けられない」原子が様々な形に結合した分子からなっている。人間の身体も例外ではない。

　この物質の源とも言える原子は、大きさが１億分の１cmのオーダーという、常人には想像できない極小の世界にある。

　原子の中心にある原子核は、原子の１万分の１以下である１兆分の１cmのオーダーという超極小の世界にある。核爆発のエネルギーを生む原子核は、陽子と中性子からなり、原子核のプラスの電荷はすべて陽子が持っている。中性子は、陽子と同じ重さであるが、その名の通り電気的には中性の粒子である。

　その原子核の周りを更に小さな電子が回って原子を構成している。電子は、陽子と同じ量の電荷を持っているが、重さは陽子の２千分の１程度で、ほとんど無視できる。

　原子は通常の状態では、陽子の数と電子の数が等しく、原子核の持つプラス電荷と周囲にある電子のマイナス電荷が釣り合って電気的には中性である。この中立状態は、化学反応（電子の増減、原子間での遣り取り）によって変化するが、どのような化学反応によっても、原子核は全く変化しない。

265

原子の構造

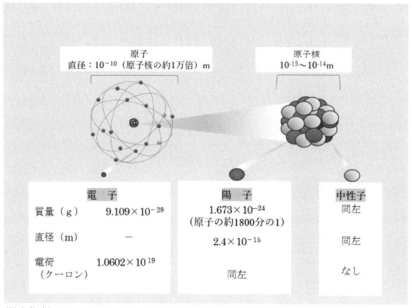

（筆者作成）

　原子核内では、プラスの電荷を負った多数の陽子が集まっていることから、電気的に強力な反発力が働くはずである。しかし、その力に負けない核力という強力な力が、隣接する陽子と陽子、陽子と中性子、中性子と中性子の間に働き、相互に堅く結び付いて、原子核を構成している。この核力は、至近距離（10のマイナス15乗のオーダー：概ね原子核の大きさ）にある核子間でしか生じない。すなわち、原子核は、核内のすべての陽子間に作用する電気的斥力と近接する核子（陽子と中性子）間だけに作用する核力のバランスで成り立っている。

　この力のバランスは、陽子の数が多くなるにつれ、核内の1つ1つの陽子に働く電気的斥力は大きくなるが、それに比し核力はあまり変わらないので、全体として結びつきが弱くなる。これを補うために重い原子核ほど電気的斥力を持たない中性子の数が多くなるが、中性子間あるいは中性子と陽子間に

働く核力の及ぶ範囲が至近距離内であるので、重い原子核ほど不安定となることに変わりはない。自然界に存在する最大の原子は、原子番号（陽子数）92のウランである。それよりも陽子数の多い原子は人工的に造られたものであり、原子爆弾に使われるプルトニウムも原子番号94の人工的に作られた原子である。

【資料1-2】 核分裂と核融合

　自然界に存在する最も重い元素であるウランの同位元素ウラン235の原子核に中性子を衝突させると、強固に結び付いているはずの原子核が、中性子を吸収して不安定となり、2つの軽い原子核（核分裂生成物）に分裂し、同時に複数の中性子を放出する。

　放出された中性子は、2次中性子と呼ばれ、次々とまだ分裂していない原子核に衝突して新たな核分裂を起こす。この現象が核分裂の連鎖反応であり、この連鎖反応により放出される莫大なエネルギーを利用した兵器が原子爆弾である。

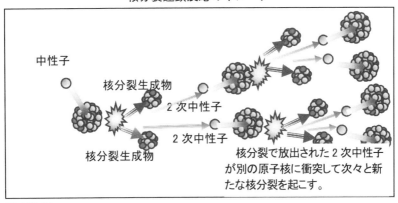

核分裂連鎖反応のイメージ

（筆者作成）

　原子爆弾（atomic bomb）は、原子核反応を初めて利用した兵器で、核分

裂の連鎖反応を利用した爆弾の総称であることから、核分裂兵器とも言われる。

　一方、核分裂とは逆に、軽い原子同士がくっ付く現象を核融合と言い、この時に放出されるエネルギーを利用した兵器が水素爆弾である。

　原子の中で最も軽いものは、水素である。水素を高温・高圧下に置くと、原子核と電子がバラバラになって飛び回り出す。水素の原子核は、陽子でありすべてプラスの電荷を負っているので、飛び回り接近しても、互いに反発して核融合は起こらない。ところが1,000万度を超す高温では、陽子の飛び回る速度が増し、電気反発力に打ち勝って至近距離に至る。そうすると、電気反発力よりも強い核力が働き、陽子同士がくっ付いてしまう。

　陽子同士がくっ付き、重い原子核に変わる一連の過程が、太陽などの恒星の内部で起きている核融合反応である。太陽が地球にもたらす光、熱、放射線の源は、太陽内部に大量にある水素の核融合である。

　余談であるが、太陽は誕生から48億年経っているが、水素を使い切るまでにはまだ50億年ほどかかるといわれている。

　太陽が輝く原理にヒントを得て水素爆弾の発想が生まれたのは、原爆完成前のマンハッタン計画の最中であった。しかし、この時点では、核融合に必要な莫大な熱と圧力が得られず、発想止まりになった。その後、戦後の米ソの核競争の下で、日の目を見ることになる。

　地球上で太陽内部のような高温・高圧は作れない。そこで原爆を起爆剤に使うことが考えられたが、それでも水素原子（陽子）同士の結合は、非常に起こりにくかった。そこで考えられたのが、水素の同位元素である重水素（D：Deuterium／陽子１、中性子１）と三重水素（T：Tritium／陽子１、中性子２）との核融合反応（D-T反応）である。

　核融合の原料には、重水素化リチウムという重水素とリチウムの化合物が使われる。

　原子爆弾の爆発によって高熱・高圧環境下に置かれた重水素化リチウムは、

重水素原子核とリチウム原子核がバラバラになって飛び交う状態になる。そこに中性子が入ってきてリチウム原子核（陽子3、中性子3）とぶつかり三重水素（陽子1、中性子2）とヘリウム（陽子2、中性子2）になる。こうして出来た三重水素の原子核は、重水素の原子核（陽子1、中性子1）と核反応を起こし、ヘリウムと中性子になる。飛び出した中性子は、また次の核融合を促し、連鎖反応が進んでいく。この核融合の連鎖反応を利用した核兵器が水素爆弾である。

　水素爆弾は、水素同位体の原子核の核融合反応を利用したことから、核融合兵器とも呼ばれるが、核融合が極めて高温・高圧環境下で起こることから、熱核兵器と言われる。

　この高熱・高圧の環境作りに核分裂が使われるため、熱核兵器の爆発により放出されるエネルギーは、核融合と核分裂の両者が合体されたものとなり、より巨大なものとなる。

【資料1-3】　核分裂兵器の原料（ウランの濃縮、プルトニウムの生成、臨
　　　　　　界状態の作為）

1　ウランの濃縮

　原子爆弾に使用されるウラン235は、天然ウランの中には0.7％しか存在しない。残りの99.3％のほとんどは、核分裂しにくいウラン238である。このため、ウラン原子爆弾を作るには、ウラン235の含有量を上げるためのウラン濃縮の技術が必要となる。

　ウラン235とウラン238はともに原子番号92のウランであるので、両者を化学的に分離することはできない。そこで考えられた方法が、6フッ化ウランというウラン化合物のガスを使い、ウラン235とウラン238との僅かな質量の違いを利用して分離する方法である。

　質量差を利用して分離する方法として、隔膜の微細穴を透過するときの拡散速度の違いで分ける「ガス拡散法」、遠心分離機を用いて質量差の違いで

分ける「遠心分離法」、イオン化した6フッ化ウランが電磁場を横切るときの質量差による曲り方の違いで分ける「電磁分離法」の3つの方法が考えられた。何れの方法であっても、ウラン235とウラン238のわずかな質量差では、1台の分離機だけではごくわずかな濃縮しかできない。そこで多数の濃縮機を繋いで、繰り返し濃縮することになる。

マンハッタン計画では、電磁分離法とガス拡散法が使われたが、電磁分離法はウランの化合物のイオン化が難しく消費電力が莫大なこともあり、その後はほとんど使われていないようである。

ガス拡散法は、戦後に米仏等で改良されて使われたが、効率が悪く電力消費も多いことから、遠心分離式の実用化にともない逐次取って代わられている。現在使われている濃縮方法の大部分は遠心分離式である。六ヶ所村の濃縮施設も遠心分離式である。

その他、最近では、ウラン235だけをイオン化する「電子レーザー法」やイオン交換樹脂を利用した「化学交換法」などという方法も研究・開発されているようである。

原子爆弾に必要なウラン濃縮度（ウラン235の含有率）は、最小限80%、望ましいのは90%以上であるといわれている。広島に投下された原子爆弾リトル・ボーイに使用された63.5kgの高濃縮ウランは、1年以上前に建設された巨大な濃縮装置を使ってやっと間に合った量であった。なお、80%以下でも大量のウランを集めれば理論的には核爆発を起こせるが、兵器としては実用的ではない。原子力発電に使用するウランの濃縮度は3〜5%であり、この濃度では原子爆弾は作れない。

【巻末参考資料その1】 核兵器の原理と仕組み

遠心分離法のしくみ

出典：日本原子力文化財団「原子力・エネルギー」図面集第7章
http://www.ene100.jp/map_title

---

column

劣化ウラン

　ウラン235の含有率が天然のウランの約0.72％よりも低いウランを、劣化ウランという。ウラン濃縮の副産物としてできる劣化ウランのウラン235含有率は、0.2〜0.3％であり、天然ウランの半分以下になっている。

　劣化ウランは、高密度の金属であり、γ線やX線の遮蔽度が高い、比較的融点が高い、強度が大きい割に加工しやすいなどの特色がある。高密度、高強度を利用した劣化ウラン弾として徹甲弾の弾心に使われただけでなく、一般産業分野でも航空機等のカウンターウェイトや放射性医療器機等の遮蔽材料などにも使われている。

　劣化ウランは、ウラン235の密度が低く軽水炉方式の原子炉の燃料としては使えないが、ウラン238をプルトニウムに変換して燃やす高

速増殖炉の燃料にはなり得る。

劣化ウランが放出する放射能は、主に透過力の小さい α 線であり、外部被曝はほとんど問題にならないが、経口、吸引による内部被曝の危険はある。

(出典：原子力百科事典 ATOMICA (http://www.rist.or.jp/atomica/list.html) 等を参照)

発電用の原子炉と原爆の濃縮度の違い

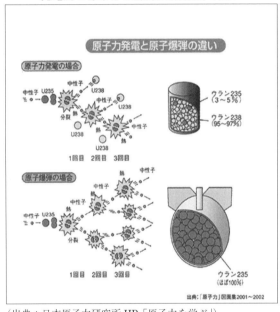

(出典：日本原子力研究所 HP「原子力を学ぶ」)

原子炉は、核分裂しにくいウラン238が95～97％を占める中に、核分裂しやすいウラン235を3～5％混ぜた燃料を使い、制御しながら核分裂させているので、爆発的に核分裂が進むようなことはない。原子爆弾は逆に核分裂しやすいウラン235やプルトニウム293がほぼ100％になるように濃縮して、一瞬のうちに核分裂が次々と続いて起き、莫大なエネルギーと放射線が放出されるようにつくられたものである。

2　プルトニウムの生成

天然ウランの中に0.7％しか存在しないウラン235の核分裂の連鎖を継続させる方法として、ウランの濃縮とともに考えられた方法が、高速で飛び出す2次中性子の減速である。

【巻末参考資料その1】 核兵器の原理と仕組み

　ウラン235は、どの様な速度（エネルギー）を持った中性子でも核分裂を起こす可能性があり、より低速の方が分裂を起こし易いという性質がある。

　一方、天然ウランの99.3％を占めるウラン238は、核分裂によってできた2次中性子と衝突した場合、光の10分の1以上の高速の中性子により核分裂を起こすこともあるが、様々な速度で飛び出す中性子の大部分を捕獲してしまい、ウラン235の核分裂連鎖に必要な中性子を無駄遣いする。ところが、秒速2km程度以下の低速の中性子は、ウラン238と衝突しても、捕獲されずに跳ね返される。

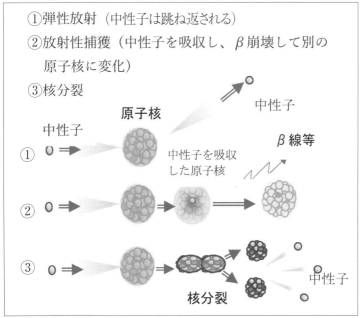

（筆者作成）

　そこで、核分裂によって放出される高速の2次中性子の速度をウラン238に捕獲されない速度まで減速することにより、天然ウランに近いウランを

使って、ウラン235の連鎖反応を継続させることができると考えられた。

2次中性子の減速は、中性子とほぼ同じ質量の水素（水／軽水）や水素の同位元素である重水素（重水）あるいは比較的軽量で安定した元素である黒鉛などを減速材にして行われた。

結果として、この方法は、核分裂の連鎖を持続させることは可能であるが、大量の核分裂物質と中性子減速材が必要であることおよび反応速度が遅いことから、発電用原子炉等としては利用できるが、兵器には適さないものであった。

ところが、ウラン235の核分裂連鎖にとっては厄介者であるウラン238が、人工の核分裂物質であるプルトニウム239を生み出してくれたのである。

ウラン238が1個の中性子を捕らえるとウラン239になる。ウラン239は、不安定で直ぐにβ崩壊（電子を放出）して陽子の数がウランより1つ多いネプツニウム239という超ウラン原子になる。ネプツニウム239は半減期が2日余りの放射性元素であり、更にβ崩壊して陽子の数がウランより2つ多いプルトニウム239になる。こうしてできたプルトニウム239は、ウラン235と同じように中性子を吸収して核分裂を起こす核分裂物質であった。

---

column

マンハッタン計画におけるプルトニウムの生成

マンハッタン計画の初期に作られたCP-1（Chicago Pile-1：シカゴ・パイル1号）原子炉は、約35トンのウランと減速材としての黒鉛300トン以上を使用した直径7.5m、高さ6mほどの巨大な装置であった。このCP-1は、世界初の原子炉であり、継続した核分裂連鎖反応によるエネルギ生成を実証するとともに、ウラン238からプルトニウムを作る実験に使用された。

【巻末参考資料その１】 核兵器の原理と仕組み

世界で最初の実験用原子炉 Chicago Pile-1 （CP-1）
下の画は CP-1 のスケッチ、右下の写真はウランと黒鉛を組み合わせた実験用ブロックの１つ。CP-1 の装置全体では、少なくとも 28 個のブロックがあったようである

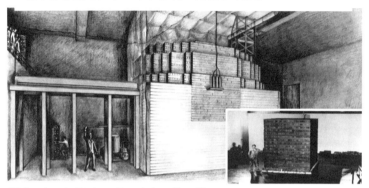

（出典：Atomic Heritage Foundation（AHF））

　CP-1で行われた臨界実験によって兵器転用可能なプルトニウム239の生産に目途がつき、CP-1を大型化したプルトニウム生産炉が建設された。そこで生成されたプルトニウムが、世界最初の核実験に供された「ガジェット」と長崎に投下された「ファット・マン」に使われた。

　原子炉内でウラン238から生成されたプルトニウムは、原子爆弾として利用可能なプルトニウム239のほかにいくつかの同位元素を含んでおり、そのうちのプルトニウム240が自然に核分裂反応（自然分裂）を起こし易い。このため、ガン・バレル方式では、臨界に達する前にプルトニウム240の核分裂により核分裂物質が飛散してしまう可能性があり、爆弾としては使い物にならない。そこで考えられた方法が、インプロージョン方式原子爆弾である。

3　核分裂の連鎖に必要な臨界状態の作為
　ウラン235は、天然の物質（原子）の中で中性子と衝突して核分裂を起こ

275

す唯一の物質である。このウラン235の原子核の重さ（質量）は10のマイナス22乗gのオーダーであり、1kgのウラン235の塊には10の24乗個ほどの膨大な数のウラン原子核が存在する。1個の原子核の核分裂反応によって生じるエネルギーは、1個の分子の化学反応（火薬の燃焼等）によって生じるエネルギーの1千万倍のオーダーという大きなものであり、もし1kgのウラン原子核すべてが瞬時に分裂したら、概ねTNT爆薬2万トン（20KT）に相当するエネルギーが放出される。

核分裂により放出される2次中性子は、平均2.6個である。このうちの2個が次々とまだ分裂していない原子核に衝突して核分裂の連鎖を起こすとすると、核分裂の数はネズミ算的に増え連鎖の80世代目には10の24乗個のオーダーに達する。

個々の核分裂で放出される2次中性子の平均スピードは光速の30分の1（1万km／時）と極めて高速であり、この速度で次の原子核に至るまでの時間は10億分の1秒程度である。この速度で衝突を繰り返すと、80次にわたる連鎖も瞬く間に終わり、次の瞬間に大爆発が起こることになる。

このような大爆発を起こすためには、核分裂物質を、極短時間で分裂の連鎖が急激に拡大する、超臨界の状態に置く必要がある。

---

column

臨界／超臨界／未臨界

高速で飛び出す2次中性子は、核分裂物質の外に飛び出し核分裂の連鎖に寄与しないものもあるが、核分裂物質の量を増すか密度を高めれば、分裂を起こしていない原子核に確実に衝突する可能性が高まる。

核分裂で放出される2次中性子は平均2.6個であるが、そのうちの1個が次のウラン235原子核に確実に衝突し核分裂を起こせば、連鎖は継続される。この核分裂反応の持続が維持された状態を臨界あるいは臨界状態といい、その状態を持続させるのに必要最小限の核分裂物

【巻末参考資料その1】 核兵器の原理と仕組み

資の量を臨界量という。

しかし、1個の中性子で繋がる臨界状態で起こる核分裂の連鎖は、原子力発電等には利用できるが、兵器に使用できるような爆発的な核分裂の連鎖にはならない。核兵器のためには、極短時間でネズミ算的に核分裂が増える連鎖が必要である。このような連鎖の起こる核分裂物質の状態を超臨界（状態）という。これとは逆に、臨界に満たない状態を未臨界（状態）という。

核分裂物質の種類、形状、置かれた状態等によって異なるが、自然の状態で連鎖反応が持続できる量はウラン235が50kg程度、プルトニウム239で10kg程度と言われている。

ちなみに、広島に投下された「リトル・ボーイ」には約63.5kgの高濃縮ウラン（ウラン235の含有率が80％以上のウラン）が使われ、その約1.38％（約880g）が核分裂を起こし、爆発威力約15KTのエネルギを放出したと推定されている。

しかし、平時から核分裂物質を超臨界の状態で保管することは、自然界に飛び交う中性子による偶発的な爆発の危険性があり、できない。このため、核分裂連鎖反応を核兵器として使用するためには、核分裂物質を未臨界の状態で保管・運搬し、使用時に一挙に超臨界の状態を作為する必要がある。

このために考えられた核分裂兵器の仕組みが、広島に落とされたリトル・ボーイに使用されたガン・バレル方式の原子爆弾と長崎に落とされたファット・マンに使用されたインプロージョン方式の原子爆弾である。

【資料1-4】 核兵器の仕組み

1 ガン・バレル方式核分裂兵器（原子爆弾）

ガン・バレル方式原子爆弾の原理は、2つの未臨界状態のウラン（核分裂物資）を砲身状の筒の両端に離して置き、通常爆薬の爆発力で両者を一挙に

合体させて超臨界状態にするものであり、その構造は、以下の通り簡単である。

　砲身状の筒の片側に目標となる未臨界量の高濃縮ウラン（ターゲット）と中性子発生源（イニシエーター）を置き、その周りをタンパーと呼ばれる中性子反射剤で囲み中性子を逃がさないようにする。筒の反対側に目標に向けて撃ち込む弾丸役のもう一つの高濃縮ウラン置き、その後方にそれをを撃ち出すための爆薬と起爆装置を配置する。それに、爆弾として安定して降下させるための外殻やフィン、目標高度を感知し起爆装置に信号を送るための装置などを付ければ完成である。

ガン・バレル方式原子爆弾の仕組み

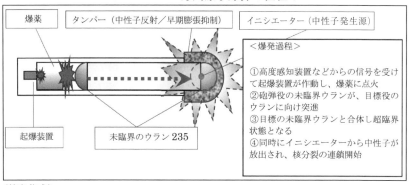

（筆者作成）

　この方式は、比較的構造が簡単であるが、必ず臨界量以上の核分裂物質と大量の発射薬（通常爆薬）が必要であり、小型化が難しい。また、2つに分かれていると言っても臨界量を超えた核分裂物質が1つの筒の中に入っていることから安全面などで問題があり、1950年代までの核時代初期に生産されたのみである。

【巻末参考資料その１】　核兵器の原理と仕組み

2　インプロージョン方式核分裂兵器（原子爆弾）

　インプロージョン方式原子爆弾は、臨界量に満たない球状の核分裂物質を装置の中央に置き、周囲に配置した火薬の爆発で圧縮し、核分裂物質の密度を急激に上げることにより一挙に超臨界状態にする方式である。

　この方式は、爆発の圧力が中央の核分裂物質に均等に伝える技術が難しく、様々な工夫が為されている。技術的にも高度なものが要求されるが、核分裂物質の圧縮の程度と２次中性子を外部に逃さない工夫次第で小型化できるという利点があり、核分裂兵器の主流となっている。

　世界初のインプロージョン方式での核爆発は、ニューメキシコの砂漠で行われたトリニティー実験である。そこで技術的に間違いないことが確認された後にファット・マンが長崎に投下された。

　インプロージョン方式の原子爆弾の構造は、中心にコアー（プルトニウム等の核分裂物質）を置き、その周りをタンパーで囲み、コアーの過早な膨張を押さえるとともにコアーで発生する中性子を逃がさないようにする。更にその外側に爆薬と点火装置を配したものである。

279

インプロージョン方式原子爆弾の仕組み

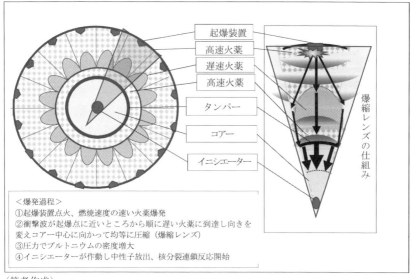

（筆者作成）

　周囲に配置した爆薬をコアーの中心に向けて均等に細かく分け、同時に爆発させる。しかし、爆薬をどんなに細かく分けてもそれぞれの部分の着火点から先に膨張していき、圧力が中心のコアー部分に到達するときは均等にはならない。

　そこで考え出されたのが爆縮（インプロージョン）レンズである。燃焼速度の速い火薬を外周に配置し、その内側に燃焼速度の遅い火薬を置き、高速火薬の圧力を減速させる。この際、低速の火薬は外側の高速の火薬の着火点の下を最も厚くし着火点から離れるほど薄くなるように配置する。そうすると、高速化薬の圧力が低速火薬の底に到達したときには全周均等に圧力が加わる。そこに更に高速火薬を置くと、その火薬は、均等に加わる外からの圧力で全周同時に爆発し、中心のプルトニウムのコアーを均等に圧縮することができる。この爆発を実行するための点火装置には、マイクロ秒単位の精度が要求される。

【巻末参考資料その1】 核兵器の原理と仕組み

　更に爆発の効果を高めるために、コアーの周りをタンパーというもので覆う。タンパーは、核分裂の連鎖によるコアーの過早な膨張・爆発を押さえつけておく働きをするとともに、核分裂によって飛び出した2次中性子を閉じ込めておく働きをする。

---

column

ブーステッド型核分裂兵器／強化型核分裂兵器

　インプロージョン方式の核分裂物質コアーの中に重水素と三重水素の液体あるいは重水素化リチウム等の核融合の原料となる物質を一緒に置くことにより、核分裂の効率を上げようとする方式がある。これは、核融合で大量に発生する中性子により核分裂を促進させようとするものであり、核融合を直接的な威力の源として期待するものではない。

　この方式の核兵器は、基本的にインプロージョン方式の核分裂兵器であり、ブーステッド型核分裂兵器あるいは強化型核分裂兵器と呼ばれ、少量の核分裂物質で高い威力を得ることができる。

3　多段階熱核兵器（核融合兵器／水素爆弾）

　前述の通り、熱核兵器は核融合で放出されるエネルギーを利用した核兵器であり、その起爆に核分裂を使用して、重水素と三重水素の核融合を起こさせる仕組みになっている。

　熱核兵器の仕組みは、プライマリーと呼ばれるインプルージョン方式の核分裂部分とセカンダリーと呼ばれる核融合部分から構成され、この2つの部分の核反応の連鎖で生じたエネルギーが熱核兵器の爆発力の主体となるが、これで終わりではない。セカンダリーの部分のタンパー（中性子反射材）として使われているウラン238が核融合により飛び出した多数の超高速の中性子によって核分裂をおこす。これも水素爆弾の威力に加わることになる。

熱核兵器の基本型（テラー・ウラム型）の仕組み

（筆者作成）

　この「核分裂」→「核融合」→「核分裂」の一連の過程は、わずか1,000万分の1秒の間に起こり、この3段階の核反応による爆発威力はTNT火薬換算約20KTの長崎に投下された原子爆弾の100倍以上のMT（メガトン）のオーダーに達する。熱核兵器は、このように3段階の核反応を経ることから3F爆弾とも呼ばれる。

【巻末参考資料その１】　核兵器の原理と仕組み

　また、熱核兵器は、米国のMK-17熱核爆弾のように核融合部分を複数にした構造のものも造られており、多段式熱核兵器とも呼ばれている。

　図は、米国でエドワード・テラー、スタニスワフ・ウラムらによって開発され、1952年11月１日にエニウェトク環礁で行われた人類初の水爆実験「アイビー・マイク」に使われた熱核兵器の基本構造であり「テラー・ウラム型」と呼ばれる。現在では、ミサイルの核弾頭などに使われている熱核兵器の構造は、セカンダリーの部分が円形で全体に小型化されているが、基本的な設計の考え方は同じである。

---

column

純粋水素爆弾、中性子爆弾

　いわゆる「純粋水素爆弾」は、核分裂を利用せずに高温・高圧の環境を作り核融合を起こす水爆であり、核分裂によりまき散らされる放射性物質はなく残留放射能が少ないことから「きれいな水爆」と呼ばれる放出される高エネルギーの中性子等による致死効果は大きいが、未だ実用化に至っていない。

　中性子爆弾は、爆風効果よりも核融合で放射される高エネルギーの中性子線等による殺傷効果を大きくした熱核兵器の一種である。主に建造物内部の人員殺傷効果とEMPによる電子障害効果が期待され、冷戦期の欧州戦場での小型の戦術核兵器（短距離ミサイル用核弾頭、核砲弾）や弾道弾邀撃ミサイルの弾頭として作られた。これらは、核使用の敷居を低くする恐れから実戦配備されることはなかった。

283

【巻末参考資料その２】 核兵器の研究開発、核戦略発展等の経緯

【資料２-１】 原子爆弾に至る科学の発達に関わる主要事象・人物

時代の特色	年	主要事象・人物
放射線・放射性物質の発見	1895年	・X線発見：ウィリアム・レントゲン（ドイツ人物理学者、1901年同発見によりノーベル物理学賞受賞）、
	1896年	・ウラン鉱石から自発的に放射線が放出されていることを発見：アンリ・ベクレル（フランス人物理学者、1903年「放射線の発見」によりノーベル物理学賞受賞）
	1898年	・ベクレル等が発見した物質が放射線を放射する性質（能力）を放射能、放射能を持つ元素を放射性元素、放射性元素を含む物質を放射性物質と命名、ウラン鉱石に含まれる強い放射線を出す物質であるラジウムとポロニウムを発見：マリ&ピエール・キュリー夫妻（フランス人ピエール・キュリーとポーランド人マリア（フランス読みマリ）が結婚、いずれも物理学者、1903年「ラジウムの発見等」により夫妻でノーベル物理学賞受賞）
		・ウランが α 線、β 線を放出して変質することを発見：アーネスト・ラザフォード（ニュージーランド出身、イギリスで活躍した物理学者・化学者、1908年「元素の崩壊等に関する研究」によりノーベル化学賞受賞）
原子核の構造解明	1901年	・原子核の周りを電子が回る原子模型を発表：ジャン・ペラン（フランス人物理学者、物質が分子からできていることを実証、1926年「物質の不連続構造等に関する研究」によりノーベル物理学賞受賞）
	1904年	・土星型原子模型を発表：日本人物理学者長岡半太郎
	1905年	・「特殊相対性理論」発表：アルベルト・アインシュタイン（ドイツ生まれのユダヤ人、1921年「光電効果の理論的解明」によりノーベル物理学賞受賞、1930年代後半に米国移住、1940年に米国籍取得）
	1915年〜1916年	・原子核の発見、惑星型原子模型を発表：ラザフォード（前出） ・量子力学的原子模型発表し土星型や惑星型模型の矛盾解決：ニールス・ボーア（デンマーク人物理学者、1922年「原子構造等に関する研究」によりノーベル物理学賞受賞）
		・「一般相対性理論」に関する論文発表：アインシュタイン（前出）

【巻末参考資料その2】核兵器の研究開発、核戦略発展等の経緯

	1925年〜1927年	・中性子を発見：ジェームズ・チャドウィック（イギリス人物理学者、1935年「中性子の発見」によりノーベル物理学賞受賞）
核分裂の発見	1934年	・中性子をぶつけることによる物質の放射化（放射性物質への変質）実証：エンリコ・フェルミ（イタリア人物理学者、1938年「中性子衝撃による新放射性元素の発見」等によりノーベル物理学賞受賞、ストックホルムから直接ユダヤ人の妻をつれて米国に移住、その後マンハッタン計画に参加し、世界初の原子炉CP−1を作製し核分裂連鎖反応の実験に初めて成功）
	1935年	・中間子論を発表し核力の存在を理論的に証明：湯川秀樹（日本人物理学者、1949年「核力を媒介する中間子の存在予想」によりノーベル物理学賞受賞）
		・（原子核反応に関わる実験が盛んに行われる）
	1938年	・12月、ウランへの中性子照射でラジウム生成（ウランの核分裂）を実証：オットー・ハーン、（ドイツ人化学者・物理学者1944年「核分裂の発見」によりノーベル物理学賞受賞）
	1939年	・1月、ハーンの発見を理論的に証明した核分裂理論を発表：リーゼ・マイトナー（ユダヤ系（母方）オーストリア人の女性物理学者、ハーンの共同研究者であったが、当時はナチスのユダヤ人狩りを逃れてストックフイルムに亡命中、ノーベル賞は受賞していないが、核分裂理論の確立者として認められている）
原子爆弾の開発		・複数の研究者が核分裂の連鎖反応を確認：フェルミ（前出）、エンリコ・シラード（ハンガリー生まれの物理学者、1933年に中性子による核分裂連鎖反応を想起し核物理学に傾倒）、フレデリック・ジュリオ＝キュリー（フランスの物理学者、共同研究者でもある妻イレーヌ・ジュリオ＝キュリーはマリー・キュリーの娘、1935年「人工放射線元素の発見」により夫妻でノーベル化学賞受賞）等
		・（核分裂の連鎖反応を利用した爆弾の可能性、世界に知れ渡る） 開戦直前の情勢下にあった世界の列強（ドイツ、イギリス、フランス、米国、日本、ソ連）は、秘密裏に原子爆弾開発に着手したが、大戦中に開発に成功したのは米国のみであった
	1940年	・8月、シラードの進言によりアインシュタインが署名した原子力を利用した非常に強力な爆弾の可能性等についての書簡をルーズベルト大統領に提出 10月、米国ウラン諮問委員会発足
	1942年	10月、米国「マンハッタン計画」開始

285

核時代の始まり	1945年	3発の原子爆弾完成 ・7月16日、米国ニューメキシコ州アラモゴールド砂漠でのトリニティー核爆発実験 ・8月6日、広島に原爆投下 ・8月9日、長崎に原爆投下

【資料2-2】第2次世界大戦後の核兵器開発等の推移

―米ソ（ロシア）を中心として―

年代／特性	米　　　国	ソ連／ロシア	その他の国	軍備管理等
1940年代 米国の核の独占	・1945核兵器所有～核の独占 ・1949国連原子力委員会で核兵器の国連管理（バルーク・プラン）を提唱	・核の開発計画の余地を残すため米国の提唱を拒否 ・1949原爆所有を公表		・米国、核兵器の国連管理（バルーク・プラン）を提唱
1950年代 米ソの核兵器開発競争と主要国への核兵器・技術の拡散	・1952初の水爆実験（1954ビキニ水爆事件） ・1954世界最初の米原潜（ノーチラス号）進水 ・1958人工衛星打ち上げ成功、ICBMアトラスの試射に成功	・1953初の水爆実験 ・1957ICBM実験に成功と発表、世界初の人工衛星スプートニク1号打ち上げ	・英国、1952初の原爆実験、1957初の水爆実験	・アイゼンハワー大統領の「平和のための原子力」計画」：核の平和利用の推進のため、国際原子力機構（IAEA）の設立→核を軍事目的と平和利用に切り分け
1960年代 核兵器保有5大国の形成と核拡散防止体制（NPT条約の締結）	・1960SLBMポラリスの水中発射に成功 ・1960年代半ばまでに米ソ間で「核の均衡」（nuclear parity）に至る	・1961有人宇宙船打ち上げ成功 ・（同左）	・仏、1960サハラで初の原爆実験、1968南部太平洋で初の水爆実験 ・中国、1964初の原爆実験に成功、1966初の核ミサイル実験に成功、1967初の水爆実験に成功	・1962キューバ危機 ・1963米英ソ、部分的核実験禁止条約署名（10.10発効） ・1967宇宙天体平和利用条約署名 1968核不拡散条約（NPT）署名（1970発効）

【巻末参考資料その2】核兵器の研究開発、核戦略発展等の経緯

1970年代米ソの核均衡の成立にともなう核戦略の安定化			・1970中国、初の人工衛星打ち上げ成功 ・1974インド、初の地下核実験 ・1979（？）年イスラエル、核兵器を保有（2007年、当時の国際原子力機関（IAEA）モハメド・エルバラダイ事務局長は同国を核保有国と位置付け）	・1970米ソ、戦略兵器制限SALT I 本格交渉開始 ・1971核戦争の危険を減少するための措置に関する米ソ間協定署名 ・1972年米ソSALT I、ABM制限に関する協定に署名 ・1973年米ソ、核戦争防止協定署名 ・1974年米ソ、地下核実験制限条約署名、SALT II に関する共同声明（1979署名）
1980年代米国のミサイル防衛構想と米ソの核軍縮の進展	・1983年レーガン大統領、戦略防衛構想（SDI）発表		・中国、1980年初めて南太平洋へ向けてのICBM実験、1982年SLBMの水中発射実験に成功	・1985年米ソ、軍備管理交渉開始 ・1987年米ソ、INF条約署名（1988批准書交換） ・1988年米ソ、初の地下核実験共同検証実施（米国ネバダ） ・1989年米ソ外相、START I 再開で合意成立
1990年代世界的な核拡散による国際情勢の不安定化	・1994年国防省、核兵器など大量破壊兵器に関する「拡散防止活動計画報告書」提出、「核態勢見直し」発表	・1990年北極圏で地下核実験を実施	・1992年北朝鮮で初のIAEA特定査察実施、1993年北朝鮮、NPT脱退を宣言、日本海中部に向け弾道ミサイルの発射実験実施（以降、米朝、六者会同などを経るが、北朝鮮の核武装が進展） ・1996年中国、地下核実験実施（45回目）同日、核実験モラトリアム（一時中止）の実施発表 ・1998年インド、地下核実験（5.11、5.13）	・1991年米ソ首脳、START I に署名 ・1992年米とロシアなど旧ソ連4か国、START I 議定書に署名 ・1993年米露、START II 署名（1996米上院批准、2000年ロシア下院批准） ・1995年朝鮮半島エネルギー開発機構（KEDO）発足 ・1995年NPT無期限延長を採択 ・1995年ASEAN、首脳会議で東南アジア非核兵器地帯条約署名 ・1996年国連総会、

287

			・1998年パキスタン、地下核実験(5.28、5.30)	包括的核実験禁止条約（CTBT）採択 ・1998年国連安保理、印パ核実験非難決議採択
2000年代 世界的な核拡散による国際情勢の不安定化	・2002年ミサイル防衛配備発表 ・2008年米海軍イージス艦、制御不能衛星をSM3による大気圏外での撃墜に成功 ・2009年オバマ大統領、「プラハ演説」（「核のない世界」）と欧州MD配備計画の見直し発表	2007年新型ICBMの発射実験に成功したと発表、新型の潜水艦発射弾道ミサイル（SLBM）「ブラヴァ」の発射実験に成功	・2002年北朝鮮、ケリー米国務次官訪朝時、核兵器用ウラン濃縮計画を認めたとの声明を米政府発表、核関連施設の再稼働と建設再開を発表、KEDO理事会、12月からの北朝鮮への重油提供の凍結決定 ・2003年中国、初の有人宇宙船「神舟5号」打ち上げ ・2003年豪、ミサイル防衛計画への参加決定 ・2003年リビア、大量破壊兵器計画の廃棄表明 ・2005年北朝鮮外務省、「核兵器製造」などを内容とする声明発表 ・2006年イラン、ウラン濃縮実験を開始 ・2006年北朝鮮、地下核実験実施発表 ・2007年中国、衛星破壊実験実施 ・2008年シリア、北朝鮮の支援のもと、建設中の核施設をイスラエルの空爆で破壊されたと米国政府が公表 ・2008年北朝鮮、核計画の申告を提出 ・2008年中国、有人宇宙船「神舟7号」打ち上げ、初	・2001年米露、START Ⅰの履行を完了 ・2002年米露、戦略攻撃能力削減条約調印 ・2003年北朝鮮、NPT脱退宣言 ・2003年G・W・ブッシュ米大統領、拡散に対する安全保障構想（PSI）初提唱、PSI初の合同演習、豪北東サンゴ海で実施 ・2004年国連安保理、大量破壊兵器の不拡散決議1540を全会一致で採択 ・2009年START Ⅰ失効

288

【巻末参考資料その２】核兵器の研究開発、核戦略発展等の経緯

			・の船外活動成功 ・2009年北朝鮮、我が国上空を超えるミサイルを発射、2回目の地下核実験実施発表、日本海に向けて計7発の弾道ミサイル発射	
2010年代米国の国家意思の弱体化やINF条約の完全履行にともなう同盟国に対する地域（特に東アジア地域）抑止の揺らぎ	・2010年「弾道ミサイル防衛見直し」（BMDR）および「核態勢の見直し」（NPR）公表、「国家宇宙政策」（NSP）公表		・2010年中国、ミサイル迎撃実験実施を発表 ・2011年中国、宇宙実験室「天宮1号」打ち上げ ・2012年北朝鮮、「人工衛星」と称するミサイル発射（2回） ・2013年中国、ミサイル迎撃実験実施を発表、月探査機の月面軟着陸に成功 ・2013年北朝鮮、3回目の地下核実験実施発表、国連安保理、北朝鮮への制裁強化に関する決議第2094号を採択、北朝鮮、六者会合に基づいて稼働を停止していた黒鉛減速炉の再整備、再稼働を表明 ・2014年北朝鮮、弾道ミサイル発射（5回） ・2014イランEU、3＋3核協議 ・2015EU3＋3とイランが「枠組み合意」に合意 ・2016北朝鮮、水爆と自称する地下核実験実施と弾道ミサイル発射（数回）	・2011年米露、STARTⅠ後継条約「新START」発効

（出典：平成27（2015）年版「日本の防衛」・「防衛年表」を参考に、筆者作成）

【資料2-3】 冷戦間に発展した核戦略の推移（米ソを中心として）

―世界の核戦略をリードしてきた米国―

核戦略の推移 （歴史）	米　　国	ソ　　連	備　　考
①原子力国際管理案（バルーク案）と核抑止論の誕生	・1949年の国連原子力委員会で原子力国際管理案を米代表のバルークが提案 ・当時、核技術は米国の独占下にあったが、核技術が残存し、悪用される恐れの中での核廃絶論はかえって危険として退けられ、核の存在を認め、いかに抑止を追求するかの核抑止論が誕生。以後、核戦略論は米国主導で発展	・核兵器なし ・核の開発計画の余地を残すため米国の提唱を拒否	
②大量報復戦略（「第1相殺戦略」）と米ソの核兵器開発競争	・核技術・兵器の独占 ・1950年代、アイゼンハワー政権下で、いかなる戦争も核の大量使用により報復すると明示することで戦争の抑止を図る戦略論（＊1）として登場 ・大量の核兵器、長距離爆撃機、戦略ミサイル	・核戦力の劣勢を挽回する時間稼ぎのために全面核廃絶論を主張 ・原爆所有を公表（1949年）、初の水爆実験（1953年）、ICBM実験の成功と世界初の人工衛星（＊2）打ち上げ（1957年）、戦略爆撃機の開発（1950年代後半）→米国との核兵器開発競争に突入	＊1 戦略論の先駆け ＊2 スプートニク1号
③大量報復戦略の破綻と柔軟反応戦略（＊）	・大量報復戦略では朝鮮戦争などの局地的通常戦（地域紛争）を抑止できず ・1960年代初め、ゲリラ戦（Lo）から全面核戦争（Hi）まで柔軟に対応できる戦力と外交、経済、心理戦などを包括した総合的かつ柔軟に反応する戦略を提唱（Dr.キッシンジャーなど）	・核兵器は実際に使用する兵器との認識 ・ソ連指導部は核抑止戦略を明示することに意義を見出さず	＊ケネディ政権下で「多角的オプション戦略」とも呼ばれた（1961年）
④米ソ核軍拡と相互確証破壊戦略（＊）	・1960年代半ばまでに米ソ間で「核の均衡」（nuclear parity）に至る ・1960年代、相手の先制攻撃に対して自国の核戦力	・1962年のキューバ危機で戦略核戦力の劣勢を痛感し、ブレジネフ以降、戦略核戦力の一段の増強に注力	＊1965年米「国防報告」（マクナマラ国防長官）

290

	の一部を必ず残存させ、報復攻撃で相手を確実に破壊できる第２撃能力を確保することによって核攻撃を相互に抑止しようとする概念で、自国の人口と工業力の「損害限定戦略」と対になった戦略論に到達	・「核報復に基づく抑止戦略」の概念が定着 ・経済・社会の停滞によるソ連体制の危機が進行	
⑤西側の競争戦略に基づく戦略防衛構想(SDI)と核軍縮の進展並びにソ連の体制崩壊	・レーガン政権は、競争戦略に基づき、戦略防衛構想（SDI）を発表（1983年） ・1987年にINF条約署名、1989年に米ソ外相、START Ⅰ再開で合意成立 ・冷戦勝利〜終結へ	・1985年、ゴルバチョフが書記長となり、体制危機を踏まえ、政治・経済の抜本的改革（ペレストロイカ）のため軍事費を削減して防勢戦略に転換 ・西側の競争戦略に対抗できなくなったソ連は冷戦敗戦〜体制崩壊へ	・1980年米「国防報告」で「第２相殺戦略」→通常戦力の強化 ・1989年、米ソ首脳会談（マルタ）
⑥冷戦後の核の拡散と脅威の多様化に対応する「テーラード（適合）抑止」への展開	・ブッシュ政権の「核態勢見直し（NPR）2001」にさかのぼり、「４年ごとの国防見直し（QDR）2006」で公式に登場 ・冷戦時代の対ソ一辺倒から多様な「国家や非国家主体からの脅威を抑止する、完全にバランスのとれた適合（テーラード）された能力をもつ」ことによって抑止の信頼性を高めようとする現在の抑止理論		・北朝鮮、イラン、シリアなど

（筆者作成）

【巻末参考資料その３】 核軍縮・核軍備管理に関する主要な条約

（外務省公式 Web サイトから抜粋）

【資料３‐１】 包括的核実験禁止条約（CTBT：Comprehensive Nuclear-Test-Ban Treaty）

1 概要

（1）宇宙空間、大気圏内、水中、地下を含むあらゆる空間における核兵器の実験的爆発及び他の核爆発を禁止する。

（2）この条約の趣旨及び目的を達成し、この条約の規定の実施を確保する等のため、包括的核実験禁止条約機関（CTBTO）を設立する。

（3）条約の遵守について検証するために、国際監視制度、現地査察、信頼醸成措置等から成る検証制度を設ける。

2 意義

（1）核兵器の開発あるいは改良を行うためには、核実験の実施が必要であると考えられており、CTBT は、従来の部分的核実験禁止条約（PTBT）が禁止の対象としていなかった地下核実験を含む、すべての核実験を禁止するという点において、核軍縮・不拡散上で極めて重要な意義を有する。

（2）わが国は CTBT を、国際原子力機関（IAEA）の保障措置と並び、核兵器不拡散条約（NPT）を中核とする核不拡散・核軍縮体制の不可欠の柱として捉え、その早期発効を核軍縮・核不拡散分野の最優先課題の一つとして重視している。

3 現状（2016年9月現在）

CTBT が発効するためには、特定の44か国（発効要件国（注））すべての批准が必要とされている（第14条）。しかし、現在のところ、米、印、パキスタン等、一部の発効要件国の批准の見通しはたっておらず、条約は未発効。

（1）署名国183か国、批准166か国

【巻末参考資料その3】核軍縮・核軍備管理に関する主要な条約

（2）発効要件国44か国のうち、署名国41か国、批准国36か国

発効要件国のうち、

署名済・未批准国（5か国）：米国、中国、エジプト、イラン、イスラエル

未署名・未批准国（3か国）：北朝鮮、インド、パキスタン

（注）条約の附属書二に掲げられている。ジュネーヴ軍縮会議の構成国で
　　　あって、IAEA「世界の動力用原子炉」の表に掲げられている国。

4　経緯

（1）部分的核実験禁止条約（PTBT）締結以後、地下核実験を含むすべ
　　　ての核実験を禁止することが国際社会の大きな軍縮課題の一つとさ
　　　れてきた（注）。そのための包括的核実験禁止条約（CTBT）の作成
　　　に向けて、1994年1月からジュネーヴ軍縮会議の核実験禁止特別委
　　　員会において、交渉が本格的に開始された。軍縮会議における交渉
　　　は、2年半にわたって行われたが、インド等の反対によって同条約
　　　案をコンセンサス方式で採択することはできなかった。

（2）しかし、CTBT成立に対する国際社会の圧倒的な支持と期待を背景
　　　として、オーストラリアが中心となり、ジュネーヴ軍縮会議で作成
　　　された条約案を国連総会に提出し、1996年9月、国連総会は圧倒的
　　　多数をもって同条約を採択した（反対：インド、ブータン、リビア。
　　　棄権：キューバ、シリア、レバノン、タンザニア、モーリシャス）。

（3）我が国は、1996年9月24日（日本時間同）、この条約に署名し、1997
　　　年7月8日（日本時間9日）、国連事務総長に対し、この条約の批准
　　　書を寄託した。

（注）「大気圏内、宇宙空間及び水中における核兵器実験を禁止する条約」
　　　（いわゆる「部分的核実験禁止条約（PTBT）」。1963年モスクワで作
　　　成）は、既に、地下を除く核兵器の実験的爆発及び他の核爆発を禁止
　　　していた。

5　条約本文（抜粋）

293

前文（略）

第1条　基本的義務

1　締約国は、核兵器の実験的爆発又は他の核爆発を実施せず並びに自国の管轄又は管理の下にあるいかなる場所においても核兵器の実験的爆発及び他の核爆発を禁止し及び防止することを約束する。

2　締約国は、更に、核兵器の実験的爆発又は他の核爆発の実施を実現させ、奨励し又はいかなる態様によるかを問わずこれに参加することを差し控えることを約束する。

第2条　機関

A　一般規定

1　締約国は、この条約の趣旨及び目的を達成し、この条約の規定（この条約の遵守についての国際的な検証に関する規定を含む。）の実施を確保し並びに締約国間の協議及び協力のための場を提供するため、この条約により包括的核実験禁止条約機関（以下「機関」という。）を設立する。

2　すべての締約国は、機関の加盟国となる。締約国は、機関の加盟国としての地位を奪われることはない。

3　機関の所在地は、オーストリア共和国ウィーンとする。

4　機関の内部機関として、締約国会議、執行理事会及び技術事務局（国際データセンターを含む。）をこの条約により設置する。

（5から11まで略）

B　締約国会議

12　締約国会議（以下「会議」という。）は、すべての締約国によって構成される。

（以下23まで略）

24　会議は、機関の主要な内部機関であり、この条約に従ってこの条約

の範囲内のいかなる問題又は事項（執行理事会及び技術事務局の権限及び任務に関するものを含む。）も検討する。会議は、締約国が提起し又は執行理事会が注意を喚起するこの条約の範囲内のいかなる問題又は事項についても、勧告及び決定を行うことができる。

（25、26略）

C　執行理事会

27　執行理事会は、五十一の理事国によって構成される。締約国は、この条の規定に従い、理事国としての任務を遂行する権利を有する。

（28から36まで略）

37　執行理事会は、機関の執行機関である。執行理事会は、会議に対して責任を負う。執行理事会は、この条約によって与えられる権限及び任務を遂行する。執行理事会は、これらを遂行するに当たり、会議による勧告、決定び指針に従って行動し、並びにこれらの勧告、決定及び指針の継続的かつ適切な実施を確保する。

（38から41まで略）

D　技術事務局

42　技術事務局は、この条約の実施について締約国を援助する。技術事務局は、会議及び執行理事会が任務を遂行するに当たり、会議及び執行理事会を補佐する。技術事務局は、この条約によって与えられる検証その他の任務及びこの条約に従って会議又は執行理事会によって委任される任務を遂行する。技術事務局には、その不可欠な一部分としての国際データセンターを含む。

（43から57まで略、第3条略）

第4条　検証

A　一般規定

1　この条約の遵守について検証するために、次のものから成る検証制度を設ける。当該検証制度は、この条約が効力を生ずる時に検証につ

いてこの条約が定める要件を満たすことができるものとする。

(a) 国際監視制度

(b) 協議及び説明

(c) 現地査察

(d) 信頼の醸成についての措置

(2から15まで略)

B 国際監視制度

16 国際監視制度は、地震学的監視施設、放射性核種監視施設（公認された実験施設を含む。）、水中音波監視施設及び微気圧振動監視施設並びにその各通信手段によって構成され、並びに技術事務局の国際データセンターの支援を受ける。

17 国際監視制度は、技術事務局の権限の下に置かれる。国際監視制度のすべての監視施設については、議定書に従い、当該監視施設を受け入れ又はその他の方法によってこれについて責任を負う国が所有し及び運用する。

(18から28まで略)

C 協議及び説明

29 締約国は、可能なときはいつでも、この条約の基本的義務の違反の可能性について懸念を引き起こす問題を、まず、締約国間で、機関との間で又は機関を通じて、明らかにし及び解決するためにあらゆる努力を払うべきである。もっとも、すべての締約国の現地査察を要請する権利は害されない。

(30から33まで略)

D 現地査察

34 締約国は、この条及び議定書第二部の規定に基づき、いかなる締約国の領域内若しくはいかなる締約国の管轄若しくは管理の下にあるその他の場所についても又はいずれの国の管轄若しくは管理の下にもな

い場所について現地査察を要請する権利を有する。

35 現地査察の唯一の目的は、核兵器の実験的爆発又は他の核爆発が第1条の規定に違反して実施されたか否かを明らかにし及び違反した可能性のある者の特定に資する事実を可能な限り収集することとする。

（36から45まで略）

46 執行理事会は、要請締約国から現地査察の要請を受領した後九十六時間以内に当該要請について決定する。現地査察を承認する決定は、執行理事会の理事国の三十以上の賛成票による議決で行われる。執行理事会が当該現地査察を承認しなかった場合には、そのための準備は終了し、及び当該要請に基づく新たな措置はとられない。

（47から64まで略）

65 執行理事会は、その権限及び任務に従い、64の規定に従って送付された査察報告及び資料を検討し、並びに次の問題を検討する。

（a）この条約の違反があったかどうか

（b）現場査察を要請する権利が濫用されたか否か

（66、67略）

E　信頼の醸成についての措置

68 締約国は、次のことのため、議定書第三部に規定する関連する措置を実施するに当たり、機関及び他の締約国と協力することを約束する。

（a）　化学的爆発に関連する検証のためのデータを誤って解釈することから生ずるこの条約の遵守についての懸念を適時に解決することに貢献すること。

（b）　国際監視制度の観測所網の一部である観測所の特性を把握することについて援助すること。

第5条　事態を是正し及びこの条約の遵守を確保するための措置（制裁を含む。）

1 会議は、特に執行理事会の勧告を考慮して、この条約の遵守を確保

し並びにこの条約に違反する事態を是正し及び改善するため、2及び
3に規定する必要な措置をとる。

2　締約国が自国によるこの条約の遵守に関して問題を引き起こしてい
る事態を是正することを会議又は執行理事会によって要請され、かつ、
一定の期間内に当該要請に応じなかった場合には、会議は、特に、当
該締約国がこの条約に基づく権利及び特権を行使することを、別段の
決定を行うまでの間制限し又は停止することを決定することができる。

3　この条約の基本的義務の違反によってこの条約の趣旨及び目的に対
する障害が生ずる可能性のある場合には、会議は、締約国に対して国
際法に適合する集団的措置を勧告することができる。

4　会議又は事態が緊急である場合には執行理事会は、問題（関連する
情報及び判断を含む。）について国際連合の注意を喚起することがで
きる。

（第6条から第13条まで略）

第14条　効力発生

1　この条約は、その附属書二に掲げるすべての国の批准書が寄託され
た日の後百八十日で効力を生ずる。ただし、いかなる場合にも、署名
のための開放の後二年を経過するまで効力を生じない。

（2から5まで略、第15条〜第17条まで略）

【資料3-2】核兵器不拡散条約（NPT：Treaty on the Non-Proliferation of
Nuclear Weapons）

1　NPTの成立及び締約国

・1968年7月1日に署名開放され、70年3月5日に発効（我が国は1970年2
月署名、1976年6月批准）。

・締約国は191か国・地域（2015年2月現在）。非締約国はインド、パキスタ

【巻末参考資料その３】核軍縮・核軍備管理に関する主要な条約

ン、イスラエル、南スーダン。

・米、露、英、仏、中の５か国を「核兵器国」と定め、「核兵器国」以外へ
の核兵器の拡散を防止。

（参考）「核兵器国」とは、1967年１月１日以前に核兵器その他の核爆発装置
を製造しかつ爆発させた国をいう。

２　条約の目的と内容

①核不拡散：

米、露、英、仏、中の５か国を「核兵器国」と定め、「核兵器国」以外へ
の核兵器の拡散を防止。

（参考）第９条３「この条約の適用上、「核兵器国」とは、1967年１月１日以
前に核兵器その他の核爆発装置を製造しかつ爆発させた国をいう。」

②核軍縮：

各締約国による誠実に核軍縮交渉を行う義務を規定（第６条）。

③原子力の平和的利用：

締約国の「奪い得ない権利」と規定するとともに（第４条１）、原子力の
平和的利用の軍事技術への転用を防止するため、非核兵器国が国際原子力機
関（IAEA）の保障措置を受諾する義務を規定（第３条）。

３　条約本文（抜粋）

第１条　［核兵器国の不拡散義務］

締約国である核兵器国は、核兵器その他の核爆発装置又はその管理を
いかなる者に対しても直接又は間接に移譲しないこと及び核兵器その他
の核爆発装置の製造若しくはその他の方法による取得又は核兵器その他
の核爆発装置の管理の取得につきいかなる非核兵器国に対しても何ら援
助、奨励又は勧誘を行わないことを約束する。

第２条　［非核兵器国の拡散回避義務］

締約国である各非核兵器国は、核兵器その他の核爆発装置又はその管

299

理をいかなる者からも直接又は間接に受領しないこと、核兵器その他の核爆発装置を製造せず又はその他の方法によって取得しないこと及び核兵器その他の核爆発装置の製造についていかなる援助をも求めず又は受けないことを約束する。

第3条　［転用防止のための保障措置］

1　締約国である各非核兵器国は、原子力が平和的利用から核兵器その他の核爆発装置に転用されることを防止するため、この条約に基づいて負う義務の履行を確認することのみを目的として国際原子力機関憲章及び国際原子力機関の保障措置制度に従い国際原子力機関との間で交渉しかつ締結する協定に定められる保障措置を受諾することを約束する。この条の規定によって必要とされる保障措置の手続は、原料物質又は特殊核分裂性物質につき、それが主要な原子力施設において生産され、処理され若しくは使用されているか又は主要な原子力施設の外にあるかを問わず、遵守しなければならない。この条の規定によって必要とされる保障措置は、当該非核兵器国の領域内若しくはその管轄下で又は場所のいかんを問わずその管理の下で行われるすべての平和的な原子力活動に係るすべげの原料物質及び特殊核分裂性物資につき、適用される。

2　各締約国は、(a) 原料物質若しくは特殊核分裂性物質又は (b) 特殊核分裂性物質の処理、使用若しくは生産のために特に設計され若しくは作成された設備若しくは資材を、この条の規定によって必要とされる保障措置が当該原料物質又は当該特殊各核分裂性物質について適用されない限り、平和的目的のためいかなる非核兵器国にも供給しないことを約束する。

3　この条の規定によって必要とされる保障措置は、この条の規定及び前文に規定する保障措置の原則に従い、次条の規定に適合する態様で、かつ、締約国の経済的若しくは技術的発展又は平和的な原子力活動の

分野における国際協力（平和的目的のため、核物質及びその処理、使用又は生産のための設備を国際的に交換することを含む。）を妨げないような態様で、実施するものとする。

4　締約国である非核兵器国は、この条に定める要件を満たすため、国際原子力機関憲章に従い、個々に又は他の国と共同して国際原子力機関と協定を締結するものとする。その協定の交渉は、この条約が最初に効力を生じた時から百八十日以内に開始しなければならない。この百八十日の期間の後に批准書又は加入書を寄託する国については、その協定の交渉は、当該寄託の日までに開始しなければならない。その協定は、交渉開始の日の後十八箇月以内に効力を生ずるものとする。

第4条　[原子力平和利用の権利]

1　この条約のいかなる規定も、無差別にかつ第1条及び第2条の規定に従って平和的目的のための原子力の研究、生産及び利用を発展させることについてのすべての締約国の奪い得ない権利に影響を及ぼすものと解してはならない。

2　すべての締約国は、原子力の平和的利用のため設備、資材並びに科学的及び技術的情報を可能な最大限度まで交換することを容易にすることを約束し、また、その交換に参加する権利を有する。締約国は、また、可能なときは、単独で又は他の国若しくは国際機関と共同して、世界の開発途上にある地域の必要に妥当な考慮を払って、平和的目的のための原子力の応用、特に締約国である非核兵器国の領域におけるその応用の一層の発展に貢献することに協力する。

第5条　[非核兵器国への核爆発の平和的応用の利益の提供]

各締約国は、核爆発のあらゆる平和的応用から生ずることのある利益が、この条約に従い適当な国際的監視の下でかつ適当な国際的手続により無差別の原則に基づいて締約国である非核兵器国に提供されること並びに使用される爆発装置についてその非核兵器国の負担する費用が、で

きる限り低額であり、かつ、研究及び開発のためのいかなる費用をも含まないことを確保するため、適当な措置をとることを約束する。締約国である国が十分に代表されている適当な国際機関を通じてこのような利益を享受することができる。この問題に関する交渉は、この条約が効力を生じた後できる限り速やかに開始するものとする。締約国である非核兵器国は、希望するときは、二国間協定によってもこのような利益を享受することができる。

第6条　[核軍縮交渉]

　各締約国は、核軍備競争の早期の停止及び核軍備の縮小に関する効果的な措置につき、並びに厳重かつ効果的な国際管理の下における全面的かつ完全な軍備縮小に関する条約について、誠実に交渉を行うことを約束する。

第7条　[地域的非核化条約]

　この条約のいかなる規定も、国の集団がそれらの国の領域に全く核兵器の存在しないことを確保するため地域的な条約を締結する権利に対し、影響を及ぼすものではない。

（第8条〜11条　略）

【資料3-3】米ロ間の戦略兵器削減条約（第1次から第3次 START）

　戦略兵器削減条約（START: Strategic Arms Reduction Treaty）交渉は、冷戦期に増大していった米露両国の戦略核戦力を、はじめて削減したプロセスであった。（中距離核については、87年12月に米ソ間で地上配備の中距離核を全廃する INF 条約に署名し、88年6月の発効以降、実施している。）これによって両国の戦略核戦力は大幅に減少することとなり、核軍縮の観点からも好ましい動きであったといえる。START（I）プロセスの結果、米露の戦略核弾頭数は冷戦期の約60％となり、START は核軍縮の1つの重要な基礎

【巻末参考資料その３】核軍縮・核軍備管理に関する主要な条約

を構成してきたということができる。

１．第１次戦略兵器削減条約（START I）

91年７月に米国及びソ連により署名された START I は、戦略核の三本柱、すなわち、両国が配備する大陸間弾道ミサイル（ICBM）、潜水艦発射弾道ミサイル（SLBM）及び重爆撃機の運搬手段の総数を、条約の発効から７年後にそれぞれ1,600基（機）へ削減することを規定した。また同条約は、ロシアの保有している重 ICBM（破壊力、すなわち発射重量又は投射重量が大きい ICBM を指し、多弾頭化された SS-18がこれに該当する）の上限を154基と規定した。さらに、配備される戦略核弾頭数の総数は6,000発に制限され、このうち ICBM 及び SLBM に装着される戦略核弾頭の総数は4,900発を越えてはならない等が規定された。

ソ連の崩壊により、戦略核兵器が配備されていたベラルーシ、カザフスタン、ウクライナ、ロシアと米国の５か国は、START I の当事国となること、並びにベラルーシ、カザフスタン及びウクライナは非核兵器国として核兵器不拡散条約（NPT）に加入することが定められた（リスボン議定書）。また、ロシアを除く旧ソ連３か国は領域内のすべての核兵器を撤去し、ロシアに移管することとし、96年11月にベラルーシからロシアへの核弾頭の移送が完了したことをもって、すべての核弾頭がロシアに移管された（カザフスタンは95年５月、ウクライナは96年６月に完了）。

なお、2001年12月、米露両国は、START I に基づく義務の履行を完了したことを宣言した。この結果、2001年12月現在の START I に基づく米露の核弾頭保有数は、米国：5,949発、ロシア：5,518発（米国政府 FACTSHEET による）となっている。

２．第２次戦略兵器削減条約（START II）

START I の発効を待たずして、92年６月には米国とロシアの間で START II の基本的枠組が合意され、93年１月には、米国及びロシアが配備する戦略核弾頭数を2003年１月１日までに3,000〜3,500発以下に削減すること、その

303

うち SLBM に装着される核弾頭数を1,700〜1,750発以下にすること、さらに
ICBM を単弾頭にする、すなわち、多弾頭 ICBM 及び重 ICBM（SS-18）を
全廃すること等を規定する START II が署名された。ただし、97年9月に署
名された START II 議定書により、削減期限が2007年まで延長された。

　2000年4月にロシア議会は START II 批准法案を可決したが、これには米
国が ABM 条約からの脱退などを行った場合は、START II から脱退する権
利を留保する旨の規定が含まれていた。米国は96年1月に START II 条約を
批准したものの START II 条約を修正した同議定書については批准せず、
START II は発効していない。

　その後、2002年6月14日、ロシア外務省は米国の ABM 条約からの脱退を
受けて、米国が START II 条約議定書の批准を拒否し、ABM 条約から脱退
したことを指摘し、「ロシア政府は、米国の行動、及び START II 条約が効
力を発する如何なる必要条件も存在しなくなったことに留意し、条約の目的
達成に質さない行動を抑制する如何なる国際法上の義務ももはや負わないと
考える」旨を表明した。

3．第3次戦略兵器削減条約（START III）

　97年3月、ヘルシンキ米露首脳会談の結果発表された「将来の核戦力削減
のパラメーター」に関する共同声明において、米露両国は、START II が発
効し次第 START III 交渉を開始すること、及び START III の基本的要素とし
て、2007年12月31日までに双方の戦略核弾頭数を2,000〜2,500発にすること、
その他戦術核兵器、潜水艦発射巡航ミサイル(SLCM)などについて交渉する
ことに合意した。しかしながら、START II が発効しなかったため、START
III の交渉は進展しなかった。

　その後、米露間における戦略核兵器の削減に関する交渉は、新たな米露間
の戦略核兵器の削減に関する条約（モスクワ条約）へと繋がっていくことと
なる。

主要参考文献

・一般社団法人・日本戦略研究フォーラム＜国家安全保障／国土強靭化に関する提言＞『高高度電磁パルス（HEMP）攻撃によるインフラ破壊の脅威への対処』（2016年）
・米国防省2010年・2014年「４年毎の国防計画の見直し」（QDR）
・米国防省2010年『弾道ミサイル防衛見直し』（BMDR）
・米国防省2001年・2010年『核態勢見直し』（NPR）
・Colin S. Gray "The Second Nuclear Age"（Colorado: Lynne Rienner Publishers, Inc., 1999）
・ストックホルム国際平和研究所（SIPRI）『世界の核軍備に関する報告書』（2016年）
・クラーク・マードック『2025-2050：Recommended U.S. Nuclear Strategy』（米国戦略国際問題研究所（CSIS））、2015年）
・山田克哉『核兵器のしくみ』（講談社現代新書、2004年）
・山田克哉『原子爆弾』（講談社、2015年11刷）
・小都元『核兵器辞典』（新紀元社、2005年）
・Robert Serber『ロスアラモス・プライマー　開示教本「原子爆弾製造原理入門」』（Richard Rhodes 編集、今野廣一訳、2015年）
・シャルロッテ・ケルナー『核分裂を発見した人　リーゼマイトナーの生涯』（晶文社、1990年）
・ジム・バゴット『原子爆弾1938～1950年』（青柳伸子訳、作品社、2015年）
・多田将『ミリタリーテクノロジーの物理学（核兵器）』（イースト新書、2015年）
・外務省「用語解説集」（http://www.mofa.go.jp/mofaj/gaiko/gun_hakusho/2006/pdfs/yogo.pdf）
・Pry, Peter Vincent "Civil-Military Preparedness For An Electromagnetic Pulse Catastrophe"（2011）
・The Nuclear Archive "A Guide to Nuclear Weapons"（http://nuclearweaponarchive.org/）
・The Federation of American Scientists（FAS）"Status of World Nuclear Forces"（https://fas.org/issues/nuclear-weapons/status-world-nuclear-forces/）
・CTBT Preparatory Commission "Nuclear Testing"（https://www.ctbto.org/nuclear-testing/）
・広島平和記念資料館「1945年８月６日―原子爆弾による被害の概要」（http://hpmmuseum.jp/modules/event/index.php?action=PageView&page_id=7 ）
・防衛省『防衛白書（日本の防衛）』（平成29年版）
・米国務省1994年『拡散防止活動計画報告書』
・米国防省1994年・2001年・2010年・2018年『核態勢見直し』（NPR）

305

- 米国防省2010年『弾道ミサイル防衛見直し』（BMDR）及び大統領政策令第4号「国家宇宙政策」（NSP）
- M. テーラー大将『The Uncertain Trumpet』（1959年）
- 米国2010年・2015年・2017年「国家安全保障戦略」（NSS）
- 米国防省2008年・2018年「国防戦略」（NDS）
- 米国防省2006年・2010年「4年毎の国防計画の見直し」（QDR）
- Robert Martinage "Toward A New Offset Strategy"（CSBA、2014年）
- エリノア・スローン『現代の軍事戦略入門』（奥山真司・関根大助訳、芙蓉書房出版、2015年）
- 高井晉『国連と安全保障の国際法』（内外出版、平成21年）
- 米科学国際安全保障研究所（ISIS）2017年『報告書』
- ストックホルム国際平和研究所（SIPRI）『世界の核軍備に関する報告書』（2017年）
- クラーク・マードック『2025-2050：Recommended U.S. Nuclear Strategy』（米国戦略国際問題研究所（CSIS））、2015年）
- 米国防省『ボトムアップ・レビュー』（BUR）（1993年）
- 資源エネルギー庁『世界における原子力発電の位置づけ』（平成25年）
- 資源エネルギー庁2009年・2010年『エネルギー白書』
- Michael Howard, "Bombing and the Bomb," in *Studies in War and Peace*（Maurice Temple Smith, 1970）
- Margaret Gowing, *Independence and Deterrence: Britain and Atomic Energy, 1945-1952*, vol. 1: Policy Making（Macmillan, London, 1974）
- Robert P. Bernan and John C. Baker, *Soviet Strategic Forces: Requirements and Responses*（Brookings Institution, Washington, D. C., 1982）
- *The Times,* November 14, 1958
- Andrew Bookes, *V-Force: The History of Britain's Airborne Deterrent*（Jane's, London, 1982）
- Stewart Menaul, *Countdown: Britain's Strategic Nuclear Forces*（Robert Hale, London, 1980）
- Andrew J. Pierre, *Nuclear Politics: The British Experience with an Independent Nuclear Force, 1939-1970*（Oxford University Press, London, 1972）
- Desmond Ball, *Targeting for Strategic Deterrence*（Adelphi Paper No. 185, International Institute for Srtategic Studies, London, Summer 1983）
- Geoffrey Kemp, *Nuclear Forces for Medium Powers*（Adelphi Papers Nos. 106 and 107, International Institute for Strategic Studies, London Autumn 1974）
- Leonard Beaton, *Would Labour Give Up the Bomb*, Sunday Telegraph pamphlet, 1964
- Stewart Manuel, *Countdown: Britain's Strategic Nuclear Forces*（Robert Hale, London, 1980）
- Ian Smart, T*he Future of the British Nuclear Deterrent: Technical, Economic, and Strategic Issues*（Royal Institute of International Affairs, London1977）
- Lawrence Freedman, *Britain and Nuclear Weapons*（Macmillan, London, 1980）
- *The Future United Kingdom Strategic Nuclear Deterrent Force*（Defence Open Government Document 80/23, · Ministry of Defence, London, July 1980）
- Secretary of State for Defence, George Robertson, *Strategic Defence Review: Supporting Essay Five Deterrence, Arms Control & Proliferation,* Jul. 1997

主要参考文献

- De Gaulle's press conference of 23 July 1964
- Lucien Poirier, *Des strategies nucléaires*（Hachete, Paris, 1977
- Parliamentary report by Jacques Cressard, summarized in *Le Monde,* 26-27 September 1980
- Ivan Margine, "L'avenir de la dissuasion," *Défense Nationale,* April 1978
- Pierre Riou, "La force des choses," *Défense Nationale,* July 1980
- Michel Debré, "La France et sa défense," *Revue de Défense Nationale,* January 1972
- Raymond Barre, "Discours prononcé au Camp de Mailly le 18 juin 1977, " *Défense Nationale,* August-September 1977
- Pierre Hautefeuille, "Etude sur défense et dissuasion nucléaires（1ére partie)," *Stratégique*, no. 5（1980）
- Guy Méry in *Le Monde,* 19 November 1980
- Alexandre Sanguinetti in *Le Nouvel Observatert,* 10 September 1979
- Guy Lewin, "La dissuasion française et la stratégie anti-cités," *Défense Nationale,* January 1980
- Gallois in *L'Express,* 16 March 1984, p. 26: Yost, "French Nuclear Targiting,"
- Margine, "Avenir de la dissuasion, " *Revue de Défense Nationale,* July 1984
- Law no. 83-606 of 8 July 1983
- David S. Yost, "French Nuclear Targeting," *Strategic Nuclear Targeting,* edited by Desmond Ball and Jeffrey Richelson（New York, Cornell University, 1986）
- Alford testimony in House of Commons, Fourth Report from the Defence Committee, Session 1980-81,
- Strategic・*Nuclear Weapons Policy*（Her Majesty's Stationery Office, London, 1981）
- Hans M. Kristensen, *U. S. Nuclear Weapons in Europe*（Natural Resources Defense Council, 2005）
- 国際関係戦略研究所所長パスカル・ボナフィス『フランスの核抑止政策』（2001年6月）、http://www.ambafrance-jp.org/IMG/pdf
- Prèsidence de la Rèpublique『*The French White Paper on Defence and National Security*（2008）』
- ヴァレリー・ジスカールデスタン『エリゼ宮の決断―続フランス大統領回想録』（池村俊郎訳、読売新聞社、1993年）
- Roland Hiemann & Oliver Thränert,『A World without Nuclear Weapons―The New Charms of an Old Vision』（*SMP Comments* 、April 2008）
- 矢野義昭「日本が一夜にして核保有大国になるシナリオ」（『JBPress2018年2月1日』、jbpress.ismedia.jp）
- 矢野義昭『拡大核抑止の信頼性を左右する要因の分析』（あたま出版、2013年電子出版）
- 郷友総合研究所編『日本の核論議はこれだ』（展転社、平成20年）
- マイケル・ドブス『核時計零時1分前―キューバ危機13日間のカウントダウン』（布施由紀子訳、NHK出版、2010年）
- ウィキペディア百科事典『キューバ危機』（2018年4月17日）https://ja.wikipedia.org/wiki/%E3%82%AD%E3%83%A5%E3%83%BC%E3%83%90%E5%8D%B1%E6%A9%9F

共同執筆者略歴（あいうえお順）

小川清史（おがわ　きよし）
1960年生まれ、徳島県出身
防衛大学校卒業（26期生、土木工学専攻）
陸上自衛隊の普通科部隊等勤務
この間、米陸軍指揮幕僚大学留学
第8普通科連隊長兼米子駐屯地司令、自衛隊東
京地方協力本部長、陸上幕僚監部装備部長、第
6師団長、陸上自衛隊幹部学校長、西武方面総
監等を歴任
2017年退官（陸将）
現在、日本安全保障戦略研究所上席研究員、日
本戦略研究フォーラム政策提言委員、隊友会参
与等

髙井　晋（たかい　すすむ）
1943年生まれ、岐阜県出身
青山学院大学（法学部）卒業、青山学院大学大
学院法学研究科博士課程単位取得
防衛庁教官採用試験（国家公務員上級職採用試
験相当）合格
防衛研修所助手、防衛研究所第1研究部第2研
究室長、防衛研究所第1研究部主任研究官、防
衛研究所図書館長等を歴任
この間、青山学院大学・同大学院兼任講師、尚
美学園大学大学院客員教授、二松学舎大学大学
院講師、東京都市大学講師、カナダ・ピアソン
平和活動研究センター客員研究員等を兼務、ロ
ンドン大学キングズカレッジ大学院で「防衛学
の法的側面」を研究
2007年退官
現在、防衛法学会理事長、内閣官房・領土・主
権をめぐる内外発信に関する有識者懇談会委員、
笹川平和財団海洋政策研究所特別研究員、日本
戦略研究フォーラム常務理事、日本安全保障戦
略研究所理事長、民間憲法臨調代表委員、このほ
か防衛省統合幕僚学校、陸上自衛隊幹部学校、
航空自衛隊幹部学校等における講師等

冨田　稔（とみた　みのる）
1945年生まれ、千葉県出身
防衛大学校卒業（12期生、電気工学専攻）
陸上自衛隊の航空科部隊等勤務
陸上幕僚幹部装備部航空機課長、第1ヘリコプ
ター団長、陸上自衛隊航空学校長、陸上自衛隊

関東補給処長等を歴任
2002年退官（陸将補）
現在、日本安全保障戦略研究所上席研究員、日
本郷友連盟常務理事／事務局長、郷友総合研究
所幹事／研究委員、デフェンス・リサーチ・セ
ンター（DRC）研究員、千葉県隊友会顧問等

樋口譲次（ひぐち　じょうじ）
1947年生まれ、長崎県出身
防衛大学校卒業（13期生、機械工学専攻）
陸上自衛隊の高射特科部隊等勤務、この間、米
陸軍指揮幕僚大学留学
第2高射特科群長、第2高射特科団長兼飯塚駐
屯地司令、第7師団副師団長兼東千歳駐屯地司
令、第6師団長、陸上自衛隊幹部学校長等を歴
任
2003年退官（陸将）
現在、日本安全保障戦略研究所上席研究員、偕
行社・安全保障研究会研究員、隊友会参与等

矢野義明（やの　よしあき）
1950年生まれ、大阪府出身
京都大学（工学部）卒業、同大学（文学部）卒
業、拓殖大学院博士後期課程（安全保障専攻）
卒業
1974年陸上自衛隊入隊、幹部候補生学校卒業後、
陸上自衛隊の普通科部隊等で勤務
第6普通科連隊長兼美幌駐屯地司令、第1師団
副師団長兼練馬駐屯地司令、陸上自衛隊小平学
校副校長等を歴任
2006年退官（陸将補）
岐阜女子大客員教授、日本経済大学特任教授、
拓殖大学客員教授（非常勤）等を歴任
この間、拓殖大学大学院で博士号（安全保障）
取得
現在、日本安全保障戦略研究所上席研究員、国
家生存戦略研究会会長、日本戦略研究フォーラ
ム政策提言研究員、日本安全保障・危機管理学
会顧問、郷友総合研究所研究委員等

日本人のための「核」大事典
──核兵器 核軍縮・不拡散 核政策・戦略 など
　　　　核に関する疑問に応える

2018年12月25日　初版第1刷発行

編　著　株式会社エヌ・エス・アール　日本安全保障戦略研究所
発行者　佐藤今朝夫
発行所　株式会社 国書刊行会
　　　　〒174-0056 東京都板橋区志村1-13-15
　　　　TEL 03（5970）7421　FAX 03（5970）7427
　　　　http://www.kokusho.co.jp

装　幀　真志田桐子
印刷・製本　三松堂株式会社

定価はカバーに表示されています。落丁本・乱丁本はお取り替えいたします。
本書の無断転写（コピー）は著作権法上の例外を除き、禁じられています。

ISBN 978-4-336-06323-6